Forschungsschwerpunkt Moderner Orient
Förderungsgesellschaft Wissenschaftliche Neuvorhaben mbH

■ Thomas Scheffler

Die SPD und der Algerienkrieg (1954-1962)

Arbeitshefte 7

 Verlag Das Arabische Buch

Die Deutsche Bibliothek - CIP-Einheitsaufnahme

Scheffler, Thomas:
Die SPD und der Algerienkrieg (1954 -1962) /
Thomas Scheffler. - Berlin: Verl. Das Arabische Buch, 1995
   (Arbeitshefte / Forschungsschwerpunkt Moderner Orient,
   Förderungsgesellschaft Wissenschaftliche Neuvorhaben mbH; Nr. 7)
   ISBN 3-86093-074-5
NE: Förderungsgesellschaft Wissenschaftliche Neuvorhaben <München> /
   Forschungsschwerpunkt Moderner Orient: Arbeitshefte

Forschungsschwerpunkt Moderner Orient
Förderungsgesellschaft Wissenschaftliche Neuvorhaben mbH

Kommissarischer Leiter:
Prof. Dr. Peter Heine

Prenzlauer Promenade 149-152
13189 Berlin
Tel. 030 / 4797319

ISBN 3-86093-074-5
ARBEITSHEFTE

Bestellungen:
Das Arabische Buch
Horstweg 2
14059 Berlin
Tel. 030 / 3228523

Redaktion und Satz: Margret Liepach, Helga Reher

Druck: Druckerei Weinert, Berlin
Printed in Germany 1995

Inhalt

Verzeichnis der wichtigsten Abkürzungen	5
Vorbemerkung	9
Einleitung	10
Der Algerienkrieg als historische Zäsur	10
Sozialdemokratische Algeriensolidarität - ein Projekt von Außenseitern?	13
"Internationale Solidarität" und Antikolonialismus in der Geschichte der deutschen Sozialdemokratie	17
"Geschichtslose Völker" und internationale Solidarität	19
Das "Erwachen Asiens" und die bolschewistische Herausforderung	20
Antikolonialismus im Zeichen des Kalten Krieges: die SPD nach 1945	23
Nationale Unabhängigkeit und deutsche Frage	24
Deutschland und Asien im gleichen Boot?	26
Der arabische Raum - eine 'Lücke' in der sozialdemokratischen Asiensolidarität?	30
Der Primat Südasiens	30
Der arabische Raum	31
Maghreb und Mashreq	34
SPD und Fremdenlegion, 1949-1954	38
Sozialdemokratische Zurückhaltung im Algerienkrieg	40
"L'Algérie, c'est la France"	40
Deutschlandpolitische Rücksichten	42
Zweifel am FLN	43
Der FLN setzt sich durch	45
1957: Der Krieg kommt nach Deutschland	46
Die Algerienfrage in der Sozialistischen Internationale, 1957 - 1958	48
1958: Auf dem Weg zum Stuttgarter Parteitag	50
Proalgerische Sympathien in der SPD	51
Bundeswehr nach Nordafrika?	52
Die Algerienfrage auf dem Stuttgarter Parteitag	54

1958: SPD und FLN nach der Machtübernahme de Gaulles	56
Sinkende Rücksichten auf die SFIO	57
Die "Provisorische Regierung der algerischen Republik	58
Die Tunis-Reise der deutschen Jungsozialisten	59
Jungsozialisten und Parteivorstand	61

Algerienfrage und 'gemeinsame Außenpolitik' 63
   Die zweite Berlin-Krise (1958-1963) und der Übergang zur
   'gemeinsamen Außenpolitik von Regierung und Opposition 63
   Sozialdemokratische Algeriensolidarität als Nebenaußenpolitik 64

Sozialdemokratische Algeriensolidarität: die außerparlamentarische
Dimension 66
   Die Hilfskomitees für algerische Flüchtlinge 67
   Die Arbeiterwohlfahrt 67
   Der Deutsche Gewerkschaftsbund 68
   Algerienflüchtlinge und Asylrecht 69
   Algerische Studenten an bundesdeutschen Hochschulen 70

"Präsenz und Repräsentation": Algerien und die deutsche
Entwicklungspolitik 71
   'Godesberger Wende' und der Aufstieg der 'Entwicklungspolitik' 71
   Algeriensolidarität und Deutschlandpolitik 72
   Sozialdemokratische Algeriensolidarität: Ertrag und Preis 74

Zusammenfassung 77

Anmerkungen 81

Quellen und Literatur 133

Personen- und Sachregister 148

Verzeichnis der wichtigsten Abkürzungen

AA	Auswärtiges Amt
AdG	*[Keesing's] Archiv der Gegenwart* (Essen [u.a.]; ab 1956: Bonn [u.a.])
ADN	Allgemeiner Deutscher Nachrichtendienst
AdsD	Archiv der sozialen Demokratie (Friedrich-Ebert-Stiftung, Bonn)
AFL/CIO	American Federation of Labor/Congress of Industrial Organizations
AFP	Agence France-Presse
AGTA	Association Générale des Travailleurs Algériens
AHK	Alliierte Hohe Kommission
ALN	Armée de Libération Nationale
AN	*Aachener Nachrichten* (Aachen)
ASK	Asiatische Sozialistische Konferenz
AStA	Akademischer Studenten-Ausschuß
AW	Arbeiterwohlfahrt
BGBl.	*Bundesgesetzblatt*
BHdE	Biographisches Handbuch der deutschsprachigen Emigration nach 1933. Bd.I: Politik, Wirtschaft, Öffentliches Leben. München u.a.: Saur, 1980.
BMAusw.	Bundesminister des Auswärtigen
BMI	Bundesminister des Innern
BMJ	Bundesminister der Justiz
BPA	Presse- und Informationsamt der Bundesregierung (Bundespresseamt, Bonn)
BT	Deutscher Bundestag
CCE	Comité de Coordination et d'Exécution
CDU	Christlich Demokratische Union Deutschlands
CNRA	Conseil National de la Révolution Algérienne
CSU	Christlich-Soziale Union in Bayern e.V.
DDR	Deutsche Demokratische Republik
Dep.	Depositum
DGB	Deutscher Gewerkschaftsbund
DP	Deutsche Partei
DRP	Deutsche Reichspartei
Drs.	Drucksache
DVP	Demokratische Volkspartei
DZWZ	*Deutsche Zeitung und Wirtschaftszeitung* (Stuttgart, ab 21.5.1959: *Deutsche Zeitung mit Wirtschaftszeitung*)
EA	*Europa-Archiv* (Bonn)
ENA	Étoile Nord-Africaine
Euratom	Europäische Atomgemeinschaft
EWG	Europäische Wirtschaftsgemeinschaft
FA	*Freies Algerien* (Köln, FLN-nah)
FAZ	*Frankfurter Allgemeine Zeitung* (Frankfurt/M.)
FESt	Friedrich-Ebert-Stiftung
FH	*Frankfurter Hefte* (Frankfurt/M.)
FLN	Front de Libération Nationale
FNP	*Frankfurter Neue Presse* (Frankfurt/M.)

FP	*Freie Presse* (Bielefeld, SPD-nah)
FR	*Frankfurter Rundschau* (Frankfurt/M.)
FT	*Flensburger Tageblatt* (Flensburg)
GA	*General-Anzeiger* (Bonn)
GB/BHE	Gesamtdeutscher Block/Block der Heimatvertriebenen und Entrechteten
GG	Grundgesetz für die Bundesrepublik Deutschland
GM	*Gewerkschaftliche Monatshefte* (Köln, DGB)
GPRA	Gouvernement Provisoire de la République Algérienne
GuT	*Geist und Tat* (Frankfurt/M., SPD-nah)
HE	*Hamburger Echo* (Hamburg, SPD-nah)
HP	*Hannoversche Presse* (Hannover, SPD-nah)
IAH	Internationales Arbeiterhilfswerk
IBCG	Internationaler Bund Christlicher Gewerkschaften
IBFG	Internationaler Bund Freier Gewerkschaften
IG	Industriegewerkschaft
IGM	Industriegewerkschaft Metall
ILO	International Labor Organisation
ISK	Internationaler Sozialistischer Kampfbund
IUSY	International Union of Socialist Youth
IWK	*Internationale wissenschaftliche Korrespondenz zur Geschichte der deutschen Arbeiterbewegung* (Berlin)
JG	*Junge Gemeinschaft* (Frankfurt/M., "Die Falken", SPD-nah)
JOAN	*Journal officiel de la République Française - Débats parlementaires - Assemblée Nationale* (Paris)
Jusos	Jungsozialisten in der Sozialdemokratischen Partei Deutschlands
KCA	*Keesing's Contemporary Archives* (Bristol)
KK	*Klarer Kurs* (Hannover; Bonn, Jungsozialisten in der SPD)
KP	Kommunistische Partei
KPD	Kommunistische Partei Deutschlands
KPD-O	Kommunistische Partei Deutschlands - Opposition
KStA	*Kölner Stadt-Anzeiger* (Köln)
LFP	*Lübecker Freie Presse* (Lübeck, SPD-nah)
MA/IBA	Munzinger-Archiv/Internationales Biographisches Archiv
MAPAI	Mifleget Po'alei Erez Israel (Arbeiterpartei Erez Israels)
MdB	Mitglied des Bundestages
MdEP	Mitglied des Europäischen Parlaments
MdL	Mitglied des Landtages
MEJ	*The Middle East Journal* (Washington, DC)
MEW	Karl Marx, Friedrich Engels: Werke (Berlin/DDR: Dietz)
MNA	Mouvement National Algérien
MTLD	Mouvement pour le Triomphe des Libertés Démocratiques
NATO	North Atlantic Treaty Organization

NB	*Neues Beginnen* (Bonn, Arbeiterwohlfahrt, SPD-nah)
NDR	Norddeutscher Rundfunk
NV	*Neuer Vorwärts* (Hannover, Bonn, SPD; ab 1.1.1955: *Vorwärts*)
NRZ	*Neue Ruhr-Zeitung* (Essen, SPD-nah)
OAS	Organisation Armée Secrète
PA	Parteiausschuß
PAAA	Politisches Archiv des Auswärtigen Amts (Bonn)
PCA	Parti Communiste Algérien
PCF	Parti Communiste Français
PPA	Parti Populaire Algérien
PPP	*Parlamentarisch-Politischer Pressedienst* (Bonn, SPD)
Prot.	Protokoll
PSA	Parti Socialiste Autonome
PSU	Parti Socialiste Unifié
PV	Parteivorstand
RGBl.	Reichsgesetzblatt
RI	*Relations internationales* (Genève)
RM	*Rheinischer Merkur* (Koblenz)
SA	*Socialist Affairs* (London, SI)
SAI	Sozialistische Arbeiter-Internationale
SAJ	Sozialistische Arbeiter-Jugend
SAPD	Sozialistische Arbeiterpartei Deutschlands
SBZ	Sowjetische Besatzungszone
SDS	Sozialistischer Deutscher Studentenbund
SED	Sozialistische Einheitspartei Deutschlands
SFIO	Section Française de l'Internationale Ouvrière
SI	Sozialistische Internationale
SII	*Socialist International Information* (London, SI)
Sitz.	Sitzung
Slg.	Sammlung
SPD	Sozialdemokratische Partei Deutschlands
SPD-Jahrbuch	Vorstand der Sozialdemokratischen Partei Deutschlands (Hg.): Jahrbuch der Sozialdemokratischen Partei Deutschlands (o.O., 1946 ff.)
SPD-PD	*Sozialdemokratischer Pressedienst* (Bonn, SPD)
Sten.Ber.	Stenographische Berichte
StGB	Strafgesetzbuch
StN	*Stuttgarter Nachrichten* (Stuttgart)
StZ	*Stuttgarter Zeitung* (Stuttgart)
SZ	*Süddeutsche Zeitung* (München)
T.	Tome
UDMA	Union Démocratique pour le Manifeste Algérien
UDSR	Union Démocratique et Socialiste de la Résistance
UGEMA	Union Générale des Étudiants Musulmans Algériens
UGET	Union Générale des Étudiants Tunisiens

UGTA	Union Générale des Travailleurs Algériens
UGTT	Union Générale Tunisienne du Travail
UMT	Union Marocaine du Travail
UN	United Nations
UNO	United Nations Organization
UNREF	United Nations Refugee Fund
UN-Yearbook	United Nations, Department of Public Information: *Yearbook of the United Nations* ([Lake Success] New York, 1947 ff.)
USTA	Union Syndicale des Travailleurs Algériens
UTAC	Union Tunisienne de l'Artisanats et du Commerce
VAR	Vereinigte Arabische Republik
VDS	Verband Deutscher Studentenschaften
VfZ	*Vierteljahreshefte für Zeitgeschichte* (München)
WdA	*Welt der Arbeit* (Köln, DGB)
WGB	Weltgewerkschaftsbund
WR	*Westfälische Rundschau* (Dortmund, SPD-nah)
ZfK	*Zeitschrift für Kulturaustausch* (Stuttgart

Vorbemerkung

Die vorliegende Studie steht im Rahmen eines größeren Forschungsvorhabens über "Orientbilder und Orientpolitik der deutschen Sozialdemokratie im 19. und 20. Jahrhundert", das der Verfasser am Forschungsschwerpunkt Moderner Orient durchführt.

Im folgenden werden Zwischenergebnisse zu einem Teilabschnitt des bearbeiteten Forschungszeitraums vorgestellt. Sie beziehen sich auf die Haltung der SPD und deutscher Sozialdemokraten zum Algerienkrieg (1954-1962) und beruhen in erster Linie auf der Auswertung der Akten des Parteivorstands der SPD sowie diverser Nachlässe und Deposita im *Archiv der sozialen Demokratie* (AdsD) der Friedrich-Ebert-Stiftung in Bonn. Beim Aufspüren der Archivalien haben mir Gertrud Lenz, Wolfgang Stärcke und Dr. Christoph Stamm geholfen. Zahlreiche sachdienliche Hinweise habe ich Hans-Eberhard Dingels, Fritz Heine, Dr. Susanne Miller, Werner Plum, Heinz Putzrath und Hans-Jürgen Wischnewski zu verdanken, die sich, oft trotz erheblicher anderweitiger Belastungen, Zeit für Gespräche mit mir nahmen.

Der Friedrich-Ebert-Stiftung, die einen Teil der Vorarbeiten zu dieser Studie mit einem Stipendium finanzierte, sei an dieser Stelle für ihre Unterstützung ebenso gedankt wie der Förderungsgesellschaft Wissenschaftliche Neuvorhaben, die die Weiterarbeit ermöglichte und die Veröffentlichung dieser Studie mit einem Druckkostenzuschuß unterstützt hat.

Die Wiedergabe von arabischen Orts- und Personennamen erfolgt in den vereinfachten europäisierten Formen, in denen sie den damals politisch Handelnden der deutschen Sozialdemokratie bekannt wurden und in denen sie in den großen Standardwerken über den Algerienkrieg bis heute nachgewiesen werden. Bei algerischen Namen wurde im Zweifelsfall auf die Schreibweise des biographischen Lexikons algerischer Nationalisten von Benjamin Stora zurückgegriffen.[1]

Einleitung

Der Algerienkrieg als historische Zäsur

Der Algerienkrieg (1954-1962) zählt zu den blutigsten Kapiteln in der Dekolonisierung der arabischen Welt. Auf algerischer Seite starben - jedenfalls nach algerischen, französischerseits bestrittenen, Angaben - etwa eine Million Menschen.[2] Frankreichs Armee hatte nach offiziellen Angaben 24 614 Tote, 64 985 Verwundete und etwa 1000 Vermißte zu beklagen.[3] Die Verluste der europäischen Zivilbevölkerung Algeriens beliefen sich bis zum offiziellen "Waffenstillstand" vom 19. März 1962 auf 2788 Tote, 7541 Verletzte und 875 Vermißte.[4] Weitere Tausende "verschwanden" in den Monaten danach.[5] Rund eine Million Algerienfranzosen flüchteten bei Kriegsende aus ihrer Heimat.[6]

Diese menschliche Katastrophe markierte für viele der von ihr berührten Parteien geschichtliche Einschnitte verschiedenster Art:

In der *arabischen Welt* wurde der Algerienkrieg - neben Nassers Nationalisierung des Suezkanals (1956) - zum Symbol siegreicher nationaler Befreiung. Frantz Fanons 1961 mit einem Vorwort von Jean-Paul Sartre veröffentlichtes Kultbuch *Les damnés de la terre* verklärte ihn international sogar zum Idealtyp der kollektiven und individuellen Selbstbefreiung kolonisierter Menschen schlechthin.[7] Den Guerillas der palästinensischen Nationalbewegung diente er als wichtigstes historisches Vorbild.[8]

Für *Frankreich* bedeutete er den schmerzhaften Abschied von alten Mythen eigener imperialer Größe[9] und den Übergang zu einer neuen Überseepolitik, die auf die Entwicklung besonderer Beziehungen mit formell selbständigen Staaten abzielte. Innenpolitisch zermürbte der Krieg das parlamentarische Regierungssystem der IV. Republik und führte über den Putsch der Algerienarmee vom 13. Mai 1958 zur Machtübernahme General de Gaulles und zur Gründung des Präsidialregimes der V. Republik. Moralisch erschütterte die rücksichtslose Kriegführung der französischen Streitkräfte, vor allem der massenhafte Einsatz der Folter, bei vielen Intellektuellen die Selbstgewißheit von der universalen *mission civilisatrice* der eigenen Nation.[10]

Für die *Vereinten Nationen* war die Algerienfrage sieben Jahre lang, von 1955 bis 1962, ein symbolträchtiges Dauerthema, dessen Erörterung dazu beitrug, die UNO als den moralischen Weltgerichtshof zu profilieren, der von den alten Weltmächten nicht mehr beliebig gelenkt werden könne. Der Bewegung der blockfreien Staaten Asiens und Afrikas bot der Algerienkrieg Gelegenheit, Frankreich Jahr für Jahr vor der UNO in einen Dauer-Angeklagten zu verwandeln, in dem das einheitsstiftende Feindbild des europäischen Kolonialismus schlechthin beschworen werden konnte.[11]

Die *Atlantische Allianz* wurde durch den Algerienkrieg einer langen Belastungsprobe unterworfen:[12] Artikel 6 des NATO-Vertrags vom 4. April 1949 hatte jeden bewaffneten Angriff auf die "algerischen Departements Frankreichs" zum Bündnisfall erklärt. Mit der These, Frankreich verteidige in Algerien den freien Westen gegen den Kommunismus, beanspruchte die französische Regierung wiederholt die

Solidarität ihrer NATO-Partner. Viele der letzteren sahen den Algerienkrieg jedoch eher als einen Kolonialkrieg, in den sie sich nicht hineinziehen lassen wollten. Vor allem in den USA herrschte die Ansicht vor, daß die Aufrechterhaltung der europäischen Kolonialreiche dem Kommunismus eher noch Vorschub leiste. Bedenklich schien darüber hinaus, daß Frankreich große Teile seiner NATO-Truppen aus Deutschland nach Algerien abzog und damit das Abschreckungsdispositiv des Bündnisses in Europa schwächte. Zwar hatte der Nordatlantikrat in einem vieldeutigen Kommuniqué vom 27. März 1956 erklärt, daß die Aufrechterhaltung der Sicherheit in Algerien für die NATO wichtig sei.[13] Dennoch erklärte das Bündnis den Krieg nie zur NATO-Sache und die Solidarität der einzelnen NATO-Partner blieb insgesamt weit hinter den Pariser Erwartungen zurück. Einmal mehr hatte sich gezeigt, daß die unterschiedlichen außereuropäischen Interessen der NATO-Partner potentielle Bruchlinien der transatlantischen Solidarität markierten.

In *Europa* begünstigte der Algerienkrieg gemeinsam mit dem damit zusammenhängenden britisch-französischen Suez-Fiasko von 1956 letztlich die westeuropäische Integration.[14] Die Lasten des Algerienkriegs,[15] die Haltung der USA sowie die Erfahrung, daß keine westeuropäische Macht im Zeitalter des Ost-West-Konflikts mehr in der Lage war, ihren Rang in Übersee aus eigener Kraft zu halten, förderten französischerseits die Bereitschaft, mit den kontinentalen Nachbarn, vor allem mit der Bundesrepublik, enger als bisher zusammenzuarbeiten und die 1957 gegründete Europäische Wirtschaftsgemeinschaft als Instrument der Überseepolitik zu nutzen.[16]

Die Regierung der *Bundesrepublik Deutschland* wiederum sah sich durch den Algerienkrieg zu einem schwierigen Balanceakt zwischen drei bisweilen kollidierenden Zielen genötigt: (1) die Einheit des transatlantischen Bündnisses zu pflegen, (2) die deutsch-französischen Beziehungen auszubauen und (3) die Interessen der Bundesrepublik in der Dritten Welt zu wahren.[17]

In diesem strategischen Dreieck war, aus Sicht der Regierung Adenauer, die deutsch-französische Zusammenarbeit besonders wichtig[18]: sie war die tragende Säule der westeuropäischen Integration und galt damit sowohl als Voraussetzung eines langfristigen amerikanischen Engagements in Europa wie auch als strategische Rückversicherung für den Fall, daß die USA sich aus Europa zurückzögen. Sie bot der Bundesrepublik langfristig die Chance, Atommacht zu werden und damit ein höheres Maß machtpolitischer Gleichberechtigung zu erlangen. Und angesichts der Gefahr, daß die USA und Großbritannien bei Abrüstungsverhandlungen mit der UdSSR die deutsche Einheit opfern könnten, war der französische Rückhalt aus Adenauers Sicht unabdingbar für eine glaubwürdige Fortsetzung der 'Politik der Stärke' gegenüber dem Ostblock. In dieser Frage stand letztlich auch die innenpolitische Stellung des Kanzlers auf dem Spiel. Denn jahrelang hatte Adenauer mit der These, daß nur die militärische Westbindung der Bundesrepublik die Wiedervereinigung Deutschlands bewirken werde, die sozialdemokratische Opposition bekämpft und Widersprüche innerhalb des heterogenen Regierungslagers überspielt.[19] Entsprechend unterstützte der Kanzler die Pariser Interpretation des Algerienkriegs, wonach Frankreich in Algerien die Interessen des Freien Westens gegen den Kommunismus verteidige.[20] Selbst amerikanische Gesprächspartner suchte Adenauer davon zu überzeugen, daß "die ganze Sache in Algerien keine koloniale Frage ist, sondern eine kommunistische Frage"[21].

Allerdings konnte auch die Bundesregierung nicht davon absehen, daß im Zeitalter weltweiter Dekolonisierung die französische Position in Algerien letztlich aussichtslos war und daß eine allzu massive Rückendeckung für Frankreichs Nordafrikapolitik die arabischen Staaten und über diese schließlich auch andere Staaten Afrikas und Asiens in die Arme des Ostblocks treiben und sie möglicherweise zur Anerkenung der DDR veranlassen könne. Insofern erlösten die Abkommen von Evian die Bundesregierung 1962 von einem bedrückenden Dilemma.

Die *Sozialdemokratische Partei Deutschlands* konnte sich 1962 als einzige Bundestagspartei rühmen, daß Mitglieder ihrer Partei während des Algerienkrieges gute Beziehungen zu algerischen, tunesischen und marokkanischen Nationalisten aufgebaut hatten. Willy Brandt, seit 1960 Kanzlerkandidat der Partei, beanspruchte auf dem Kölner SPD-Parteitag 1962 die sozialdemokratische Algeriensolidarität sogar als Beweis für die Regierungsfähigkeit der SPD:

"Keiner kann übersehen und bestreiten, daß wir, was die Entwicklungspolitik als den wesentlichen Teil der auswärtigen Politik angeht, nicht geschlafen haben, sondern daß wir diese früher aufgegriffen und positive Anregungen gegeben haben. Man braucht nur mit offenen Augen und Ohren nach Nordafrika zu fahren, meine Freunde, um sich dort davon zu überzeugen, wie zumal jüngere Sozialdemokraten in den hinter uns liegenden Jahren vielfach in aller Stille einen ganz wesentlichen Beitrag zu praktischer außenpolitischer Kleinarbeit für die Bundesrepublik Deutschland geleistet haben. Das eignete sich nicht immer dazu, an die große Glocke gehängt zu werden; aber das hat seinen Niederschlag gefunden."[22]

Diese Formulierung ließ kaum ahnen, daß der Weg bis zu *dieser* Sicht der Dinge auch in der SPD nicht einfach gewesen war. Denn in der sozialdemokratischen Linken der damaligen Bundesrepublik hatte es, grob gesprochen, mindestens zwei Traditionen "internationalistischen" Denkens und Handelns gegeben: *erstens* den klassischen parteioffiziellen Internationalismus der sozialdemokratischen Arbeiterbewegung, der vor allem die Solidarität mit den europäischen Arbeiterorganisationen in den Mittelpunkt stellte, und *zweitens* einen eher "weltrevolutionären" Internationalismus, der vor allem in linkssozialistischen Gruppierungen am Rande der SPD und in den ihr verbundenen Jugendverbänden fortlebte und der die antikolonialen Erhebungen in Asien und Afrika zumindest teilweise als Elemente eines weltweiten Emanzipationsprozesses würdigte.

In der sozialdemokratischen Algeriensolidarität der fünfziger und sechziger Jahre reifte jedoch eine dritte Internationalismus-Tradition heran, die sich von den beiden genannten unterschied:

In ihr trat der klassische parteioffizielle Internationalismus, wie er vom Parteivorstand im Konzert mit den Mitgliedsparteien der Internationale vertreten wurde, zurück hinter einer Vielzahl *dezentraler* Inititiativen, die von engagierten Abgeordneten, Jugendfunktionären, Gewerkschaftern und Journalisten gefördert wurden. Gegen den erklärten Widerstand einer traditionsreichen Mitgliedspartei der Internationale, der Sozialistischen Partei Frankreichs (Section Française de l'Internationale Ouvrière - SFIO), die die französische Kolonialpolitik in Algerien an prominenter Stelle mittrug, entstand eine breitere Form der internationalen Solidaritätsarbeit, die auch *nichtsozialistische Bewegungen und Staaten in Asien und Afrika* einbezog - wobei die Grenzen zwischen politischer Solidarität und entwicklungspolitisch-humanitärer Hilfe von Fall zu Fall fließend blieben.

Motive des antiimperialistischen Engagements oder der zivilgesellschaftlichen Arbeitersolidarität mit algerischen Gewerkschaftern verflochten sich dabei immer stärker mit Zügen einer *Nebenaußenpolitik*: Die sozialdemokratische Algeriensolidarität wurde von ihren wichtigsten Protagonisten zunehmend als konstruktiver Beitrag zur Außenpolitik der Bundesregierung und des atlantischen Bündnisses begründet. Mit den Kontakten zum algerischen Widerstand, so hieß es, wirke man der Ausbreitung des Kommunismus in Afrika ebenso entgegen wie der Anerkennung der DDR in der Dritten Welt. Daß Sozialdemokraten als Mitglieder einer Oppositionspartei Beziehungen zu Kräften knüpfen konnten, die die Bundesregierung aus diplomatischen Rücksichten meiden mußte, konnte zudem, aus Sicht der Parteiführung, die von Herbert Wehner 1960 begründete These bestätigen, daß erfolgreiche bundesdeutsche Außenpolitik in den Entwicklungsländern nicht von der Bundesregierung allein zu bewältigen sei, sondern nur noch "als Gemeinschaftsleistung der demokratischen Parteien und der ganzen Bevölkerung der Bundesrepublik"[23].

Der Anspruch, in Nordafrika einen konstruktiven Beitrag zur bundesdeutschen Außenpolitik zu leisten, machte die Algeriensolidarität zugleich zu einem Moment der *Innenpolitik*: Die Sozialdemokratie unterstrich damit ihren Anspruch, schon aus der Opposition heraus loyal mitregieren zu wollen und nunmehr koalitions- bzw. regierungsfähig zu sein.

Die sozialdemokratische Algeriensolidarität war daher auch kein reines "Parteiunternehmen". Sie war nur möglich durch die parteiübergreifende Zusammenarbeit von Kirchen, Gewerkschaften, Kommunalbehörden und Wohlfahrtsverbänden, von hohen Beamten des Auswärtigen Amtes und Abgeordneten anderer Parteien. Die *Große Koalition*, die 1966 Regierungswirklichkeit wurde, war in der Algeriensolidarität der späten fünfziger und frühen sechziger Jahre ansatzweise schon vorgeübt worden.[24]

Sozialdemokratische Algeriensolidarität - ein Projekt von Außenseitern?

In den großen historischen Gesamtdarstellungen des Algerienkriegs[25] wird die Rolle der deutschen Sozialdemokratie bisher kaum oder nur am Rande erwähnt. Selbst in Claus Leggewies verdienstvoller Studie *Kofferträger*, bis heute der einzigen größeren Arbeit zur bundesdeutschen Algeriensolidarität,[26] wurden lediglich einige sozialdemokratische Charaktere porträtiert, während die Rolle der deutschen Sozialdemokratie als politischer Verband im politischen System der Bundesrepublik seltsam blaß blieb.

Unter der Eingangsformel "Es gibt immer welche, die aus der Reihe tanzen"[27] zeichnete Leggewie die bundesdeutsche Algeriensolidarität der fünfziger und frühen sechziger Jahre vielmehr als eine bunte Mischung von nonkonformistischen Individuen und Minizirkeln, die irgendwie interessant vom provinziellen Mief der Adenauer-Ära abstachen - von aufmüpfigen Schriftstellern und Studenten, reiselustigen Abenteuernaturen, trotzkistischen Falschgelddruckern, dissidenten und karrieristischen Sozialdemokraten, schillernden BND-Agenten, Waffenhändlern u.a.m.

Der individualistische Zug dieser Darstellung hing nicht zuletzt mit dem Versuch zusammen, das Faszinosum der *französischen* "Kofferträger" auf die bundesdeutsche Algeriensolidarität zu übertragen. "Kofferträger", *porteurs de valises*, das waren in Frankreich - nach Leggewie - jene "empörten Intellektuellen, parteiuntreuen Kommunisten, genialischen Schauspieler [...], frommen Mönche [...] und fahnenflüchtigen Soldaten", die als Franzosen - "oft auf Kosten ihrer bürgerlichen Existenz" - den algerischen Unabhängigkeitskampf mit Geldtransporten, gefälschten Papieren, Presseaktivitäten u.ä. unterstützten.[28] Hervé Hamon und Patrick Rotman hatten ihnen 1979 in ihrem Buch *Les porteurs de valises* ein literarisches Denkmal gesetzt.[29] Von ihnen übernahm Leggewie, in deutscher Übertragung und programmatischer Absicht, den Titel seines Buches.

Man muß sich dabei jedoch über zwei Einschränkungen im klaren sein: *Erstens* erschöpfte sich auch in Frankreich die Opposition gegen den Algerienkrieg keineswegs nur im persönlichen Heroismus einiger weniger *porteurs de valises*. Und *zweitens* war, wenn überhaupt, der Typ des nonkonformistischen Individuums als Solidaritätsträger für das damalige Frankreich jedenfalls weit 'repräsentativer' als für die Bundesrepublik, um die es hier geht.

In Frankreich mußte man damals tatsächlich viel persönlichen Mut und eine stark ausgeprägte nonkonformistische Individualität besitzen, um sich mitten im Krieg, in einem Klima der Hexenjagd auf 'nationale Verräter', ungeachtet des Risikos hoher Haftstrafen, sozialer Ächtung und polizeilicher Mißhandlungen für den FLN einzusetzen.[30] Der ägyptische Jude und dissidente Kommunist Henri Curiel, eine der Schlüsselfiguren der französischen *porteurs de valises*, wird von seinem Biographen nicht grundlos als "un homme à part" beschrieben.[31]

In Deutschland lagen die Dinge jedoch anders. Die Bundesrepublik hatte keinen 'Algerienkrieg'. Auch den Verlust von Kolonien mußte sie nicht fürchten. Vielmehr profitierte sie von der weltweiten Dekolonisierung, die ihr den ungehinderten Zugang zu den Märkten der unabhängig gewordenen Staaten Asiens und Afrikas öffnete.

Die Festigung der Beziehungen zu Frankreich war zwar ein zentrales Anliegen der Regierung Adenauer. Der Preis, der dafür zu zahlen war, war jedoch selbst im

Regierungslager umstritten. Sobald die Anlehnung an Paris die Beziehungen zu Washington und London zu belasten drohte, traten sowohl im Kabinett als auch in den Koalitionsparteien Risse auf, die sich seit den späten fünfziger Jahren mit den schwelenden Auseinandersetzungen zwischen Konrad Adenauer und Ludwig Erhard verbanden und in den frühen sechziger Jahren in den Gegensatz von 'Atlantikern' und 'Gaullisten' mündeten.[32]

Nach wie vor waren die USA die Führungsmacht des atlantischen Bündnisses. Aber gerade ihre Unterstützung für Frankreichs Algerienkrieg ließ in den fünfziger Jahren spürbar nach. Spätestens seit der Suezkrise von 1956 war deutlich, daß Washington nicht bereit war, sich vorbehaltlos mit der Kolonialpolitik seiner Verbündeten zu identifizieren. Die Rede, daß auch die USA selbst einmal eine Kolonie gewesen seien (und daher Verständnis für antikoloniale Bestrebungen hätten), machte die Runde und erregte auch Adenauers Ärger.[33] Als der damalige Senator von Massachusetts, John F. Kennedy, dem Kongreß am 2. Juli 1957 einen Resolutionsentwurf vorlegte, der die US-Regierung aufforderte, auf eine Lösung des Algerienkonflikts hinzuwirken, die "die unabhängige Persönlichkeit Algeriens" anerkenne, lehnte Präsident Eisenhower zwar eine aktive Intervention der USA zugunsten der algerischen Unabhängigkeit ab, erklärte aber bezeichnenderweise, die beste Rolle, die die USA spielen könnten, bestehe darin, *beide* Seiten zu verstehen und hinter den Kulissen für den Frieden zu wirken, wenn man darum gebeten werde.[34]

Wie brüchig der angelsächsische Rückhalt für Frankreich war, zeigte sich seit Ende 1957 immer deutlicher: Im November 1957 belieferten die USA und Großbritannien Tunesien gemeinsam mit Waffen, obwohl die französische Regierung gedroht hatte, sich in einem solchen Fall aus der NATO zurückziehen zu wollen.[35] Und nach dem französischen Luftangriff auf das tunesische Dorf Sakiet Sidi Youssef vom 8. Februar 1958 wurde der französischen Regierung eine amerikanisch-britische "good offices mission" unter Robert Murphy und Harold Beeley aufgenötigt, die zwischen Frankreich und Tunesien vermitteln sollte und deren Vorschläge im April 1958 zum Sturz der Regierung Gaillard - und damit indirekt zum Ende der IV. Republik - beitrugen.[36]

Auch wenn die bundesdeutschen Wähler in den fünfziger Jahren Adenauer von Wahl zu Wahl glänzendere Resultate bescherten - seine Frankophilie teilten sie nur in Maßen. Die damaligen Meinungsumfragen zeigen, daß in der Bevölkerung der Bundesrepublik erhebliche Vorbehalte gegen den großen Nachbarn im Westen bestanden: Von den drei verbündeten Siegermächten genoß Frankreich hier lange die geringsten Sympathien.[37]

Auch große Teile der veröffentlichten Meinung in der Bundesrepublik standen einem bedingungslosen Schulterschluß mit Frankreich kritisch gegenüber. Sieht man von streng regierungsnahen Zeitungen ab, so beurteilte die bundesdeutsche Presse die französische Nordafrikapolitik überwiegend skeptisch.[38] Und mehrere Deutschland betreffende Aspekte der französischen Politik hatten in den fünfziger Jahren quer durch fast alle Bundestagsparteien Erregung ausgelöst. Hierzu gehörten

z. B. Frankreichs Versuche, das Saargebiet auszugliedern; die fragwürdigen Methoden, mit denen tausende junger Deutscher für die Fremdenlegion rekrutiert wurden, und auch das Aufbringen deutscher Handelsschiffe, die von der französischen Marine verdächtigt wurden, Nachschub für algerische Insurgenten an Bord zu haben.

Was die SPD betrifft, so verband sich ihr altes Argument, Adenauers Westpolitik gefährde die deutsche Wiedervereinigung, seit der Suezkrise (1956) mit der Befürchtung, die Bundesrepublik könne durch ihre NATO-Mitgliedschaft in Konflikte ihrer Partner außerhalb Europas verwickelt werden. Dies aber bedeute nicht nur zusätzliche sicherheitspolitische Risiken, sondern auch die Gefahr, bei den Staaten der Dritten Welt diskreditiert zu werden, deren Beistand für die deutsche Wiedervereinigung man in der UNO und anderswo noch benötigen werde. Auch der Algerienkrieg wurde unter diesem Blickwinkel gesehen. Wiederholt erklärten führende SPD-Politiker während des Krieges, daß es nicht im Interesse der deutschen Sicherheit, der deutschen Einheit oder der deutschen Wirtschaft liege, in die außereuropäischen Kolonialkriege verbündeter Mächte hineingezogen zu werden.

Wahlstrategische Gründe sprachen freilich eher für parteioffizielle Zurückhaltung in den Algerienfrage. Denn das von der Parteiführung zäh verfolgte Ziel, den Wählern den innenpolitischen Kompetenzvorsprung und den bürgerlichen Parteien die Koalitionsfähigkeit der SPD zu demonstrieren, ließ sich nur erreichen, wenn Adenauer die Opposition nicht länger als außenpolitisches Sicherheitsrisiko stigmatisieren konnte. Andererseits bewiesen aber die angelsächsisch-französischen Spannungen Ende der fünfziger Jahre, daß 'Westbindung' nicht notwendig Solidarität mit Frankreichs Kolonialpolitik heißen mußte. Spätestens nachdem John F. Kennedy als neuer amerikanischer Präsident die Entwicklungspolitik zu einem der Hauptschlachtfelder des Kalten Kriegs gemacht hatte und de Gaulle immer offener auf eine Einigung mit dem FLN zusteuerte, hätte das Ignorieren der algerischen Unabhängigkeitsbewegung an Starrsinn gegrenzt.

Kompliziert wurde die Algerienfrage aus Sicht der 'Baracke' anfangs allerdings dadurch, daß die französische Algerienpolitik bis 1958 maßgeblich von einer Schwesterpartei, der SFIO, mitgestaltet und mitgetragen wurde.[39] Die Rücksichten auf die SFIO waren freilich nicht grenzenlos. Der SPD-Vorsitzende Ollenhauer zweifelte schon vor der Suezkrise daran, daß in der Algerienfrage für Frankreich "überhaupt noch etwas zu retten" sei.[40] Als Organisation genoß die SFIO in der deutschen Parteiführung nur mäßige Achtung[41] und verlor nach dem Machtantritt de Gaulles 1958 ohnedies rasch an Einfluß. In der Sozialistischen Internationale hatte die Partei wegen der führenden Rolle ihres Vorsitzenden, Guy Mollet, bei der Vorbereitung des Suezkriegs gegen Ägypten schon seit 1956 viele Sympathien verloren.[42]

Hinzu kam, daß gerade die stark antikommunistisch ausgerichteten US-amerikanischen Gewerkschaften und der 1949 gegründete Internationale Bund Freier Gewerkschaften die nordafrikanischen Unabhängigkeitsbewegungen seit Anfang der fünfziger Jahre engagiert unterstützten und dabei auch öffentlich weit weniger zurückhaltend vorgingen als die (republikanische) amerikanische Regierung.[43]

Alles in allem sprechen die aufgeführten Tatsachen dafür, daß Sympathien für den algerischen Unabhängigkeitskampf in Deutschland weit weniger risikobeladen waren als in Frankreich. Man mußte in der Bundesrepublik weder nonkonformistischer Individualist noch abgekapselter Untergrundverschwörer sein, um die algerische Sache zu unterstützen. Für jene, die die Zeichen der Zeit zu deuten wußten, war das Engagement in der Algeriensolidarität vielmehr eine politisch sinnvolle und zukunftsträchtige Investition, auch wenn man dafür vorübergehend Widerstand und Unannehmlichkeiten in Kauf nehmen mußte.

In diesem Sinne stehen in der vorliegenden Studie weniger die Überlegungen und Taten einzelner im Vordergrund als vielmehr die Entwicklung der ideologischen, organisatorischen und makropolitischen Rahmenbedingungen, die ihre Aktivitäten begünstigten und im weiteren Sinne prägten. Im engeren Sinne geht es um 'außenpolitische' Lernprozesse in einer Organisation, der Sozialdemokratischen Partei Deutschlands, bzw. in den Organen, die sie repäsentierten. Auf der Grundlage der im *Archiv der sozialen Demokratie* (AdsD) der Friedrich-Ebert-Stiftung in Bonn befindlichen Akten des Parteivorstands und anderer Archivalien[44] sowie von Parteitags- und Parlamentsprotokollen, Presseberichten, sonstigen Veröffentlichungen und mehreren Interviews[45] soll nachgezeichnet werden, wie und unter welchen Bedingungen sich die Haltung der deutschen Sozialdemokratie zu den nationalen Unabhängigkeitsbewegungen Asiens und Afrikas im allgemeinen, Nordafrikas und Algeriens im besonderen entwickelte.

"Internationale Solidarität" und Antikolonialismus in der Geschichte der deutschen Sozialdemokratie

Schlüsselworte wie "Internationalismus" oder "internationale Solidarität" wecken in verschiedenen Auditorien verschiedene Erinnerungen. Im biographischen Kurzzeitgedächtnis heutiger Leser sind sie häufig mit dem Thema "Dritte-Welt-Solidarität" verbunden. Die vielskandierte Parole "Hoch die internationale Solidarität!" galt in den Protestdemonstrationen der späten sechziger und frühen siebziger Jahre hauptsächlich Befreiungshelden der Dritten Welt wie Ho Chi Minh, Ché Guevara oder Amilcar Cabral. Für zahlreiche Zeitzeugen des '68er' Epochenbruchs definierten die damaligen Erlebnisse, was historisch 'links' war und was nicht.

Aus diesem 'zeitgenössischen' Erinnerungshorizont heraus ist es wohl zu erklären, daß ein so stark der "oral history" verpflichteter Autor der '68er' Generation wie Claus Leggewie 1984 schließlich meinte, daß die Algerien-Solidarität "sozusagen die ur- und frühgeschichtliche Schicht des Internationalismus der westdeutschen Linken" (!) gewesen sei[46] – ein Deutungsversuch, der unausgesprochen unterstellte, daß (1) die 'eigentliche' Geschichte des Internationalismus der

'Linken' in Westdeutschland im Grunde erst mit der sogenannten '68er' Generation begonnen habe;[47] und daß (2) das entscheidende Kriterium für (linken) 'Internationalismus' das Eintreten für nationale Unabhängigkeitsbewegungen in der Dritten Welt sei.

Was die deutsche Sozialdemokratie betrifft, tut man jedenfalls gut daran, sich zu vergegenwärtigen, daß sie sich seit ihren Anfängen im 19. Jahrhundert *stets* als eine *internationalistische* Bewegung verstand, daß sie aber (zum Teil gerade deswegen) nationalistische Unabhängigkeitsbewegungen keineswegs grundsätzlich befürwortete und, zumindest für einen längeren Zeitraum, die Bildung von weltumspannenden Kolonialreichen keineswegs grundsätzlich ablehnte.

Seit der Entstehung der sozialdemokratischen Arbeiterbewegung waren in ihrem kulturellen 'Werkzeugkasten' immer - z.T. als Erbschaft älterer aufklärerisch-kosmopolitischer Strömungen[48] - auch Mentalitätslagen, Identitätskerne und Traditionen internationaler Verbundenheit vorhanden.

Es wäre dabei falsch, von *dem* Internationalismus der Arbeiterbewegung zu sprechen. Vielmehr finden wir in der Arbeiterbewegung *Internationalismen* verschiedenster Begründung, Gefühlsintensität und praktischer Reichweite vor: teils als ausformulierte Parteidoktrin, teils als 'kollektive Mentalität' bzw. 'Gesinnung' eines sozialen Milieus; als festliches Organisationsritual wie am 1. Mai oder als persönliche Lebenserfahrung von Emigranten; hier als aufwallende "Massenstimmung", dort als bürokratische Bekenntnisroutine oder als momentane individuelle 'Meinung'; teils mit, teils ohne politisches Handlungsprogramm; teils als karitative Verbundenheit mit den Mühseligen und Beladenen der Welt, teils als liberal-humanitäres Menschheitspathos; hier als Konsequenz oppositioneller Staatsverneinung, dort als ausgleichender Wille zum internationalen Staatenfrieden; gelegentlich als voluntaristischer Revolutionsexport, häufiger als evolutionärer Glaube an die weltgeschichtliche Mission Europas; als Hoffnung auf auswärtige Hilfe, als Suche nach fremden Vorbildern, als ideologische Kompensation für eigene Schwächen.

Die komplexe Geschichte all dieser Internationalismen bleibt noch zu schreiben. Was jene Teile der Arbeiterbewegung betrifft, die, wie die deutsche Sozialdemokratie, in ihren traditionsprägenden Jahren weitläufig marxistisch beeinflußt wurden, so ist hier lediglich folgendes festzuhalten:

Internationale Solidarität im Sinne partnerschaftlicher ("brüderlicher") Zusammenarbeit setzte die Anerkennung der Solidarpartner als *gleichwertige Subjekte* voraus. Die Einbeziehung der Völker Asiens und Afrikas in *diese* Form der Solidarität erfolgte erst in dem Maße, wie in diesen gleichwertige Subjekte wahrgenommen wurden. Zunächst aber galt die Solidarität den *Proletariern* aller Länder - und hier besonders den Arbeiter*organisationen* der großen 'historischen Völker' die als Schrittmacher des Weltfortschritts identifiziert wurden - jener Völker, die im Rahmen ihrer industriekapitalistischen Entwicklung starke Arbeiterbewegungen hervorgebracht hatten, die zum Sprung auf die Kommandohöhen des *Staates* ansetzen konnten.[49]

Ein zumindest vorübergehender Zusammenhang zwischen nationaler Unabhängigkeit und internationaler Solidarität wurde dabei durchaus anerkannt, beschränkte sich aber auf jene Nationen, deren Unabhängigkeit nach Maßgabe des jeweiligen strategischen Kalküls, der Sache des 'Fortschritts' bzw. der 'Revolution' nützte bzw. deren 'Feinden' schadete.[50]
"Eine internationale Bewegung des Proletariats", schrieb Friedrich Engels 1882 an Karl Kautsky, sei "überhaupt nur möglich zwischen selbständigen Nationen."[51] Dies einerseits, weil "internationales Zusammenwirken nur unter Gleichen möglich" sei; und andererseits, weil es "für ein großes Volk geschichtlich unmöglich" sei, "irgendwelche *innere* Fragen auch nur ernsthaft zu diskutieren, solange die nationale Unabhängigkeit fehlt." Auch in Deutschland sei erst dann "Schwung in die Sache" des Sozialismus gekommen, als die Frage der *nationalen* Einheit 1866-1870 geklärt war.[52] Nationale Unabhängigkeit, Entwicklung der sozialistischen Bewegung und internationales Zusammenwirken der Sozialisten förderten aus dieser Sicht einander gegenseitig.

"Geschichtslose Völker" und internationale Solidarität

Wie die von Engels jahrzehntelang wiederholten Ausfälle gegen die kleinen "geschichtslosen Völker" auf dem Balkan zeigten,[53] waren nationale Unabhängigkeitsbestrebungen allerdings keineswegs in *jedem* Fall zu unterstützen.[54] Angeblich mindere Kulturfähigkeit, Unfähigkeit zu unabhängiger Staatsbildung und (damit zusammenhängend) Manipulierbarkeit durch größere Mächte[55] dienten hier jahrzehntelang als Argumente, um der Unabhängigkeit der slawischen Völker Ostmittel- und Südosteuropas jedenfalls weit geringere Priorität zuzuweisen als der Sache des westeuropäischen Proletariats.[56]
Erst recht galt diese Logik für antikoloniale Unabhängigkeitsbestrebungen *außerhalb Europas*.[57] Die geistigen Gründerväter der deutschen Sozialdemokratie sahen im Kolonialismus, zumindest für eine gewisse Übergangsperiode, ein Werkzeug des internationalen Fortschritts.[58] Friedrich Engels hatte es 1849 noch guten Gewissens begrüßt, "daß das herrliche Kalifornien den faulen Mexikanern entrissen ist, die nichts damit zu machen wußten"[59]. Und Ferdinand Lassalle hatte zehn Jahre später im Brustton der Überzeugung vom "Recht des höheren kulturhistorischen Berufs, welches die Franzosen auf Algier, die Engländer auf Indien haben"[60], gesprochen.
Der Glaube an die zivilisatorische Mission Europas - er spiegelte letztlich den liberal-imperialistischen Zeitgeist der ganzen Epoche[61] - vertrug sich im übrigen durchaus mit vehementen Anklagen gegen die konkrete Kolonialpolitik der europäischen Mächte, mit Bekundungen humanitären Mitgefühls für die Leiden der Kolonisierten, mit wohlwollendem Verständnis für deren Aufstände gegen die europäische Fremdherrschaft.[62] Er war jedoch keineswegs mit der Bereitschaft verbunden, derartige Aufstände zu unterstützen oder zu fördern.[63]

Engels Schüler Eduard Bernstein, seit 1898 in der deutschen Sozialdemokratie als 'Revisionist' befehdet,[64] erntete noch 1896 kaum innerparteilichen Widerspruch, als er anläßlich der Nationalitätenkonflikte im Osmanischen Reich die jeweilige Kulturhöhe zum Kriterium sozialdemokratischer Solidarität mit nationalen Unabhängigkeitsbewegungen erhob:

> "Von vornherein liegt es nahe, jeder Emanzipationsbewegung unsere Sympathie zu schenken, und im Allgemeinen wird man gut thun, diese einer demokratischen Partei natürliche Tendenz zum Ausgangspunkt der Untersuchung zu nehmen ...
> Nicht jeder Kampf beherrschter Völkerschaften gegen ihre Oberherren ist jedoch in gleicher Weise ein Emanzipationskampf... Kulturfeindliche und kulturunfähige Völker haben keinen Anspruch auf unsere Sympathie, wo sie sich gegen die Kultur erheben... Mit einem Wort, so kritisch wir der erreichten Kultur gegenüberstehen, erkennen wir doch ihre relativen Errungenschaften an und machen sie zum Kriterium unserer Parteinahme. Wir werden bestimmte Methoden der Unterwerfung von Wilden verurtheilen und bekämpfen, aber nicht, daß man Wilde unterwirft und ihnen gegenüber das Recht der höheren Kultur geltend macht... Aber nicht einmal jeder Erhebung von kulturfähigen Völkern können wir mit gleicher Sympathie gegenüberstehen. Die Freiheit einer unbedeutenden Nationalität in außereuropäischen oder halbeuropäischen Gegenden wiegt nicht die freiheitliche Entwicklung der hochzivilisirten großen Kulturvölker Europas auf. Wo daher ein Kampf solcher die Interessen dieser Entwicklung ernsthaft gefährdet, ist eine ablehnende Haltung ihm gegenüber durchaus am Platze."[65]

Das "Erwachen Asiens" und die bolschewistische Herausforderung

Erst Anfang des 20. Jahrhunderts begann man auf breiterer Ebene, die Völker Asiens verstärkt als politische *Subjekte* wahrzunehmen. Der entscheidende Wendepunkt war dabei der Verlauf des russisch-japanischen Kriegs (1904-1905), der für viele überraschend zeigte, daß ein asiatischer *Staat* sich erfolgreich gegen eine europäische Großmacht behaupten konnte. Japans Sieg und die ihm folgenden politischen Revolutionen in Persien (1905), im Osmanischen Reich (1908, 1909) und in China (1911) führten das Schlagwort vom "Erwachen Asiens" auch in die sozialdemokratische Diskussion ein.[66]

Daß das "Erwachen Asiens" beträchtliche *Auswirkungen* auf die Chancen der Arbeiterbewegung in Europa haben würde, wurde dabei relativ früh gesehen.[67] Eine Anerkennung der asiatischen Bewegungen als *gleichwertig* oder gleichsinnig war damit allerdings selbst bei jenen sozialistischen Theoretikern nicht verbunden, die - wie Karl Kautsky, Otto Bauer oder Rosa Luxemburg - vom "Erwachen Asiens" eine revolutionsträchtige Verschärfung der sozialen Gegensätze in Europa erwarteten.[68]

Dies war erst das Werk der russischen *Bolschewiki*, die aus zahlreichen innen- und außenpolitischen Erwägungen heraus die bündnispolitischen Erfahrungen der russischen Revolution in ein weltrevolutionäres Strategiemodell übersetzten, in dem die 'bürgerlichen' Befreiungsbewegungen der kolonialen und halbkolonialen Länder als revolutionäre Bündnispartner des europäischen Proletariats im Kampf gegen den Imperialismus erschienen.[69]

Die einundzwanzig "Leitsätze über die Bedingungen der Aufnahme in die Kommunistische Internationale", die der zweite Komintern-Kongreß am 6. August 1920 in Moskau verabschiedete, waren das erste sozialistische Programmdokument, das die politische Parteinahme für die antikolonialen Befreiungsbewegungen Asiens und Afrikas ausdrücklich zum Kriterium des Internationalismus erhob.[70] Das "Programm der Kommunistischen Internationale", das der sechste Komintern-Kongreß am 1. September 1928 beschloß, erklärte sogar, daß "[v]om Standpunkt des Weltkampfes des Proletariats ... die wichtigsten strategischen Aufgaben der Kommunistischen Internationale die Aufgaben des revolutionären Kampfes in den *Kolonien, Halbkolonien und abhängigen Ländern*" seien[71] - eine Formulierung, die aus orthodox-marxistischer Sicht um so eigenartiger klingen mußte, als es im gleichen Programm hieß, daß die Kolonien und Halbkolonien "gegenüber den Industrieländern, die in der Weltwirtschaft die Rolle der *Weltstadt* spielen, das *Weltdorf* darstellen"[72].

In den Augen der deutschen Mehrheitssozialdemokratie waren solche Aussagen aus mindestens zwei Gründen unseriös und gefährlich: *erstens*, weil sie, der weltweiten Förderung politischer Umstürze zuliebe, den proletarischen *Klassencharakter* der sozialistischen Bewegung zu verwischen schienen und *zweitens*, weil sie als Angriff auf den *friedlichen* Fortschritt der *europäischen* Arbeiterbewegung zum Sozialismus empfunden wurden.[73]

Die Bemühungen der Komintern, auch in nichtproletarischen, scheinbar 'rückständigen' Milieus revolutionäre Potentiale zu entdecken, waren in sozialdemokratischer Sicht nur weitere Beweise für die "unkulturelle, echt asiatische Kampfesweise"[74] des Kommunismus, der weltweit "die Ausnützung aller gegebenen oder potentiellen sozialen Explosivstoffe, ganz unbekümmert um ihre Rückwirkungen auf die proletarische Klassenbewegung"[75] betreibe, um den staatspolitischen Zielen Rußlands zu nützen.

"So sehr die Demokratie und die Arbeiterbewegung das Selbstbestimmungsrecht der Nationen anerkennen muß," schrieb Rudolf Hilferding 1924, "so groß ist ihr Interesse an einer Entwicklung, die gewaltsame Eruptionen vermeidet. Denn die ökonomischen Rückschläge, die etwa mit gewaltsamen, politischen Katastrophen in Indien oder Aegypten verbunden wären, würde[n] die Kampfkraft nicht nur der englischen, sondern der europäischen Arbeiterbewegung lähmen, den Fortschritt des Sozialismus nicht fördern, sondern hemmen."[76]

Die 1923 als Nachfolgerin der II. und der II½. Internationale gegründete *Sozialistische Arbeiter-Internationale* (SAI) rang sich erst auf ihrem dritten Kongreß (Brüssel, 5.-11. August 1928) dazu durch, die *politische Beherrschung* der Kolonialvölker "grundsätzlich" abzulehnen. Daraus folgte jedoch keine Selbstverpflichtung, antikolonialistischen Unabhängigkeitsbewegungen zu helfen. Für unterstützenswert hielt die SAI nur "die Befreiungsbestrebungen derjenigen Kolonialvölker, die bereits die Voraussetzungen einer selbständigen modernen Kultur erreicht haben", während sie "für die anderen Kolonialvölker, die diese Entwicklungsstufe noch nicht erreicht haben, wirksamen Schutz gegen Unterdrückung und Ausbeutung, planmäßige Erziehung dieser Völker zur Selbständigkeit und ... fortschreitende Erweiterung ihrer Selbstverwaltung bis zur schließlichen vollständigen Selbstbestimmung" verlangte[77] - eine vorsichtige Formulierung, denn der Begriff "Selbstbestimmung" war völkerrechtlich keineswegs gleichbedeutend mit staatlicher *Souveränität*.

Für die *deutsche* Sozialdemokratie hatten diese dehnbaren Wendungen allerdings nur geringe tagespolitische Bedeutung, weil Deutschland seit 1919 keine Kolonien mehr besaß und die Mehrheit der Partei außenpolitischen Problemen traditionell nur mäßiges Interesse entgegenbrachte.[78]

Zwar war die Frage der deutschen Kolonien Teil der Versuche aller Weimarer Regierungen, den Friedensvertrag von Versailles zu revidieren. Auch die SPD hatte auf der Berner Konferenz der II. Internationale (3.-10. Februar 1919) in einem Resolutionsantrag die deutschen Kolonien als "Teil des Nationalbesitzes der sozialdemokratischen deutschen Republik" reklamiert und "die Rückgabe der deutschen Kolonien sowie das volle Mitbestimmungsrecht im Völkerbunde bei der künftigen Regelung aller Kolonialfragen" gefordert.[79] In der Weimarer Nationalversammlung hatten die Mehrheitssozialdemokraten, im Gegensatz zur USPD, am 1. März 1919 einer interfraktionellen Entschließung zugestimmt, die "die Wiedereinsetzung Deutschlands in seine kolonialen Rechte" forderte.[80]

Jenseits dessen blieb das Bild aber widersprüchlich. Der Vorsitzende der SPD, Otto Wels, trat 1926 in die Kolonialkommission der SAI ein.[81] Aber der Anspruch Deutschlands auf eigene Kolonien wurde sozialdemokratischerseits zunehmend heruntergespielt. Die Frage "Soll Deutschland Kolonialpolitik treiben?" wurde 1927 vom Parteivorsitzenden und Reichskanzler a. D. Hermann Müller mit Argumenten verneint, aus denen sich auch ein moderater, nationalpragmatisch motivierter Antikolonialismus herauslesen ließ:

Deutschland, so Müller, besitze nicht das Kapital, "das zur Einleitung einer nutzbringenden Kolonialpolitik in den Kolonien investiert werden müßte". Im übrigen hätten "die Deutschen bei den erwachenden, nach kolonialer Selbständigkeit drängenden Kolonialvölkern das größte Ansehen, gerade weil Deutschland an der kolonialen Ausbeutung fremder Völker nicht mehr beteiligt" sei. Dies aber müsse "sich auch handelspolitisch günstig für Deutschland auswirken". Im Völkerbund solle sich Deutschland "der Völker annehmen, die in den Mandatsgebieten wohnen". Das werde "dem deutschen Ansehen und dem deutschen Handel nützlich sein". Für seine eigenen Angehörigen solle das Deutsche Reich "in allen Kolonien und Mandatsgebieten die volle Gleichberechtigung mit den anderen Nationen fordern, damit ihm günstiger Rohstoffbezug gesichert ist"[82].

Antikolonialismus im Zeichen des Kalten Kriegs: die SPD nach 1945

"Bonn ist nicht Weimar", lautete 1956 die Schlußfolgerung einer berühmt gewordenen Bestandsaufnahme, in der es hieß, es gebe "in der Bundesrepublik eigentlich nur *eine* Partei, die in ihrer gegenwärtigen Gestaltung direkt an das 19. Jahrhundert anschließt: die *Sozialdemokratie*"[83]. Gilt dies auch für die Haltung der SPD zu den nationalen Befreiungsbewegungen der später so genannten "Dritten Welt"? Wir haben gesehen, daß bereits die Haltung der Weimarer Sozialdemokratie in dieser Frage ambivalent war. Nunmehr aber, nach 1945, stand sie vor gänzlich veränderten makropolitischen Koordinaten.

Die wichtigste dieser neuen makropolitischen Bezugsgrößen war der Ost-West-Konflikt. Er sollte sich im Lauf der kommenden Jahrzehnte als wichtigster Hebel zur Entkolonialisierung der Welt erweisen. Diese Entwicklung war jedoch 1945 noch nicht in allen Konsequenzen abzusehen. Sozialdemokratische Publizisten und Politiker begriffen den Ost-West-Konflikt nach dem Krieg zunächst noch oft als machtpolitischen Grundsatzkonflikt zwischen den USA und der Sowjetunion, in dem sich Europa als "Dritte Kraft" auf einem "Dritten Weg" zwischen Kapitalismus und Kommunismus profilieren könne. Die europäischen Kolonialreiche wären dabei als weltwirtschaftliches Hinterland eines sozialdemokratischen Europa willkommen gewesen.

So hatte z.B. *Paul Sering* (Pseudonym für Richard Löwenthal[84]) 1947 in seiner vielgelesenen Programmschrift "Jenseits des Kapitalismus" die Zukunft des Sozialismus als einer weltweiten "Dritten Kraft" zwischen amerikanischem Kapitalismus und sowjetischem Kommunismus ausdrücklich von der Zusammenarbeit Europas mit seinen "überseeischen" Gebieten und Partnern abhängig gemacht.

Europa, so hatte Sering/Löwenthal argumentiert, sei in der Welt "*der Ort sozialistischer Chancen*"[85]. Europa sei einerseits - im Unterschied zu "Rußland und den großen asiatischen Völkern" - Träger demokratischer Traditionen und es besitze andererseits - im Unterschied zu Amerika - eine Tradition leistungsfähiger, kontinuierlich entwickelter Staatsapparate.[86] Die Aussichten, "neben dem Großraum der russischen Staatswirtschaft und dem Großraum des amerikanischen Kapitalismus einen geordneten Bereich sozialistischer Planung zu schaffen", hingen jedoch davon ab, daß der europäischen Industrie weiterhin "die Rohstoffe und Agrarüberschüsse der überseeischen Partner innerhalb des Commonwealth" zu Gebote stünden.[87]

"Die Zusammenarbeit mit den freien Mitgliedern des britischen Commonwealth, mit den Kolonialreichen der westeuropäischen Länder und mit denjenigen ehemaligen Kolonien, die heute im Begriff sind, mit dem Einverständnis fortschrittlicher westeuropäischer Regierungen ihre nationale Selbstständigkeit zu erlangen", mache es, so lautete Serings Schlußfolgerung, möglich, "vom Nordkap bis zur Südspitze Afrikas und von Gibraltar bis Singapore einen geschlossenen Block von Territorien zu bilden, die weder amerikanischer noch russischer Herrschaft unterworfen sind -

einen Block, der stark genug wäre, als gewaltiger neutraler Puffer zwischen der amerikanischen und russischen Machtsphäre ... zu wirken"[88].

Nationale Unabhängigkeit und deutsche Frage

Unverkennbar waren Serings Vorstellungen von der damaligen Kolonialkonzeption der britischen Labour Party beeinflußt, die das Empire von 1945 bis 1951 regierte. Die SPD, und vor allem ihr erster Nachkriegsvorsitzender, Kurt Schumacher, hatten auf den Beistand der britischen Labour-Regierung zunächst große Hoffnungen gesetzt.[89] Der "dritte Weg" Europas und erst recht die Konzeption eines großen eurosozialistischen Empires zwischen den Weltmächten erwies sich freilich bald als bloßes Wunschbild. Zunehmend drängte sich ein naheliegenderer Gesichtspunkt in den Vordergrund, der die deutsche Sozialdemokratie in einem Maße für 'nationale' und 'internationale' Fragen sensibilisierte wie in kaum einer anderen Periode, wenn man einmal von der Phase des Marxschen "Emigranten-Sozialismus" (R. Michels) absieht.

Dieser Gesichtspunkt war die *deutsche Frage* selbst: Deutschland war von fremden Mächten besiegt, besetzt und geteilt. Jede innenpolitische Frage war unter diesen Bedingungen auch eine außenpolitische. Nie zuvor war die Partei derart massiv auf die Bedeutung der nationalen Selbstbestimmung gestoßen worden.

Unter diesen Umständen konnte die SPD, zumindest in der Theorie, auch antikolonialen Bestrebungen in Asien und Afrika größeres Verständnis entgegenbringen als die meisten ihrer Schwesterparteien. Schon 1950 hatte der damalige Parteivorsitzende, Kurt Schumacher, hintergründig erklärt, die SPD stehe "dem Freiheitsstreben und dem Rechtsanspruch der noch unter Kolonialherrschaft lebenden Völker mit größter Sympathie" gegenüber und wolle "die politische Freiheit und die Gleichberechtigung, die wir für unser eigenes Volk erstreben, auch allen anderen Völkern zugebilligt sehen"[90]. "Die Internationalität der Sozialisten", erklärte Schumacher auf dem Frankfurter Gründungskongreß der Sozialistischen Internationale 1951, wolle "die Freiheit und Gleichheit nicht nur des *einzelnen Menschen*, sondern auch der *Völker* schaffen"[91].

Auch die SPD Schumachers konnte allerdings nicht davon absehen, daß *erstens* das Schicksal Deutschlands von den gleichen Mächten abhing, die außerhalb Europas die größten Kolonialreiche zu verteidigen hatten, und daß *zweitens* die Schwesterparteien, von deren Beistand sich die isolierte SPD damals noch viel versprach, vor allem die Sozialdemokratien Großbritanniens, Frankreichs, Belgiens und der Niederlande, die Kolonialpolitik ihrer Länder nicht nur mittrugen, sondern z.T. auch aktiv mitgestalteten. Der Beitrag dieser Parteien zur Kolonialpolitik lief in der Regel darauf hinaus, die Notwendigkeit *gesellschaftlicher*, insbesondere wirtschaftlicher und sozialer Reformen in den Kolonien zu betonen, die Notwendigkeit ihrer *staatspolitischen* Loslösung vom 'Mutterland' jedoch herunterzuspielen.

So war es kaum verwunderlich, daß die Grundsatzerklärung über "Ziele und Aufgaben des demokratischen Sozialismus", die die Sozialistische Internationale auf ihrem Gründungskongreß am 3. Juli 1951 in Frankfurt verabschiedete, dem Problem der politischen Unabhängigkeit der Völker Asiens und Afrikas eher auswich. Die Internationale sprach sich in dieser Erklärung zwar für den "Aufbau" der Demokratie und die "Hebung des Lebensniveaus der Volksmassen" in den "wirtschaftlich schwächer entwickelten Gebiete[n]" aus. Auch plädierte sie für eine "Neuverteilung des Weltreichtums und Erhöhung der Produktivität in den wirtschaftlich unentwickelten Gebieten". Aber sie vermied es, deren politische Unabhängigkeit zu fordern. Vielmehr betonte sie, "daß kein Volk für sich allein dauerhafte Lösungen für alle seine wirtschaftlichen und sozialen Probleme finden" könne und daß das "System uneingeschränkter nationaler Souveränität ... überwunden werden" müsse.[92]

Auch die Erklärung "Sozialistische Politik für die unterentwickelten Länder", die die Internationale auf ihrem zweiten Kongreß (Mailand, 17.-21. Oktober 1952) verabschiedete[93], blieb in der Frage der nationalen Unabhängigkeit zurückhaltend. Sie verdammte - angeblich "ohne Vorbehalt" - "jede Form des kapitalistischen Imperialismus" und wetterte gegen "die Ketten politischer Herrschaft und wirtschaftlicher Ausbeutung" mitsamt der "verabscheuungswürdigen Fabel von der rassischen Überlegenheit". Aber auch die Mailänder Erklärung ließ deutlich Vorbehalte gegenüber allzu überstürzten Selbstbefreiungsversuchen der Kolonialvölker durchblicken. Begriffe wie 'Souveränität' und 'Unabhängigkeit' fehlten. Die Sozialisten, hieß es vieldeutig, seien bestrebt, in den abhängigen Gebieten "so bald wie möglich die Bedingungen zu schaffen, die die Einführung der vollen Selbstregierung ermöglichen". Im "Erwachen des Nationalbewußtseins" in den betreffenden Ländern mochte die Internationale dabei lediglich "eine Phase in der Emanzipation der Nationen" sehen, die für die Versuchungen der "kommunistische[n] Propaganda" und des "chauvinistischen Nationalismus" anfällig sei, wohingegen die Sozialisten "die wachsenden Bindungen zwischen den Nationen der Welt" in Rechnung stellen müßten.

Derartige Formulierungen steckten den programmatischen Rahmen ab, den auch die SPD zu Anfang der fünfziger Jahre nicht ohne Not verlassen mochte.

Noch der *Dortmunder Parteitag* (24.-28. September 1952) hatte sich z. B. in dem von ihm beschlossenen "Aktionsprogramm" auf die vorsichtige Erklärung beschränkt: "Die Sozialdemokratische Partei Deutschlands wird alle Maßnahmen unterstützen, die geeignet sind, unterentwickelten Ländern zu Selbstbestimmung und sozialem Aufstieg zu verhelfen."[94]

Der ursprüngliche Programmentwurf hatte noch die Formulierung enthalten, die SPD erstrebe "enge freundschaftliche Bindungen in Solidarität mit allen, die die Ideale demokratischer Freiheit verfechten oder um ihre Freiheit aus kolonialer Abhängigkeit kämpfen müssen"[95]. Diese Formulierung hätte theoretisch auch eine Solidarisierung mit nationalen Befreiungsbewegungen in Asien und Afrika ermöglicht. In der endgültigen, vom Parteitag verabschiedeten Fassung wurde sie jedoch durch die diplomatischere, und im Ost-West-Konflikt besser verwertbare Aussage ersetzt, die Partei erstrebe "die Solidarität aller Nationen" und werde sich deshalb "um freundschaftliche Beziehungen des deutschen Volkes zu allen Kräften bemühen, die die demokratische Freiheit zu verfechten bereit sind"[96].

Deutschland und Asien im gleichen Boot?

Das Jahr 1952 brachte für die Bundesrepublik jedoch eine Zäsur, die sich auch auf die 'Asienpolitik' der SPD auswirken sollte. Am 26. und 27. Mai 1952 unterzeichnete Bundeskanzler Adenauer in Paris den Deutschlandvertrag und den Vertrag über die Europäische Verteidigungsgemeinschaft (EVG). Um den Preis der Eingliederung der Bundesrepublik in den westlichen Militärblock sollten die USA, Frankreich und Großbritannien in diesem Vertragspaket auf einen großen Teil des Hoheitsrechte verzichten, die sie bis dahin auf westdeutschem Boden ausgeübt hatten.

Anders als die meisten westeuropäischen Sozialdemokratien lehnte die SPD die militärische Westintegration der Bundesrepublik ab und versuchte, die Ratifizierung der Pariser Verträge zu verhindern. Sie argumentierte u. a., daß die Eingliederung der Bundesrepublik in den westlichen Militärblock die Teilung Deutschlands zementiere und die Wiedervereinigung für lange Zeit erschweren werde. Der Konflikt endete völkerrechtlich mit dem Beitritt der Bundesrepublik zur NATO am 6. Mai 1955. Umstritten blieb aber die Frage, wie unter der Hegemonie gegeneinander rüstender Militärblöcke die Einheit Deutschlands wiedergewonnen werden könne.

Adenauer behauptete, zur Westintegration gebe es aus deutscher Sicht keine Alternative. Die Wiedervereinigung Deutschlands sei nur durch eine Politik der Stärke gegenüber dem Ostblock zu erreichen. Der Beitritt der Bundesrepublik zum westlichen Verteidigungsbündnis sei der einzige Weg, Westdeutschland vor dem Kommunismus zu schützen und Moskau zu Konzessionen in der deutschen Frage zu zwingen. Die SPD hingegen argumentierte, daß eine Wiedervereinigung Deutschlands nur in einem Klima internationaler Entspannung zwischen den Blöcken denkbar sei. Erforderlich sei eine Politik, die das Mißtrauen zwischen den Blöcken abbaue, die internationale Abrüstung fördere und die Voraussetzungen für ein System kollektiver Sicherheit unter der Schirmherrschaft der UNO in Europa schaffe.

In diesem Rahmen konnte die SPD auch den Unabhängigkeitsbestrebungen in Asien und Afrika neue positive Aspekte abgewinnen. Seit 1945 waren zahlreiche ehemalige Kolonien unabhängige Staaten geworden. In den Vereinten Nationen hatte sich seit Beginn des Koreakriegs 1950 eine Gruppe von Staaten herausgebildet, die vermied, eindeutig für die östliche oder für die westliche Seite Partei zu ergreifen.[97] Die meisten dieser Staaten lagen in Asien. Absehbar war, daß sich mit dem zunehmenden Abbau der europäischen Kolonialreiche auch die Zusammensetzung der UNO dramatisch zugunsten der Länder Asiens und Afrikas verändern würde. Die afro-asiatische Konferenz von Bandung (18.-24. April 1955) nährte sogar die Vermutung, daß diese Länder in der Lage seien, sich zu einer neuen weltpolitischen Kraft zu formieren, die im Zeichen der Nichtpaktgebundenheit zur Überwindung der Blockpolitik beitragen könne. Wie würden sich ihre Regierungen zur deutschen Frage und zur Blockpolitik in Europa stellen? Mit der Gründung der *Asiatischen Sozialistischen Konferenz* im Januar 1953 in Rangun[98] schien ein Instrument geschaffen, um die politische Meinungsbildung dieser Länder auch unter sozialdemokratischen Gesichtspunkten zu beeinflussen.

"*Deutschland und Asien 'im gleichen Boot'*" lautete im August 1953 der programmatische Titel eines Artikels von Willi Eichler[99], der darauf hinwies, "wie groß die Parallelen zwischen der Stellung Deutschlands in Europa und dem Problem in Asien" seien: Auch Deutschland müsse heute um seine Freiheit und Gleichberechtigung in der Welt kämpfen; auch Deutschland habe den Dualismus der "großen feindlichen Machtblöcke" zu fürchten.[100]

Schon im März 1953 hatte einer der wichtigsten außenpolitischen Vordenker der Partei, Fritz Erler[101], unter der Schlagzeile "Die Legende von der Isolierung der SPD" im Parteiorgan *Neuer Vorwärts* auf zahlreiche Länder am Rande Rußlands verwiesen, die sich ihrer Eingliederung in einen der beiden Militärblöcke angeblich erfolgreich widersetzten. Erler nannte Japan, Burma, Indien, Persien, Jugoslawien, Schweden und Österreich. Nicht die deutsche Sozialdemokratie sei isoliert, behauptete er, sondern die Bundesregierung isoliere Deutschland von allen Ländern, "mit denen es eine Fülle von gemeinsamen Interessen aus der gemeinsamen geographischen und politischen Lage heraus" habe.[102]

Der amerikanische Außenminister Dulles hatte 1953 das Schlagwort von den Ländern der "northern tier" in Asien populär gemacht, die sich der Gefahr bewußt seien, die ihnen vom Sowjetkommunismus drohe.[103] Erler sprach im Gegensatz dazu 1954 von einem "Gürtel" "rund um die Sowjetunion herum", dessen Länder, trotz aller Unterschiede, aufgrund ihrer geostrategischen Lage ein "gemeinsames Interesse" daran hätten, nicht zum "Schützengraben des dritten Weltkrieges" zu werden. Die arabischen Staaten, Indien, Burma, Indonesien und Japan gehörten ebenso dazu wie Jugoslawien, Schweden, Finnland, Dänemark und - wenn auch in geringerem Maße - Griechenland, die Türkei und Pakistan. "Hier", schloß Erler, "liegt die Chance für die deutsche Außenpolitik, Verständnis für die Besonderheiten unserer Situation weit über Deutschland hinaus zu finden. Natürlich sind jene Länder nicht geeignet, einen Militärblock, eine militärische oder auch wirtschaftliche '*dritte Kraft*' zu bilden. Sie sind zu weit voneinander entfernt und haben eine zu verschiedenartige Struktur. *Sie könnten höchstens das bilden, was man einen dritten Raum nennen dürfte*. Aber es stünde in ihrer Macht, überall eine ähnliche Politik der Entspannung und des Auseinanderrückens der Militärmächte zu treiben. Deshalb wäre es besonders nützlich, für Deutschland baldmöglichst die Mitgliedschaft in den Vereinten Nationen zu erreichen, die ja von der Sowjetunion selbst schon einmal angeregt wurde"[104].

Für die Sozialdemokratie sah Erler in diesem Zusammenhang sogar eine "besondere sozialistische außenpolitische Aufgabe", nämlich die Beteiligung an einem "Bündnis aller Kräfte", die durch "Entwicklung des Lebensstandards in den unterentwickelten Gebieten eine Barriere gegen kommunistische Infiltration errichten wollen"[105].

Sympathierklärungen für *Staaten*, die ihre Unabhängigkeit bereits errungen *hatten*, fielen allerdings erheblich leichter als die Unterstützung von antikolonialen *Befreiungsbewegungen*, die die Unabhängigkeit ihrer Länder erst noch gegen den Widerstand westlicher Bündnispartner Bonns zu erkämpfen hatten.

Auf dem *Berliner Parteitag* (20.-24. Juli 1954), der mit Gastdelegierten aus Burma, Indien und Japan erstmals die Öffnung der SPD nach Asien und Afrika signalisierte, stellte der Parteivorsitzende, Erich Ollenhauer, die Beziehungen der SPD zu den Völkern Asiens und Afrikas nahezu ausschließlich in den Zusammenhang einer internationalen "Bewegung für den Frieden", die die "Vereinten Nationen mit allen ihren Sonderorganisationen" als Schieds- und Kontrollstelle der internationalen Abrüstung stärken müsse.[106]

Die vom Parteivorstand vorbereitete "Entschließung zur Außenpolitik" beschränkte sich darauf, eine "wirtschaftliche und soziale Offensive" zu verlangen, "die den in Not und nationaler Unfreiheit zurückgebliebenen Teilen der Welt eine Hoffnung auf Freiheit und Wohlstand geben" könne.[107] Der (unvermittelt) anschließende Satz "Das Zeitalter des Kolonialismus ist endgültig vorbei" wurde erst während des Parteitags angeheftet.[108]

Obwohl Ollenhauer in allgemeinen Wendungen dazu aufrief, "auch weiterhin das Verlangen dieser Völker nach nationaler Unabhängigkeit ... als berechtigt anzuerkennen, wurde namentliche Kritik an bestimmten Kolonialmächten ebenso vermieden wie Symathieerklärungen für bestimmte nationale Befreiungsbewegungen. Statt dessen hob der Parteivorsitzende ausdrücklich die vorausschauende Kolonialpolitik der "britischen Arbeiterregierung unter Clement Attlee" hervor, die durch die Freigabe Indiens 1947 in Südostasien einen "Faktor der Stabilität und der Freiheit geschaffen" habe.

Eine Entschließung des Parteitags zur "Herstellung engerer Beziehungen zu den sozialistischen Parteien Asiens" beauftragte den Parteivorstand, "engere Beziehungen" zur Asiatischen Sozialistischen Konferenz und ihren Mitgliedsparteien anzubahnen, "Reisen in nichtkommunistische asiatische Länder durch Beauftragte der SPD und Vortrags- und Studienreisen asiatischer Genossen durch die Bundesrepublik" zu organisieren sowie durch "Herausgabe geeigneter Schriften ... die asiatischen Verhältnisse allen Parteimitgliedern vertraut" zu machen und den Neuen Vorwärts "vollständiger über das politische Geschehen dort informieren" zu lassen.[109]

Der neue sowjetische Entspannungskurs, der sich seit 1955 immer deutlicher abzeichnete, verlieh diesen Zielen noch erhöhte Dringlichkeit. Denn mit den Chancen eines 'Tauwetters' zwischen Ost und West wuchs auch die Gefahr, daß die Weltmächte, der internationalen Abrüstung zuliebe, sich auf die Teilung

Deutschlands einigen könnten. Und das Werben der neuen sowjetischen Führung um die neutralen und blockfreien Staates,[110] etwa in der großen Südasien-Reise Bulganins und Chruschtschows im November/Dezember 1955, ließ fürchten, daß auch Moskaus Zwei-Staaten-Theorie in den blockfreien Ländern Asiens zunehmend Verständnis finden könne.

Am 6. März 1956, kurz nach dem XX. Parteitag der KPdSU (14.-25. Februar 1956) empfahl Herbert Wehner in einem Exposé für den außenpolitischen Ausschuß des SPD-Parteivorstands die "[e]rnsthafte Kontaktaufnahme und Kontaktpflege mit Ländern, die sich um eine Überwindung der Aufteilung der Welt in Blöcke bemühen. Die SPD kann zwar keine 'eigene' Außenpolitik betreiben, aber sie hat die Pflicht, als Opposition in diesen Ländern Verständnis für die deutsche Situation zu schaffen"[111].

Auf dem Münchener SPD-Parteitag (10.-14. Juli 1956), schon im Vorfeld des Bundestagswahlkampfs 1957, forderte Ollenhauer "ein neueres, engeres und freundschaftliches Verhältnis" der Bundesrepublik zu den blockfreien Ländern Asiens und Afrikas und kündigte für den Herbst eine Asienreise aus Anlaß des zweiten Kongresses der Asiatischen Sozialistischen Konferenz in Bombay an.[112]

Das analytische Rüstzeug für diese Orientierung lieferte ein Parteitagsreferat Carlo Schmids zum Thema der "zweiten industriellen Revolution". Die "alte Welt", so Schmid, sei "in zwei große feindliche Lager zerfallen" ohne daß abzusehen sei, wie sie sich verständigen könnten. Die Konferenz von Bandung aber habe ahnen lassen, "daß die heute noch unterentwickelten Länder, gestützt auf die ungeahnten Möglichkeiten, die ihnen die technische und industrielle Entwicklung bietet, mehr und mehr in eine Vermittlerrolle hineinwachsen" und "zwischen den bisherigen weltbeherrschenden Blöcken ausgleichend wirken können als eine Gemeinschaft von Völkern und Staaten, die in den entscheidenden weltpolitischen Auseinandersetzungen ... den Gang der Geschichte bestimmen kann".

Auch der Sozialismus sei "heute nicht mehr auf den kapitalistischen Kern der Völker dieser Welt beschränkt". Länder wie Burma, Indien, China, Indonesien "und manche andere noch" würden sich mit dem Kapitalismus niemals mehr abfinden wollen, weil er für sie gleichbedeutend mit dem "Feudalismus der Maharadschas und der Paschas" sei. Durch die zweite industrielle Revolution sei die "Zwangsläufigkeit der Aufeinanderfolge von Feudalismus, Kapitalismus und Sozialismus" überdies "im Weltmaßstabe" überholt. An der "Peripherie der bisherigen kapitalistischen Welt" werde "wahrscheinlich die sozialistische Transformation der Gesellschaft nicht *nach*, sondern *vor* dem Sieg des Sozialismus in den alten Industrieländern stattfinden"[113].

Auch in München wurde der schon auf dem Berliner Parteitag angedeutete Kurs verfolgt, eher die soziale Aufbauarbeit in bereits unabhängig gewordenen Entwicklungsländern zu unterstützen, als die militanten Nationalbewegungen jener Länder, die um dieses Ziel noch militärisch zu ringen hatten. In einer ebenso zurückhaltend wie unverbindlich gehaltenen Entschließung bekannten sich die Delegierten lediglich "erneut uneingeschränkt zum Selbstbestimmungsrecht der Völker", drückten "den nach Unabhängigkeit strebenden Völkern ihre Sympathie" aus, unterstrichen "die wachsende Bedeutung des asiatischen Kontinents" und beauftragten die Bundestagsfraktion, den Ländern Asiens "nach besten Kräften Hilfe angedeihen zu lassen", sowie den Parteivorstand, die Beziehungen zu den Sozialisten Asiens "weiter auszubauen"[114].

Der arabische Raum - eine 'Lücke' in der sozialdemokratischen Asiensolidarität?

Betrachtet man im Lichte dieser Grundsatzbeschlüsse die geostrategische Sympathieverteilung der sozialdemokratischen Asien- und Afrikasolidarität, so tritt auf zwei Ebenen ein starkes Sympathiegefälle zutage: *erstens* zwischen den Ländern Süd- und Südostasiens einerseits und denen des arabischen Raums andererseits; *zweitens* - innerhalb des arabischen Raums - zwischen den Ländern des Mashreq und denen des Maghreb.

Der Primat Südasiens

Das gesteigerte Interesse der SPD für 'Asien' galt in den fünfziger Jahren zunächst vor allem den in der Blockfreien-Bewegung führenden Staaten *Süd- und Südostasiens*.[115] Symbolisch bündelte es sich vor allem in der Bewunderung für den indischen Ministerpräsidenten *Jawaharlal Nehru*, dessen Erwähnung durch Ollenhauer auf dem Berliner Parteitag 1954 "starke[n] Beifall" und auf dem Münchener Parteitag 1956 sogar "[l]anganhaltende begeisterte Zustimmung" hervorrief.[116]

Auch die Reisetätigkeit des Parteivorsitzenden setzte in dieser Hinsicht deutliche Schwerpunkte: Die große und sorgfältig vorbereitete Asien-Reise, die Ollenhauer im Herbst 1956 mit einem stattlichen Gefolge von Journalisten unternahm, führte von Pakistan über Ceylon, Indonesien, Japan, Burma und Thailand nach Indien.[117] Zweimal, 1957 und 1960, besuchte der Parteivorsitzende Israel.[118] Ein Besuch in der arabischen Welt hingegen unterblieb, obwohl z.B. der damalige Botschafter der Bundesrepublik in Tunis, Dr. Werner Gregor, einer der wenigen Sozialdemokraten im Auswärtigen Dienst, schon 1957 beim Parteivorstand eine Nordafrika-Reise Ollenhauers angeregt hatte.[119] Erst Ende 1963, kurz vor Ollenhauers Tod, besuchte mit dem SPD-Kanzlerkandidaten und Regierenden Bürgermeister von Berlin, Willy Brandt, ein sozialdemokratischer Spitzenpolitiker Ägypten und Algerien.[120]

Zwar spielte mit dem ägyptischen Staatschef Gamal Abdel Nasser auch ein arabischer Spitzenpolitiker eine herausragende Rolle in der Blockfreienbewegung. Aber Nasser war gleichzeitig in der arabischen Welt und in der internationalen Politik eine höchst umstrittene Figur. Insgesamt erfüllte die arabische Welt in den fünfziger Jahren jedenfalls nur wenige jener Kriterien, die, aus Sicht der sozialdemokratischen Parteiführung, Süd- bzw. Südostasien damals zu einer ebenso lohnenden wie unproblematischen Adresse machten.

In Süd- und Südostasien war der Prozeß der politischen *Entkolonialisierung* mit wenigen Ausnahmen *abgeschlossen.*[121] Die Region bestand fast vollständig aus *unabhängigen Staaten.* Viele von ihnen hatten, vor allem dank der vorausschauenden Entkolonialisierungspolitik der britischen Labour Regierung, ein relativ *entspanntes Verhältnis zur früheren Kolonialmacht* entwickelt. Indien, Burma und Indonesien waren weltweit die wichtigsten Anwälte einer *blockfreien Entwicklung* im außereuropäischen Raum. Als Vielvölkerstaaten hatten sie innen- wie außenpolitisch ein genuines Interesse daran, ihre Region nicht in den Ost-West-Konflikt hineinziehen zu lassen. Darüber hinaus schienen zahlreiche Staaten der Region gute Aussichten für eine *demokratisch-freiheitliche Entwicklung* zu bieten. Und in fast allen Ländern bestanden mehr oder minder bedeutende *sozialistische Parteien*, die als Ansprechpartner der europäischen Sozialdemokratien dienen konnten.[122] Mit der Asiatischen Sozialistischen Konferenz verfügten sie seit 1953 sogar über eine eigene internationale Dachorganisation.

Der arabische Raum

Ganz anders war die Lage im arabischen Raum. Die Entkolonialisierung war hier in keiner Weise abgeschlossen. Viele arabische Länder standen in den fünfziger Jahren noch unter europäischer Kolonialherrschaft. Westliche Erdöl- und Sicherheitsinteressen, die Nähe zu Europa sowie - z.B. im Fall Algeriens - die Existenz großer europäischer Siedlerkolonien verhinderten seitens der Kolonialmächte eine "indische Lösung" und trugen gleichzeitig zur Konservierung vordemokratischer Herrschaftsstrukturen bei. Andererseits beflügelte der Ost-West-Konflikt in der Region aber auch die Hoffnungen einheimischer Politiker, den status quo mit amerikanischer oder sowjetischer Hilfe verändern zu können.

Im Ergebnis wurde die Region gerade in den fünfziger Jahren durch zahlreiche Aufstände, Staatsstreiche und Bürgerkriege erschüttert. Sie richteten sich teils gegen die Kolonialmächte, teils gegen deren Partner in der Region, meist gegen beide zugleich. Angesichts der sprachlichen, kulturellen und historischen Einheit der Region ließen sie sich nur selten lokal begrenzen. In der Regel verstärkten sie auf allen Seiten die Bereitschaft, sich von auswärtigen Mächten helfen zu lassen. Trotz aller Blockfreien-Rhetorik arabischer Politiker bot der Nahe Osten daher wenig Aussichten, in absehbarer Zeit zu einer blockfreien "area of peace" zu werden, wie sie etwa Nehru für Süd- und Südostasien erstrebte.

Auch unter demokratie- und sozialpolitischen Gesichtspunkten bot der größte Teil der arabischen Welt für sozialdemokratische Politiker damals wenig Anknüpfungspunkte. Von den neun Mitgliedstaaten, die die Arabischen Liga 1956 hatte, waren fünf Monarchien (Irak, Jordanien, Libyen, Nordjemen und Saudi-Arabien), eine Militärdiktatur (Ägypten) und drei instabile Demokratien (Syrien, Libanon und

Sudan), von denen Ende 1958 nur eine, der Libanon, übrig blieb. Wo immer - wie in Ägypten (1952), Irak (1958) oder Nordjemen (1962) - im Nahen Osten Monarchien stürzten, waren sie durch populistische Diktaturen ersetzt worden. Das gleiche schien aber auch für die meisten Demokratien zu gelten: Syrien wurde 1958 auf Drängen der Baath-Partei mit Ägypten zur Vereinigten Arabischen Republik zusammengeschlossen, und im Sudan setzte 1958 ein Militärputsch dem Parlamentarismus ein Ende.

Die Herausbildung freiheitlicher Gewerkschaften und sozialdemokratischer Parteien war unter diesen Bedingungen im arabischen Raum weit schwieriger als in Südasien:

Der "Internationale Arabische Gewerkschaftsbund" (*al-ittihad al-dauli li-niqabat al-'ummal al-'arabiyya*), der im März 1956 in Damaskus als Dachorganisation von acht nationalen Gewerkschaftsverbänden mit angeblich zwei Millionen Mitgliedern gegründet worden war, wurde in einem Bericht der Ebert-Stiftung als eine von Kairo beherrschte, "vornehmlich ... politische Einrichtung" eingeschätzt. Sie habe "die Aufgabe ..., innerhalb der Gewerkschaftsbewegung die panarabischen Pläne Nassers zu fördern" und arbeite "äußerst eng" mit dem kommunistischen Weltgewerkschaftsbund zusammen.[123]

Zwar waren nach 1945 im arabischen Raum einige Parteien entstanden, die sich als sozialreformistische, säkularistische und antikommunistische Alternative sowohl zu den Muslimbrüdern und Kommunisten als auch zu den großbürgerlichen und aristokratischen Führern der großen nationalistischen Volksparteien zu profilieren begannen. Die Zahl dieser Parteien war jedoch ebenso gering wie ihr politischer Einfluß. Die Einladungsliste der ersten Konferenz arabischer sozialistischer Parteien (Beirut, 15.-20. März 1951), umfaßte nur vier Parteien:[124] die 1949 gegründete "Progressive Sozialistische Partei" (*al-hizb al-taqaddumi al-ishtiraki*) des libanesischen Drusenführers Kamal Junbulat als Veranstalter;[125] die 1950 gegründete "Sozialistische Arabische Partei" (*al-hizb al-ishtiraki al-'arabi*) des syrischen Politikers Akram al-Hurani;[126] die "Sozialistische Partei Ägyptens" (*hizb misr al-ishtiraki*) unter Ahmad Husain[127] und die 1946 gegründete irakische "Nationaldemokratische Partei" (*al-hizb al-watani al-dimuqrati*) um Kamal Jadirji und Mustafa Hadid[128].

Mit Ausnahme der libanesischen Partei war keiner dieser Gruppierungen längeres Leben beschieden: Huranis Sozialistische Arabische Partei vereinigte sich im November 1952 mit der Baath-Partei zur "Arabischen Sozialistischen Baath-Partei"[129]. Die Sozialistische Partei Ägyptens wurde - wie alle anderen ägyptischen Parteien auch - am 16. Januar 1953 vom Revolutionsregime der Freien Offiziere offiziell verboten und erstand erst 1978 in veränderter Form als "Sozialistische Partei der Arbeit" (*hizb al-'amal al-ishtiraki*) wieder. Die irakischen Nationaldemokraten, die bereits 1957 einen Teil ihrer Führungsmitglieder in inneren Faktionskämpfen verloren hatten, entwickelten sich nach der Machtergreifung Kassems (1958) immer mehr zu einer Partei wohlhabender Industrieller und spalteten sich 1960, als Hadid seine Nationalprogressive Partei gründete.[130] Nur die Progressive

Sozialistische Partei überlebte bis heute, allerdings weniger ihrer sozialistischen Programmatik wegen als aufgrund der überragenden Position der Familie Junbulat im libanesischen Drusentum und wegen des Charismas ihres Führers Kamal Junbulat (1917-1977), der in den libanesischen Präsidentenstürzen von 1952 und 1958 zum "Königsmacher" der libanesischen Politik aufstieg.

Auch der von der Sozialistischen Internationale gestützte Versuch, die sozialistischen Parteien Asiens in der *Asiatischen Sozialistischen Konferenz* aufzufangen, stieß auf arabischer Seite in den fünfziger Jahren auf wenig Resonanz. Zwar waren zur Ersten Asiatischen Sozialistischen Konferenz 1953 in Rangun sieben arabische Parteien - neben den vier oben genannten auch die tunesische Neo-Destour-Partei (*hizb al-dustur al-jadid*) Habib Bourguibas, die von Messali Hadj geführte Algerische Volkspartei (*Parti Populaire Algérien*) sowie die marokkanische Unabhängigkeitspartei (*hizb al-istiqlal*) 'Allal al-Fasis - als Teilnehmer bzw. Beobachter eingeladen worden.[131] Tatsächlich erschienen jedoch nur die ägyptische, die libanesische und die tunesische Partei, und die beiden ersteren auch nur, um die Sitzung unter dem Hinweis zu verlassen, daß die Anwesenheit einer israelischen Delegation ihnen die Teilnahme unmöglich mache.[132] Mit dem gleichen Argument weigerte sich 1954 die marokkanische Istiqlal-Partei, den für sie vorgesehenen Sitz im Antikolonial-Büro der ASK einzunehmen.[133]

War es für arabische Sozialisten nahezu unmöglich, mit Organisationen zu kooperieren, die israelische Mitglieder hatten, so fiel es umgekehrt europäischen Sozialdemokraten schwer, politische Kräfte als Ansprechpartner zu akzeptieren, die sich, zumindest öffentlich, in der Feindschaft gegen *Israel* überboten. Israel war, gerade in den Augen vieler deutscher Sozialdemokraten, der Staat, der (1) die jüdischen Opfer des Nationalsozialismus repräsentierte[134], der (2) die einzige wirkliche Demokratie im Nahen Osten war[135] und der (3) als einziger Staat des Nahen Ostens von einer sozialdemokratischen Partei regiert wurde. Als Mitglied der Sozialistischen Internationale *und* der Asiatischen Sozialistischen Konferenz, mit guten Beziehungen zur amerikanischen Gewerkschaftsbewegung und zu den südostasiatischen Sozialdemokratien war die MAPAI eine der wichtigsten Schaltstellen sozialdemokratischer Entwicklungspolitik in Asien und Afrika.

Einflußreiche proisraelische Sozialdemokraten wie der außenpolitische Vordenker des Deutschen Gewerkschaftsbunds und spätere DGB-Vorsitzende *Ludwig Rosenberg*[136] nahmen daher gerade die antiisraelische Politik Nassers und die Aufnahme deutscher NS-Verbrecher in Ägypten wiederholt zum Anlaß, um gegen bundesdeutsche Entwicklungshilfe für Ägypten zu polemisieren. Insbesondere die (vergeblichen) Pläne der Regierung Adenauer, die Bundesrepublik am Bau des Assuan-Staudamms zu beteiligen, stießen hier Ende der fünfziger Jahre auf heftige Kritik.

Die Gewerkschaften, erklärte Rosenberg 1959 in einem halboffiziösen Beitrag für das DGB-Organ *Welt der Arbeit*, seien durchaus für Entwicklungshilfe. Sie wünschten "aber nicht, daß man sich mit korrupten Scheichs und Sklavenhändlern, mit reaktionären Fürsten und Häuptlingen 'verbündet', deren Ziel die Erhaltung vorsintflutlicher Zustände und die Verhinderung des sozialen Fortschritts ihrer Völker ist". Dies gelte auch für jene Regierungssysteme, "die zwar im Kampf gegen reaktionäre Kräfte entstanden sind, die sich aber im Laufe der Zeit keineswegs als fortschrittlich entpuppt haben", wie z.b. das nasseristische Ägypten, das sich "zum Brutplatz eines neuen Nazismus und zum Paradies getürmter Nazis" entwickelt habe und "einen Nationalismus [pflege], den man in Deutschland vor wenigen Jahren auch kannte".

Ägypten, so Rosenberg, sei "ein Staat, der sich offen zu jenen Prinzipien bekennt, die wir bis zum Grunde bekämpfen: zum hemmungslosen Antisemitismus, der sich der Dreckschriften der Nazis in arabischer Übersetzung und der Hetzfilme der Nazis bedient". Es sei "ein Staat, der Verbrechern Asyl gewährt, die in der ganzen zivilisierten Welt mit Abscheu und Ekel verfolgt werden, die die wildesten Stämme Afrikas mit Entsetzen aus ihrem Kral jagen würden". Es sei Sache der Ägypter, von wem sie sich regieren ließen. Aber es könne "nicht der Sinn der Wirtschaftshilfe der freien Welt sein, bedingungslos auch denen Unterstützung zu gewähren, die ihr Land zur Keimzelle jener Wahnsinnsideen machen, die erst vor wenigen Jahren beinahe zum Untergang Europas geführt haben"[137].

Die gleiche Zeitung, in der 1959 eine derartige Attacke auf die Politik Nassers erscheinen konnte, veröffentlichte Ende der fünfziger Jahre mehrere, zum Teil ganzseitige Beiträge über die Lage in Algerien, in denen mehr oder minder offen Verständnis für die Sache der arabischen Aufständischen geweckt wurde.[138] Das war kein Zufall:

Maghreb und Mashreq

Sofern sich deutsche Sozialdemokraten in den fünfziger Jahren näher mit den Geschehnissen im arabischen Raum auseinandersetzten, standen sie den nationalen Befreiungsbewegungen Französisch-Nordafrikas weit aufgeschlossener gegenüber als dem Nasserismus. Dafür waren mehrere Gründe ausschlaggebend:

Die *Sowjetunion*, die die nationalistischen Bewegungen im ostarabischen Raum offen unterstützte, hielt sich in Französisch-Nordafrika bis Ende der fünfziger Jahre vorsichtig zurück, um nicht die Möglichkeit zu verlieren, durch gute Beziehungen mit Frankreich das westliche Bündnis in Europa aufzuweichen.[139]

Verglichen mit dem *Nasserismus*, schien das panarabische Element in den nationalistischen Bewegungen des Maghreb eher schwach ausgeprägt.[140] Die Idee einer Union der Maghreb-Staaten, wie sie vor allem Tunesiens Regierungschef Bourguiba befürwortete[141], wurde im *Vorwärts* als sinnvolle Alternative zu den "panarabischen Rodomontaden des ägyptischen Ministerpräsidenten Nasser" gelobt, geeignet, den Einfluß Kairos im arabischen Raum zu schwächen.[142]

Der Maghreb, hieß es 1958 in einer Analyse des *Sozialdemokratischen Pressedienstes*, sei "ohne Zweifel ein Gegengewicht gegen einen all-arabischen Staat unter ägyptischer Führung". Nasser spiele zwar auch in Nordafrika eine bedeutende Rolle. Aber aus "vielen Gesprächen mit tunesischen und algerischen Politikern könnte man die Folgerung ziehen: Mit Nasser für die vollständige Unabhängigkeit Nordafrikas, mit dem Maghreb gegen die politische Vorherrschaft Nassers in Nordafrika"[143].

Als Tunesien am 15. Oktober 1958 sogar vorübergehend die diplomatischen Beziehungen zur Vereinigten Arabischen Republik abbrach[144], wurde dieser Schritt im SPD-Pressedienst als ein Ereignis gewertet, das in seiner Bedeutung nur mit den Folgen der Suez-Intervention verglichen werden könne: Erstmals habe sich ein arabischer Nationalist dem Einheitsstreben Nassers entgegengestellt und damit gezeigt, daß es *verschiedene* Wege des arabischen Nationalismus geben könne. Anscheinend beginne nun eine Phase der "Auseinandersetzungen um Weg und Form des arabischen Nationalismus"[145].

Die nationalistischen Bewegungen des Maghreb sahen ihre Hauptgegner vor allem in den prokolonialen Rechtskräften Frankreichs und waren in diesem Sinne zwar antikolonialistisch, doch weder antiwestlich noch grundsätzlich antifranzösisch eingestellt. Prominente nationalistische Führer wie Habib Bourguiba in Tunesien oder Ferhat Abbas in Algerien lehnten den Kommunismus ab und befürworteten eine kompromißorientierte Zusammenarbeit mit den Ländern des Westens. Rücksichten auf den liberalen Teil der französischen Öffentlichkeit und Versuche, die Vereinigten Staaten von Amerika gegen Frankreich auszuspielen, spielten in ihrem Kalkül eine große Rolle.[146]

Die sozialen und geistigen Voraussetzungen für eine Bündnispolitik mit einflußreichen Teilen des westlichen Lagers waren dabei weit besser als im Mashreq, denn im Gegensatz zur britischen Kolonialherrschaft hatte die französische Kolonialherrschaft in Nordafrika eine weitgehende *Assimilation* der Kolonien an das Mutterland angestrebt. Dadurch waren hier zahlreiche Verbindungen entstanden, die im Mashreq, mit Ausnahme des Libanon, kaum Parallelen hatten und nun der Auslandsarbeit der nordafrikanischen Unabhängigkeitsbewegungen zugute kamen:

Parteien und Gewerkschaften der französischen Linken unterhielten seit Jahrzehnten Verbindungen und Ableger in Nordafrika.[147] Hunderttausende nordafrikanischer Muslime arbeiteten und studierten vor allem in Frankreich[148], wo sie mit dem Gedankengut und den Organisationstechniken der europäischen Linken in Berührung kamen.

Auch die einheimischen Gewerkschaften Nordafrikas waren westlich beeinflußt und suchten seit Anfang der fünfziger Jahre strategische Kontakte zur westlichen Gewerkschaftsbewegung.[149] Die stärkste von ihnen, die 1946 gegründete *Union Générale Tunisienne du Travail* (UGTT), hatte im März 1951 demonstrativ den kommunistisch gesteuerten *Weltgewerkschaftsbund* verlassen und sich im Juli dem *Internationalen Bund Freier Gewerkschaften* (IBFG) angeschlossen, in dessen Exekutive ihr Führer, Ferhat Hached, bis zu seiner Ermordung am 5. Dezember 1952 eine rege Mobilisierungsarbeit entfaltete.[150] Neben Bourguiba einer der zentralen Führer des tunesischen Nationalismus, hatte Hached sich vor allem der Rückendeckung der AFL/CIO versichert und auf zwei ausgedehnten Amerikareisen im Herbst 1951 und Frühjahr 1952 erfolgreich für die Sache des nordafrikanischen Nationalismus geworben.[151]

Im Gegensatz zum ägyptischen Nationalismus - so lobte der damals beste Maghreb-Kenner der SPD, Rolf Reventlow - vertrete der tunesische Nationalismus nicht "die Interessen einer besitzenden Klasse", sondern besitze "eine solide Massenbasis im national-tunesischen Gewerkschaftsverband U.G.T.T."[152]. Nicht zufällig legte der IBFG seinen 5. Weltkongreß (5.-13. Juli 1957) nach Tunis.[153] In den *Gewerkschaftlichen Monatsheften* des DGB wurde Tunesien als "das Zentrum der fortschrittlichen Tendenzen in den arabischen Ländern Afrikas" gefeiert.[154]

Belohnt durch Publizitätserfolge in Amerika und Europa, hatte das tunesische Beispiel in Nordafrika schon früh Schule gemacht: Die am 20. März 1955 gegründete *Union Marocaine du Travail* (UMT) trat dem IBFG im Mai 1955 bei; die vom FLN am 24. Februar 1956 geschaffene *Union Générale des Travailleurs Algériens* (UGTA) schloß sich dem Dachverband der prowestlichen Gewerkschaften am 7. Juli 1956 an.[155]

Auch die Sozialistische Internationale und die Asiatische Sozialistische Konferenz hatten sich 1953 den nordafrikanischen Nationalbewegungen geöffnet. Gastdelegierte des Neo-Destour-Partei und der marokkanischen Istiqlal-Partei hatten auf dem dritten SI-Kongreß im Juli und auf der Tagung des IUSY-Exekutivkomitees im Oktober 1953 die französische Nordafrika-Politik öffentlich anklagen können.[156]

Auf der ersten Asiatischen Sozialistischen Konferenz in Rangun trat eine Neo-Destour-Delegation auf;[157] der Vorsitzende des Istiqlal-Partei, 'Allal al-Fasi, wurde als Mitglied des Antikolonialbüros vorgeschlagen, das die ASK auf ihrer Büro-Tagung in Hyderabad im August 1953 einrichtete[158], und am zweiten ASK-Kongreß im November 1956 nahm auch ein Delegierter des FLN teil.[159]

Mit Rücksicht auf die westliche Öffentlichkeit und die starken jüdischen Minderheiten im Maghreb[160] hielten sich die nationalistischen Bewegungen Nordafrikas in den fünfziger Jahren auch bei der Kritik *Israels* spürbar zurück.[161] Zwar war die zionistische Propaganda seit 1929 auch in Nordafrika zunehmend auf die Kritik lokaler arabisch-nationalistischer Kreise gestoßen.[162] Aber während die Juden des Mashreq nach der Entstehung Israels schweren, z.T. regierungsoffiziellen, Pressionen ausgesetzt waren, betonte selbst der FLN, obwohl auf Nassers Beistand angewiesen, bis 1962 wiederholt seine tolerante Haltung gegenüber den nichtmuslimischen Minderheiten Algeriens und forderte im Herbst 1956 insbesondere die Juden auf, sich dem nationalen Befreiungskampf anzuschließen.[163]

Historische Belastungen durch den deutschen Nationalsozialismus waren im Maghreb weit geringer als im Mashreq. Prominente arabische Nationalisten des Nahen Ostens, voran der Großmufti von Jerusalem, Hajj Amin al-Husaini, hatten im Zweiten Weltkrieg mit dem Hitlerfaschismus sympathisiert und zusammengearbeitet. Nach dem Zweiten Weltkrieg hatten zahlreiche deutsche Nationalsozialisten in Ägypten und Syrien Zuflucht gefunden. Im Gegensatz dazu hatten sich die arabischen Nationalisten Französisch-Nordafrikas schon deshalb kaum mit den

Achsenmächten einlassen können, weil ihr damaliger Hauptgegner, das französische Vichy-Regime, eng mit Deutschland liiert war. Zudem hatte es die deutsche Nordafrikapolitik, mit Rücksicht auf die Kolonialinteressen Italiens, Frankreichs und Spaniens, sorgfältig vermieden, in den arabischen Gebieten westlich von Ägypten nationalistische Unabhängigkeitsbestrebungen zu schüren.[164] Als westlichen Pressemitteilungen zufolge der *Großmufti* von Ägypten im Dezember 1952 die Muslime zum Jihad gegen die französische Kolonialherrschaft in Nordafrika aufrief,[165] wies der *Sozialdemokratische Pressedienst* seine Leser ausdrücklich darauf hin, er sei "nicht zu verwechseln mit dem jetzt in Libanon lebenden Großmufti von Jerusalem, dem großen Unruhestifter" und kritisierte Frankreichs Versuch, "sich den Wünschen und Bestrebungen der eingeborenen Bevölkerung zu versperren"[166].

Seitens der SPD bestand Anfang der fünfziger Jahre ohnedies kaum Anlaß, sich gegenüber der französischen Kolonialpolitik Zurückhaltung aufzuerlegen: Nach der Sowjetunion galt Frankreich ihr als der größte Gegner eines gleichberechtigten, souveränen Deutschland. Adenauer vorzuwerfen, der französischen Deutschlandpolitik an Ruhr und Saar zu viele Zugeständnisse auf deutsche Kosten zu machen, war unter Kurt Schumacher Grundbestandteil sozialdemokratischer Oppositionsstrategie.

Privat hatte der SPD-Vorsitzende die Franzosen schon 1949 einmal als "Westrussen" bezeichnet.[167] 1952 - die tunesisch-französischen Spannungen trieben gerade einem blutigen Höhepunkt entgegen[168] - sprach der Saar-Experte der SPD, Karl Mommer, im Bundestag gar von der "Tunesien-Politik Frankreichs an der Saar"[169] und behauptete, Paris habe gegenüber Deutschland jahrelang "eine Politik betrieben wie Rom gegenüber Karthago"[170].

Schon früh hatte man in der sozialdemokratischen Presse Frankreich geraten, lieber dem guten Beispiel der britischen Indienpolitik zu folgen[171] und so die kommunistische Agitation in Nordafrika zu erschweren.[172] Frankreichs Repressionspolitik in Tunesien war ebenso kritisiert worden[173] wie sein Versuch, eine Diskussion der Tunesien- und Marokkofrage vor der UNO zu unterbinden[174]. Es sei, hieß es im Dezember 1952 im SPD-Pressedienst, nicht daran zu zweifeln, "daß auf die Dauer nicht die Franzosen die Herren Nordafrikas bleiben werden", ihre "Suche nach kommunistischen Drahtziehern in Nordafrika" sei nichts als ein "Ablenkungsmanöver"[175].

Im Gegensatz zur Kolonialpolitik anderer westlicher Länder berührte die französische aus Sicht der SPD im übrigen unmittelbar ein sensibles Problem der deutschen Innen- und Außenpolitik, nämlich die Anwerbung junger Deutscher für die *Fremdenlegion* und deren Einsatz in den Kolonialkriegen Frankreichs.

SPD und Fremdenlegion, 1949-1954

Die Werbung für die Fremdenlegion war in Deutschland seit Jahrzehnten mit dem Ruch nationaler Souveränitätsverletzung belastet, nachdem Art. 179, Abs. 3 des Versailler Friedensvertrags Frankreich 1919 ausdrücklich ermächtigt hatte, im Deutschen Reich für seine Legion zu werben und damit geltendes deutsches Recht zu unterlaufen.[176] Das von den vier Siegermächten am 30. Januar 1946 erlassene Kontrollratsgesetz Nr. 11, Art. 1 hatte dann die entsprechenden Strafbestimmungen des StGB sogar als solche aufgehoben.

Daß französische Stellen seither unbehelligt Zehntausende junger Deutscher[177], zum Teil mit fragwürdigen Methoden, für die Fremdenlegion anwarben und zum Kampf in den französischen Kolonien, vor allem in Indochina und Nordafrika, einsetzten, wurde in der deutschen Öffentlichkeit nicht nur wegen des damit verbundenen Verlusts an (deutschen) Menschenleben[178] mißbilligt, sondern auch, weil man darin eine Verletzung der deutschen Souveränität sah und befürchtete, die Beteiligung Deutscher an den Taten der Legion könne das deutsche Ansehen in Asien und Afrika schädigen.

Im Gegensatz zu anderen politischen Fragen bestand hier breite Übereinstimmung in der Bevölkerung[179] und zwischen den Parteien. Da das Thema die soziale Notlage vieler Familien illustrierte[180] und da der Bundesregierung aufgrund der alliierten Rechtslage und aufgrund von politischen Rücksichten zunächst die Hände gebunden waren, bot sich das Thema vor allem zu Profilierungsversuchen der Opposition an und wurde seit April 1950, zunächst vor allem auf Betreiben der KPD[181] und der Deutschen Reichspartei[182], mehrfach im Bundestag erörtert.[183] Bereits im Herbst 1950 nahm die Bundesregierung die Frage in einen Entwurf zur Strafrechtsreform auf,[184] bis Anfang 1953 allerdings ohne sichtbare Ergebnisse.

In der SPD war es neben Willi Eichler[185] vor allem Herbert Wehner gewesen, der das Thema im Bundestag aufgriff und in einer bewegenden Rede am 21. Februar 1952 das "furchtbare Schicksal" der deutschen Gefangenen schilderte, die nach dem Krieg mit der Meldung zur Legion den "Lagerhöllen in Frankreich" zu entkommen geglaubt hätten und sich nun für "die Kolonialkriege anderer" opfern müßten.[186]

"Das neue Deutschland", fügte ein Artikel im SPD-Pressedienst wenig später hinzu, habe "keine Veranlassung, sich in Kolonialkämpfe irgendwie verwickeln zu lassen", sondern "allen Grund, sich einen guten Ruf bei den neuen Nationen, die aus ihnen früher oder später entstehen werden, zu sichern". Solange Frankreich sich erlaube, "deutsche Jungen ohne reifes Urteil für die Fremdenlegion zu kapern" um seine Gewalttaten in Tunesien dann den Übergriffen *deutscher* Fremdenlegionäre anzulasten, hätten die Westmächte kein Recht, gegen die Tätigkeit deutscher Offiziere in Ägypten zu polemisieren.[187]

Zu diesem Zeitpunkt hatte sich der Bundestag nicht mehr nur mit dem Tatbestand der Anwerbung als solcher auseinanderzusetzen, sondern auch mit souveränitätsrechtlichen Folgen derselben, die ein düsteres Licht auf den bevorstehenden 'deutschen Verteidigungsbeitrag' im Rahmen der EVG zu werfen drohten: etwa mit dem Schicksal desertierter deutscher Fremdenlegionäre, die in West-Berlin verhaftet und an Frankreich ausgeliefert worden waren[188] oder der umstrittenen Rekrutierung 'Minderjähriger'[189].

Die Stimmung eskalierte, als am 13. November 1952 französische Gendarmen am Kontrollpunkt Schweigen (Pfalz) deutsche Grenzbeamte gewaltsam daran hinderten, die Pässe mehrerer Deutscher zu kontrollieren, die in einem französischen Militärbus über die Grenze nach Frankreich geschafft werden sollten.[190]

Die SPD antwortete mit einer Großen Anfrage an die Bundesregierung, die am 29. Januar 1953 im Bundestag erörtert wurde.[191] Während die KPD den Fall zum Anlaß nahm, der Regierung vorzuwerfen, mit dem *Generalvertrag* das deutsche Volk ohnehin zu einer einzigen *Fremdenlegion* machen zu wollen,[192] attackierten die Sprecher der SPD vor allem die Versuche Frankreichs, "immer noch den Nachweis zu erbringen, daß wir unter *Besatzungsrecht* stehen" und uns "noch eine zweitrangige Behandlung gefallen lassen müssen", was den Kommunisten "immer wieder" Gelegenheit gebe, sich zu profilieren.[193]

Erforderlich, um den "Menschenraub" für die Fremdenlegion zu stoppen, sei (1) ein Beschluß des Bundestags, der die Werbung unterbinde, (2) "vermehrte Aufklärungsarbeit in der ganzen deutschen Öffentlichkeit und vor allem unter der Jugend" sowie (3) die Beseitigung der sozialen Mißstände, vor allem des Wohnungselends, das viele Jugendliche den Lockungen der Werber folgen lasse.[194]

Auf Polemik gegen die Bundesregierung wurde dabei, wie Adenauer dankbar vermerkte,[195] von der SPD weitgehend verzichtet, da auch der Kanzler nun für schnelles gesetzliches Handeln plädierte: Schon am 4. Februar 1953 beschloß der Bundestag mit dem *Zweiten Strafrechtsänderungsgesetz* in zweiter und dritter Lesung[196] einstimmig eine Regelung, die die Anwerbung Deutscher für den Wehrdienst einer ausländischen Macht unter Strafe stellte und am 6. März 1953 als § 141 in das Strafgesetzbuch eingefügt wurde.[197]

Außerhalb des Bundestages griffen sozialdemokratischerseits vor allem die *Jungsozialisten* das Schicksal ihrer Altersgenossen in der Legion auf. Am 22. Dezember 1952 beschloß der Zentralausschuß der Jusos in Rheydt eine Erklärung, die die "Werbung junger deutscher Menschen für die französische Fremdenlegion" als "moderne Variante von Menschenraub" und "Pressung zum Landsknechtsdienst unter fremder Flagge" anprangerte und die Bundesregierung aufforderte, die Werber zu bestrafen, eine "Aufklärungsaktion für die Jugend" durchzuführen und von den Alliierten die "sofortige Beendigung des rechtlosen Zustandes an den deutschen Grenzen" zu verlangen.[198]

Kurz darauf, im Februar 1953, begannen die Jusos eine bundesweite Warnkampagne gegen die Legion.[199] Die deutsche Jugend, erklärte ein Mitglied des Zentralausschusses im *Neuen Vorwärts*, dürfe "nicht länger Freiwild für bezahlte Menschenräuber sein", die sie "zu Büttel der französischen Kolonialherrschaft gegen die um ihre Freiheit ringenden Völker Nordafrikas in Algier, Tunis und Marokko" machten.[200]

In einer Broschüre "Menschenschmuggel für die Fremdenlegion" griff das Zentralsekretariat der Jusos Anfang Februar die französische "Jagd auf junge Deutsche" an. Die Fremdenlegion, hieß es hier, sei "eine schändliche Herabwürdigung des Menschentums", die "im Einsatz gegen unterdrückte Völker" stehe. Der Glaube der deutschen Jugend an die Menschenwürde und die Achtung von Volk zu Volk, der für den "Abwehrkampf gegen die totalitären Methoden des Bolschewismus" benötigt werde, dürfe vom "Häschersystem der Fremdenlegion nicht erschüttert werden"[201].

Auch nach dem Abschluß der Warnkampagne im April 1953 blieb die Fremdenlegion ein Dauerthema jungsozialistischer Agitation. Das Monatsorgan der Arbeitsgemeinschaft, *Klarer Kurs*, unterhielt seine Leser von April bis November 1953 mit einer siebenteiligen Serie "Marschier oder krepier: Ein verpfuschtes Leben im Dienst der Fremdenlegion".

Die verlustreichen Kämpfe um Dien Bien Phu im Mai 1954, bei denen tausende deutscher Legionäre umkamen oder in Vietminh-Gefangenschaft gerieten,[202] belebte die Diskussion in der Bundesrepublik erneut.[203] Eine weitere Aufklärungsbroschüre, die die Jusos am 3. Juni 1954 der Presse unter dem Titel "Die Fremdenlegion ruft Dich!" vorstellten, rief nach einer neutralen internationalen Untersuchungskommission, die prüfen solle, ob die Werbepraktiken der Legion mit der UNO-Charta und der Menschenrechtskonvention des Europarats vereinbar seien.[204]

Sozialdemokratische Zurückhaltung im Algerienkrieg

Zurückhaltender war die Sprache der SPD, sobald es um den Algerienkonflikt ging: Der bewaffnete Aufstand, den eine zuvor kaum bekannte Gruppe algerischer Nationalisten unter dem Namen *Front de Libération Nationale* (FLN) am Morgen des 1. November 1954 ausgelöst hatte,[205] fand in der SPD zunächst nur ein verhaltenes Echo. Zwar kritisierte auch die Parteipresse - im Einklang mit der SFIO - die Versäumnisse und die Intransigenz der französischen Koloniallobby, die den algerischen Muslimen politische Mitsprache und soziale Aufstiegsmöglichkeiten versage.[206] Doch die zentrale Forderung der Aufständischen - nationale Unabhängigkeit und Souveränität Algeriens "dans le cadre des principes islamiques"[207] - wurde auch von der französischen Schwesterpartei abgelehnt.

"L'Algérie, c'est la France"

Algerien, ab 1830 von Frankreich besetzt, galt - im Unterschied zu Tunesien und Marokko - in Frankreich als Teil des Mutterlandes.[208] "L'Algérie c'est la France" hatte François Mitterrand, damals Innenminister der Regierung Mendès France, am 12. November 1954 in der französischen Nationalversammlung betont[209] und damit eine Formel geprägt, von der auch die SFIO zunächst nicht grundsätzlich abwich, auch wenn sie sie mit flexibleren Nuancen[210] versah als Mitterrand[211] dies getan hatte. "[L]'union entre la France métropolitaine et l'Algérie est indissoluble" erklärte Guy Mollet als neuer Regierungschef "solennellement" am 16. Februar 1956 vor der Nationalversammlung: "La France reste en Algérie et elle y restera."[212]

Selbst viele Staaten der Dritten Welt zögerten, in der Algerienfrage Frankreich vor die UNO zu ziehen, weil sie fürchteten, damit einen gefährlichen Präzedenzfall für die Behandlung ihrer eigenen internen Kolonialismen zu schaffen.[213]

Der europäische Bevölkerungsanteil war in Algerien weit größer als in Marokko oder Tunesien.[214] 1954 waren knapp elf Prozent der Bewohner des Landes europäische Siedler (*pieds noirs*), die zum Teil seit mehreren Generationen das Land besiedelten. Ihr Einfluß in der französischen Nationalversammlung war beträchtlich.[215] Nicht nur die bürgerlichen Parteien, auch große Teile der Linken lehnten die Unabhängigkeit des Landes ab, das durch seine strategisch wichtigen Mittelmeerhäfen und durch die Bodenschätze der Sahara für Frankreich unentbehrlich schien. Der ehemalige sozialistische Generalgouverneur Algeriens, Marcel-Edmond Naegelen, sah bei einem Verlust Algeriens Frankreichs nationale Unabhängigkeit bedroht und warnte, Frankreich werde in einem solchen Fall weltpolitisch zu einer zweitklassigen Macht, ja sogar zu einer "puissance vassale" absinken.[216]

Hinzu kam, daß die französische Algerienpolitik nach dem Zweiten Weltkrieg zu großen Teilen von *Sozialisten* gestaltet worden war.[217] Fast sieben Jahre lang, von 1944 bis 1951, war Algerien von sozialistischen Generalgouverneuren regiert worden: vom September 1944 bis zum Februar 1948 von Yves Chataigneau und danach bis zum März 1951 von Marcel-Edmond Naegelen. Auch das Pariser Innenministerium, dem die algerischen Departements unterstanden, wurde vom September 1944 bis zum Februar 1950 von Sozialisten geleitet. Das diskriminierende Zweiklassen-Wahlrecht des Algerien-Statuts vom 20. September 1947, das einer Million Europäern ebensoviel Mandate in der neugebildeten *Assemblée Algérienne* zubilligte wie 8 Millionen Muslimen, war - trotz innerparteilicher Bedenken - in der französischen Nationalversammlung auch mit den Stimmen der SFIO verabschiedet worden. Unter der Verwaltung des Sozialisten Naegelen war es bei den Wahlen zur *Assemblée Algérienne* (4. und 11. November 1948) zu den denkwürdigen Wahlfälschungen gekommen,[218] die sich im nachhinein als Weichenstellungen zum bewaffneten Aufstand entpuppten, weil sie in der algerischen Bevölkerung all jene Kräfte diskreditierten, die noch geglaubt hatten, die Lage der Muslime auf legalem, parlamentarischem Wege, gemeinsam mit gemäßigten Kräften im Mutterland, bessern zu können. Auch die massivste Eskalation des Algerienkriegs von französischer Seite vollzog sich unter einer sozialistisch geführten Koalitionsregierung, dem Kabinett Mollet. Und es war ein Sozialist, Robert Lacoste, der als Residierender Minister (*ministre résidant*) seit Februar 1956 die französische Politik in Algerien bis zum Ende der IV. Republik vor Ort organisierte.

Der Vorsitzende der SFIO, Guy Mollet, der vor den Parlamentswahlen vom 2. Januar 1956 noch für eine Politik des Friedens und der Versöhnung in Algerien geworben hatte, kapitulierte, kaum eine Woche Ministerpräsident[219], am 6. Februar 1956 in Algier vor dem Tomatenhagel wütender *pied noirs* - nicht zuletzt, weil er in letzteren mehrheitlich rechtschaffene kleine Leute und potentielle Linkswähler sah.[220] Noch am selben Tag veranlaßte Mollet den zuvor von ihm selbst zum Residierenden Minister ernannten General Georges Catroux, der den Algerienfranzosen zu liberal gewesen war[221], zum Rücktritt. Am 12. März 1956 ließ er sich von der Nationalversammlung - mit Zustimmung der Kommunisten[222] - umfassende Sondervollmachten zur Niederschlagung des Aufstands bewilligen und setzte danach jene präzedenzlose Steigerung französischer Militärmacht in Algerien durch, die seinen bürgerlichen Vorgängern 1955 nicht gelungen war: Die Stärke der französischen Truppen in Algerien, die am Vorabend des Kriegs nur 49 700 Mann betragen und im Juli 1955 114 000 Mann erreicht hatte, wurde bis zum Juni 1956 auf 373 000 ausgebaut.[223]

Der Widerstand der algerischen Nationalbewegung wurde dadurch allerdings nicht gebrochen; vielmehr wuchs er bis Anfang 1957 kontinuierlich an. Hatte der FLN Anfang 1956 noch ein Drittel des algerischen Territoriums kontrolliert, so waren es im September bereits vier Fünftel.[224] Die Zahl der FLN-Anschläge stieg zwischen März 1956 und Januar 1957 im Monatsdurchschnitt von ca. 2600 auf 3900 an.[225]

Die Presse der SPD beurteilte die Aussichten Mollets verhalten. "Zwingt die faschistische Straße Guy Mollet das Gesetz ihres Handelns auf?"[226] fragte der *Vorwärts* nach den Februarereignissen in Algier besorgt und prophezeite Catroux' Nachfolger, Robert Lacoste, eine schwere Zukunft.[227]

Nachdem die französische Regierung im März begonnen hatte, den größten Teil ihrer Kampftruppen mit Zustimmung der NATO aus der Bundesrepublik nach Algerien zu werfen, warnte die Bielefelder *Freie Presse* bereits vor der Möglichkeit eines NATO-Kriegs in Algerien, der auch die Bundesrepublik einbeziehen und sich zu einer Konfrontation mit der islamischen Welt ausweiten könne.[228] Da Artikel 6 des NATO-Vertrags vom 4. April 1949 jeden "bewaffneten Angriff" auf die "algerischen Departements Frankreichs" ausdrücklich zum Bündnisfall erklärte, schienen solche Befürchtungen nicht aus der Luft gegriffen: FLN-Verbände operierten von tunesischem und marokkanischem Territorium, und in Frankreich mehrten sich die Stimmen, die das wichtigste Zentrum des Widerstands in Kairo sahen und einen militärischen Schlag gegen Ägypten forderten.[229]

Deutschlandpolitische Rücksichten

Dennoch gab es aus Sicht der sozialdemokratischen Parteiführung 1956 genügend Gründe, diese Skepsis zumindest nicht allzu laut werden zu lassen. Rücksichten und Hoffnungen auf eine Schwesterpartei, die in schwieriger Lage ein wichtiges

Nachbarland zu regieren hatte, standen dabei neben dem Wunsch, die SPD im Vorfeld der Bundestagswahlen 1957 als koalitionsfähige, deutschlandpolitisch konstruktive Partei zu profilieren.

Obwohl Erich Ollenhauer und Fritz Heine die Lage Mollets parteiintern schon im März 1956 als "fast hoffnungslos"[230] und "beinah tragisch"[231] beschrieben, beschwor der Parteivorsitzende am 10. März 1956 die leitenden Parteigremien der SPD, "daß wir, was wir tun können, es ist nicht sehr viel, tun müssen, um dieser Regierung ihre Position zu erleichtern"[232]. Er, Ollenhauer, sage dies nicht aus Sentimentalität, sondern weil Guy Mollet "uns" habe wissen lassen, daß seine Regierung entschlossen sei, "die Frage der Rückgliederung des Saargebiets in die Bundesrepublik positiv zu erledigen". Ein Sturz der Regierung Mollet könne "nur die Konsequenz haben, daß eine schlechtere Regierung in bezug auf die Chancen für ein deutsch-französisches Verhältnis oder für die Europapolitik zustandekommt"[233].

Zweifel am FLN

Einer regierenden Schwesterpartei, die von "faschistischen" Kräften bedroht schien, glaubte man die Solidarität ohnedies nicht verweigern zu dürfen - und zu einer Solidarität mit dem FLN schien zunächst kaum Anlaß zu bestehen: Die muslimische Bevölkerung Algeriens hatte sich dem Aufstand des FLN 1954 keineswegs mit fliegenden Fahnen angeschlossen, und traditionsreichere algerische Organisationen wie der *Mouvement National Algérien (MNA)*[234], die *Union Démocratique du Manifeste Algérien (UDMA)*[235], die *Association des Oulémas d'Algérie*[236] und die Algerische Kommunistische Partei[237] standen dem Aufstand zunächst entweder ablehnend gegenüber oder suchten sich durch eigene Aktionen zu profilieren.

Der nationale Alleinvertretungsanspruch, den der FLN in seinem Aufruf zum 1. November 1954 erhoben hatte, mußte von ihm durch blutigen Terror gegenüber "Verrätern", rivalisierenden algerischen Organisationen und gemäßigten, mit Frankreich kooperierenden Muslimen durchgesetzt werden[238] - ab Sommer 1955 auch zunehmend durch unterschiedslosen Terror gegen die europäische Zivilbevölkerung, wodurch unverhältnismäßige Vergeltungsmaßnahmen von französischer Seite provoziert wurden, die die noch unentschlossenen Teile der muslimischen Bevölkerung in die Arme des FLN trieben.

Ablehnung der Gewaltpolitik des FLN und Zweifel an seiner Repräsentativität waren daher auch in der SPD verbreitet: die Frage, ob "die Gewalttaten der algerischen Aufstandsbewegung" mit den "Gewalttaten französischer militärischer Stellen" gleichzustellen seien, führte auf dem Stuttgarter Parteitag 1958 zu einer Kampfabstimmung.[239] Die Feststellung Erich Ollenhauers, "*die*" algerische Freiheitsbewegung gebe es leider nicht, lediglich "zwei Strömungen", die einander "die physische Vernichtung" androhten[240], trug zwar nicht dem damals erreichten Übergewicht des FLN in Algerien Rechnung, spiegelte aber zutreffend dessen blutige Rivalität mit dem MNA, die weder der französischen noch der deutschen Linken entging.[241]

Im übrigen war der FLN nicht in der Lage, die französische Kolonialmacht aus eigener Kraft militärisch niederzuringen. Solange eine französisch-algerische *Verhandlungslösung* nicht ausgeschlossen werden konnte[242], bestand für die SPD daher wenig Anlaß, mit unerbetenen Ratschlägen, für die man die Verantwortung nicht übernehmen mußte, in vitale Belange einer für die deutschen Interessen so wichtigen Schwesterpartei einzugreifen, zumal die Regierung Mollet unablässig ihre Reformabsichten bekundete und, wie immer wieder durchsickerte, bereits in Geheimverhandlungen[243] mit dem FLN begriffen war. Daß die Regierung Mollet die Aufnahme von "Kontakten" mit dem FLN autorisiert habe, konnte man schon Mitte April 1956 dem Parteiorgan der SFIO, *Le Populaire*, entnehmen.[244]

Alles, was der SPD zu tun blieb, war, sich weder als Freund kolonialistischer Politik noch als Gegner der französischen Regierung zu kompromittieren. So verwahrte sich Carlo Schmid in einem rhetorischen Balanceakt im Bundestag ausdrücklich gegen den Vorwurf, er bestreite Frankreich das "Recht", Truppen nach Algerien zu entsenden; sicherte sich sogleich mit der Feststellung ab, "das Zeitalter des *Kolonialismus* in jeglicher, auch in abgeschwächter Form [sei] zu Ende" und relativierte dann auch diese Aussage: Selbstverständlich müsse der Übergang zur Freiheit "geordnet vor sich gehen", wobei die europäischen Völker die "schwere Last, die auf den Schultern Frankreichs lastet," durch große Investitionen in Nordafrika "zu erleichtern" hätten. Definitive Einwände erhob Schmid lediglich dagegen, daß die *Bundesrepublik* mit den *Stationierungskosten* für die französischen NATO-Truppen in Deutschland letztlich die Ausbildung von Soldaten finanziere, die dann nach Algerien geschickt würden, anstatt die Bundesrepublik zu schützen.[245]

Auf den Gedanken, die westeuropäischen Staaten "an den Kosten ... [für] die Modernisierung der ökonomischen und politisch-administrativen Zustände in Nordafrika" zu beteiligen,[246] kam Schmid 1956 mehrfach zurück. "Algerien ... geht uns alle an", erklärte er im Herbst auf der dritten deutsch-französischen Konferenz in Bad Neuenahr, wo er einen "*europäischen Marshallplan*" für die "'Bandung-Völker'" forderte. Und falls "andere europäische Völker meinen sollten, sie ginge das nichts an," dann müßten sogar nur "wir Deutschen den Franzosen sagen ...: dann wollen wir allein uns an diesen euren Lasten beteiligen." Gewiß, der Sinn solcher Investitionen könne nicht darin bestehen, den "Emanzipationsprozeß" in Algerien "aufzuhalten".[247] "Das einzige, was mir möglich scheint, ... ist, diesen Prozeß zu *kanalisieren*; - nicht mit der Hinterabsicht, ihn dann schließlich abwürgen zu können oder versanden lassen zu können, sondern mit der ehrlichen Absicht, ihn in diesem Kanal an das rechte Ziel kommen zu lassen."[248]

Schmid dachte dabei insbesondere an Investitionhilfen für "grossangelegte Bewässerungsanlagen, die es möglich machen, den Lebensstandard der Bevölkerung zu heben" und "an die Ausbildung von Ärzten, Verwaltungsbeamten und Ingenieuren." Geschehe dies nicht, so werde "der Freiheitskampf der nordafrikanischen Bevölkerung im Chaos enden, oder für jemand Platz schaffen, der keinem freiheitlichen Europäer erwünscht sein kann. Nur durch eine Hilfe der geschilderten Art, scheint es mir möglich zu sein, Nordafrika für die freiheitliche Welt zu retten."[249]

"Die Entscheidung über diese Dinge" sei freilich "Sache des französischen Staates - nicht unsere Sache. ... Aber unsere Sache ist es, den Franzosen die richtige Entscheidung leichter zu machen".[250]

Auch die damalige Berichterstattung der sozialdemokratischen Presse spiegelte diese Balance: Zweifel an einer ausschließlich militärischen Lösung[251] standen neben wohlwollenden Würdigungen der Reformpläne Mollets.[252] Die Wertschätzung für Mollet wurde dabei auch durch den Rücktritt Pierre Mendès Frances[253] nicht erschüttert.[254]

Daneben aber fanden sich auch Mahnungen, die Kraft des algerischen Nationalismus nicht zu unterschätzen und die Fiktion aufzugeben, Algerien sei Teil Frankreichs.[255] Insbesondere der Journalist Rolf Reventlow, einer der besten Nordafrika-Kenner der Partei, hatte, anknüpfend an Otto Bauers Theorie vom "Erwachen der geschichtslosen Nationen" und an die von Bauer beeinflußten Kolonialbeschlüsse des Brüsseler SAI-Kongresses (1928), wiederholt herausgearbeitet, daß die Herausbildung einer selbstbewußten algerischen Nation ein unausweichliches Resultat der Verdrängung traditionaler Stammes- und Familienbande durch moderne Klassenbildung sei.[256]

Der FLN setzt sich durch

Tatsächlich gewann der algerische Nationalismus seit Mitte 1956 zusehends einheitlichere, repräsentative Formen: Nachdem sich bis zum Sommer 1956 die UDMA, die algerische KP und die wichtigsten muslimischen Religionsgelehrten dem FLN angeschlossen hatten,[257] machte nur noch der von Messali Hadj geführte *Mouvement National Algérien* - mit immer geringerem Erfolg - der Front den Anspruch streitig, einziger Sprecher der algerischen Nation zu sein. Allmählich durchsickernde Nachrichten über den straffen militärischen Aufbau des FLN[258] und seine berühmte Soummam-Konferenz[259] unterstrichen Stärke und staatsähnlichen Anspruch der Organisation.

Die tragische *Schlacht um Algier*[260] verschaffte der Front zusätzlich den Mythos, eine bis zur Selbstaufgabe kämpfende Volksorganisation zu sein, und sensibilisierte die internationale Öffentlichkeit in vorher ungeahntem Maß für die Algerienfrage.

Auf der Ebene der internationalen Gewerkschaftsbewegung war der Front schon im Sommer 1956 ein wichtiger Durchbruch gelungen: Die vom FLN am 24. Februar 1956 gegründete *Union Générale des Travailleurs Algériens* (UGTA) war am 7. Juli nach knapper Kampfabstimmung in den Internationalen Bund Freier Gewerkschaften aufgenommen worden. Gegenüber der etwas älteren, dem MNA verpflichteten *Union des Syndicats des Travailleurs Algériens* (USTA), die sich ebenfalls um die Aufnahme beworben hatte, konnte die UGTA nunmehr als einzige international anerkannte Repräsentantin der algerischen Arbeiterschaft auftreten.[261]

Insbesondere die Internierung zahlreicher Funktionäre der UGTA, darunter ihres Gründers und Führers, Aissat Idir, veranlaßten den IBFG seit 1956 immer wieder, die UGTA, und damit die Anliegen des FLN, öffentlich zu unterstützen.[262] Der in Tunis tagende 5. Weltkongreß des IBFG (5.-13. Juli 1957) forderte die französische Regierung auf, die Gewerkschaftsfreiheit in Algerien wiederherzustellen, das Selbstbestimmungsrecht der "algerischen Nation" anzuerkennen und "direkte Verhandlungen mit den qualifizierten Vertretern des algerischen Volkes" aufzunehmen.[263]

1957: Der Krieg kommt nach Deutschland

Als der FLN Anfang 1957 dazu überging, seinen Kampf auch in Frankreich zu intensivieren, um die zahlungskräftige algerische Diaspora zu erobern[264] und die verbliebenen Hochburgen des MNA zu schleifen[265], konnte er dort nicht nur auf ein Netz gewerkschaftlicher Kontakte zurückgreifen, sondern auch auf ein geschärftes Bewußtsein über die Abgründe des Algerienkriegs, das ihm vor allem in linkssozialistischen, linkskatholischen und linksliberalen Kreisen Sympathien und Sympathisanten zuführte.[266]

Anklagende Erlebnisberichte über die französischen "Befriedungs"praktiken in Algerien, vor allem Jean-Jacques Schreibers *Lieutenant en Algérie* und Pierre-Henri Simons *Contre la torture*[267], rüttelten seit März 1957 große Teile der französischen Öffentlichkeit auf[268] und lenkten dort wie auch in der Presse der SPD[269] die Aufmerksamkeit auf den "schmutzigen Krieg" in Algerien, der auf die französische Demokratie zurückzuschlagen drohte.

Die blutigen inneralgerischen Kämpfe zwischen MNA und FLN, die parallel dazu in Frankreich um die Beherrschung der algerischen Gastarbeiter eskalierten und bis Kriegsende mehr als 4000 Tote und 9000 Verletzte forderten[270], trieben den Krieg bald über die französischen Grenzen hinaus und ließen beide Organisationen, FLN wie MNA, nach sicheren Ruheräumen in Belgien, den Niederlanden, der Bundesrepublik, dem Saarland und der Schweiz suchen. Im April 1957 wurde das Hauptquartier der *Fédération de France* des FLN nach Düsseldorf verlagert[271], während der FLN selbst zunächst in der ägyptischen Botschaft, dann im Keller der tunesischen Botschaft in Bad Godesberg eine Vertretung einrichtete.[272]

Die Bundesrepublik war für den algerischen Widerstand nicht nur ihrer geographischen Lage wegen interessant: Schon der hohe Anteil von Deutschen an der *Fremdenlegion* bot zahlreiche humanitäre und politische Anknüpfungspunkte.[273] Außerdem waren in keinem anderen Land Westeuropas die gesetzlichen Beschränkungen des Waffenhandels ähnlich locker, nachdem die rigiden Vorschriften der Siegermächte mit dem Beitritt der Bundesrepublik zur NATO im Mai 1955 aufgehoben worden waren.[274] Die Gesetzeslücke,[275] die dadurch auftrat, war lediglich durch ein vorläufiges Genehmigungsverfahren des Bundesministers für Wirtschaft überbrückt worden.[276] Laxe Kontrollen ermöglichten deutschen Waffenhändlern immer wieder Geschäfte mit den algerischen Rebellen.[277] Noch 1960 wurde vor der portugiesischen Küste ein Hamburger Frachter aufgebracht, dessen Ladung von einer Karlsruher Firma als Schädlingsbekämpfungsmittel nach Marokko deklariert worden war, in Wirklichkeit aber aus Flammenwerfern bestand.[278]

Auch die algerischen Soldaten unter den französischen NATO-Truppen in Deutschland boten dem FLN Anknüpfungspunkte. Neben dem Rückführdienst für desertierte deutsche Fremdenlegionäre, den die Front seit 1957 in der Bundesrepublik publikumswirksam propagierte[279], wurde im März 1958 in Bonn ein Militärdienst eingerichtet, der in Deutschland und Frankreich stationierte französische Offiziere algerischer Abstammung zur Desertion veranlassen sollte.[280]

Das offizielle Klima der Bundesrepublik war der Ausbreitung des FLN allerdings nur begrenzt günstig. Im Gefolge der Suezkrise und zunehmenden Mißtrauens in die Verläßlichkeit der USA war die deutsch-französische Freundschaft mehr denn je zum Eckstein der Adenauerschen West-, Deutschland- und Europapolitik avanciert. Die Belastung Frankreichs durch den Algerienkrieg wurde hier eher als Chance gesehen, das Nachbarland durch großzügige Hilfe noch enger an die deutschen Interessen binden zu können.[281]

In der sozialdemokratischen Parteiführung wiederum bestand noch immer wenig Neigung, in der Algerienfrage den Konflikt mit der SFIO zu suchen. Zwar waren einige Gründe, die den Parteivorstand noch 1956 zur Zurückhaltung gegenüber der Algerienpolitik der SFIO veranlaßt hatten, 1957 nicht mehr im gleichen Maße gegeben: das Saarland war seit 1. Januar 1957 politisch in die Bundesrepublik eingegliedert[282], die Regierung Mollet am 23. Mai 1957 gestürzt worden.

Andererseits hatte der doppelte Schock der Ungarn- und der Suezkrise aber die europäische Integration beschleunigt. Im Rahmen der europäischen Wirtschafts- und Atomgemeinschaften, wie sie die Römischen Verträge vom 25. März 1957 vorsahen, war die SPD auch künftig auf Zusammenarbeit mit ihrer französischen Schwesterpartei angewiesen, zumal diese in Paris weiterhin mitregierte. Auch innenpolitisch wäre die SPD im Wahljahr 1957 schlecht beraten gewesen, den Unionsparteien auch nur durch den Anschein einer Zusammenarbeit mit frankreichfeindlichen "Terroristen" zusätzliche Munition zu liefern. Konrad Adenauer, der ohnedies "keinen Zweifel" hatte, "daß hinter dem meisten, was in Nordafrika vor sich ging, die Sowjets standen"[283], hätte dadurch nur weitere Argumente für seine bekannte These vom 7.Juli 1957 erhalten, ein Wahlsieg der SPD bedeute den "Untergang Deutschlands"[284].

Soweit die Parteiführung sich 1957 zur Algerienfrage äußerte, tat sie es daher unter strikter Beschränkung auf deutsche Belange und unter Vermeidung jeder Kritik am französischen Vorgehen in Nordafrika: Innerparteiliche Wünsche, die SPD stärker von der SFIO abzugrenzen, sich gar für ihren Ausschluß aus der SI, zumindest für eine Abwahl Mollets als SI-Vizepräsident einzusetzen[285], wurden ebensowenig aufgenommen wie wiederholte vertrauliche Vorstöße des bundesdeutschen Botschafters in Tunis, Dr. Werner Gregor, einen prominenten SPD-Politiker, am besten Erich Ollenhauer selbst, auf Nordafrika-Reise zu schicken.[286]

Herbert Wehner, der im Dezember 1956 in der SI noch zu den schärfsten Kritikern der Suezpolitik Mollets gehört hatte[287], erklärte am 30. Januar 1957, man beabsichtige nicht, Frankreich in die Art hineinzureden, mit der es seine Kolonialprobleme abwickele, wolle allerdings in diese auch nicht hineingezogen werden.[288]

Die Gefahr, in fremde Kolonialprobleme verwickelt zu werden, schien vor allem durch die deutsch-französische Rüstungszusammenarbeit und durch die bevorstehende europäische Wirtschaftsintegration zu drohen. Eine Woche vor Wehners Erklärung hatte der *SPD-Pressedienst* bereits behauptet, Verteidigungsminister Strauß habe bei einem Algerienbesuch im Januar 1957 Möglichkeiten für die Ausbildung deutscher Raketen-Regimenter in der Sahara besprochen und gefährde damit die deutsch-arabischen Beziehungen.[289]

Der wirtschaftspolitische Sprecher der Partei, Heinrich Deist, monierte im März 1957, daß der EWG-Vertrag die überseeischen Gebiete Frankreichs zwangsweise in den Gemeinsamen Markt einschließe und dadurch die Bundesrepublik zum "Partner" der französischen Kolonialpolitik zu machen drohe. Auch der Euratom-Vertrag schließe nicht aus, "daß sich die europäische Zusammenarbeit in Nordafrika dadurch dokumentiert, daß Frankreich in der Sahara *Atombombenversuche* unternimmt, während nicht unweit durch deutsche Firmen und mit deutschen finanziellen Zuschüssen die sogenannte Infrastruktur Nordafrikas aufgebaut wird."[290]

Die Algerienfrage in der Sozialistischen Internationale, 1957 - 1958

Wie wenig die SPD bereit war, über solche Reserven in eigener deutscher Sache hinauszugehen, zeigte die Behandlung des Themas Algerien in der Sozialistischen Internationale. Der 5. SI-Kongreß in Wien (2.-6. Juli 1957), der auf Antrag der norwegischen Arbeiterpartei[291] erstmals die Algerienfrage debattierte, endete trotz kontroverser Diskussion[292] mit der dilatorischen Entschließung[293], zunächst einmal (mehr als zweieinhalb Jahre nach Kriegsbeginn!) eine "Ermittlungskommission" (fact-finding-mission) nach Algerien zu entsenden.

Mit der Entsendung dieser Kommission ließ man sich Zeit. Erst am 18. Oktober legte das SI-Büro in London Zusammensetzung und Befugnisse des Gremiums fest.[294] Sechs Wochen später, am 28. November, trat die Kommission dann endlich zusammen, führte bis zum 12. Dezember in Frankreich, Algerien und Tunesien Gespräche und legte ihren Bericht am 17. Januar 1958 dem SI-Büro vor.[295]

Während der eigentliche Bericht im wesentlichen nur Fakten und Standpunkte der verschiedenen Konfliktparteien zusammenstellte, trugen die "Schlußfolgerungen"[296] der Kommission einseitig profranzösischen Charakter: Sie betonten die besonderen Bindungen zwischen Frankreich und Algerien; sie begrüßten die Reformen, die von der SFIO in Algerien eingeleitet worden seien; sie behaupteten, die "Rebellion" befinde sich militärisch bereits im Niedergang, warnten vor den Folgen einer Loslösung Algeriens von Frankreich und plädierten lediglich für "Verhandlungen", ohne klarzulegen, mit wem und auf welcher Grundlage sie stattfinden sollten. Den Vorschlägen des FLN wurde jedenfalls ausdrücklich die Diskussionswürdigkeit abgesprochen, und von der Existenz einer algerischen Nation war ebensowenig die Rede wie vom Selbstbestimmungsrecht der Nationen als möglicher Richtschnur.

Der Zeitpunkt für derartige "Schlußfolgerungen" hätte nicht schlechter gewählt sein können: Drei Wochen später, am 8. Februar 1958, griffen französische Flugzeuge auf der Jagd nach FLN-Freischärlern das tunesische Grenzdorf Sakiet Sidi Youssef an, töteten zahlreiche Zivilisten und lösten damit eine internationale Krise aus[297], die im Endergebnis zum Sturz der Regierung Gaillard führen und den endgültigen Zerfall der IV. Republik einleiten sollte.[298]

Der SPD-Pressedienst verglich den Luftangriff mit den "scheußlichen Verbrechen des Dritten Reiches"[299]. Der *Vorwärts* sprach von einem "Akt der Barbarei"[300] und warnte vor einem "tunesischen Budapest"[301]. Willi Eichler stellte Sakiet Sidi Youssef in eine Reihe mit den nationalsozialistischen Gemetzeln von Lidice und Oradour.[302] Ein Trauergedicht im Falken-Organ *Junge Gemeinschaft* sprach von Coventry, Auschwitz und Theresienstadt.[303] Die parlamentarischen Geschäftsführer der SPD, Walter Menzel und Karl Mommer, drängten die Bundesregierung, öffentlich Stellung zu nehmen.[304] Auch die Regionalpresse der SPD überbot sich in in dramatischen Verdammungsurteilen.[305]

Nicht so das Büro der Sozialistischen Internationale, das am 14. Februar 1958 zusammentrat und sich mit Mollet auf eine Resolution einigte[306], in der es zwar "die Verluste an Menschenleben" *bedauerte* und den Opfern "sein warmes Mitgefühl" aussprach - im Nachsatz aber zunächst die "barbarischen Taten" der algerischen "Rebellen" *verurteilte* und den Angriff selbst als eine "vom örtlichen französischen Militärkommando unternommene Aktion" verharmloste, die "nicht zu verteidigen" (indefensible) sei.

Gegen Mollet beschloß das Büro dann allerdings, den Bericht der *Algerien-Kommission* ohne dessen profranzösische Schlußfolgerungen zu veröffentlichen und statt dessen eine weitere Kommission einzusetzen, die eine eigene Algerien-Resolution vorbereiten sollte.[307] Dessenungeachtet gelangten die Schlußfolgerungen der fact-finding-mission, dank einer Indiskretion der französischen Nachrichtenagentur *Agence France-Presse* (AFP), schon wenige Tage später an die Öffentlichkeit.[308]

Der neue Resolutionsausschuß, dem mit *Fritz Heine* diesmal auch einer der prominentesten deutschen Sozialdemokraten angehörte,[309] brauchte zwei Monate, um dem SI-Büro einen neuen Entwurf vorzulegen.[310] Im Unterschied zu den

"Schlußfolgerungen" der fact-finding-mission enthielt der neue Entwurf ein prinzipielles Bekenntnis zur "Freiheit aller Nationen". Auch forderte er alle Konfliktparteien auf, zugunsten einer Verhandlungslösung auf Vorbedingungen zu verzichten, welche die Kapitulation der Gegenseite implizierten. Weder die Integration von Frankreich und Algerien noch die algerische Selbstbestimmung sollten dabei von vornherein ausgeschlossen werden.

Ob die Algerier allerdings eine Nation im völkerrechtlichen Sinne darstellten, ließ auch dieser Entwurf offen. Statt dessen betonte er den besonderen Charakter der kulturellen und wirtschaftlichen Bindungen zwischen Frankreich und Algerien, für die es "kaum Parallelen" gebe, und plädierte für eine "dauerhaft wirksame Partnerschaft zwischen der europäischen und nichteuropäischen Bevölkerung in Algerien".

Eine Unterscheidung zwischen kolonialer und antikolonialer Gewalt wurde im Entwurf ebenso vermieden wie die Frage, welche Gewalt die andere verursacht habe: Die Sozialistische Internationale, hieß es diplomatisch, verurteile "alle Akte von Folter, Terrorismus, Einschüchterung und Unterdrückung von Bürgerrechten in Algerien".

Der Wunsch, Rücksicht auf die SFIO zu nehmen und mit diplomatischen Formelkompromissen einer politischen Entscheidung auszuweichen, durchzog den gesamten Text. Trotzdem leitete ihn das SI-Büro am 29. April zustimmend dem Generalrat der Internationale zu[311], der ihn sechs Wochen später auf seiner Brüsseler Konferenz (12.-14. Juni 1958) annahm.[312]

1958: Auf dem Weg zum Stuttgarter Parteitag

Zu diesem Zeitpunkt stand nahezu die gesamte Leit- und Regionalpresse der SPD Frankreichs Algerienkrieg längst kritisch gegenüber. Die Enttäuschung darüber, daß der Parteivorstand sich nicht deutlicher von der Kolonialpolitik der SFIO abgrenzte und in der SI derartige Entschließungen mittrug, ja, über Fritz Heine sogar mitformulierte, wirkte in der Partei noch lange nach[313] und brach auf dem Stuttgarter Parteitag (18.-23. Mai 1958) erstmals in eine breitere Öffentlichkeit durch.

SI-Resolutionen wie die über Sakiet Sidi Youssef, schrieb der Hamburger Bundestagsabgeordnete Peter Blachstein im *Vorwärts*, könnten "den europäischen Sozialismus in den Augen der Völker Asiens und Afrikas nur restlos kompromittieren". Die SPD, die sich auf dem Berliner Parteitag 1954 zur Unterstützung der Freiheitskämpfe der Kolonialvölker bekannt habe, dürfe sich nicht länger scheuen, "eine klare Position im Krieg gegen Algerien einzunehmen. Eine solche Position würde in einem Abbruch der Beziehungen der SPD zur französischen Partei zum Ausdruck kommen"[314].

Proalgerische Sympathien in der SPD

Der Wunsch, die französische Algerienpolitik nicht nur kritisch zu begleiten, sondern sich auch mit den Aufständischen zu solidarisieren, war seit 1956 im wesentlichen außerhalb des Parteivorstands entstanden. Zum einen in den Jugendorganisationen im Umfeld der Partei, die weniger staatspolitische Rücksichten zu nehmen hatten als die Parteiführung und ideale Nischen für linkssozialistische Traditionskerne bildeten - bei den Jungsozialisten, den Falken, der Naturfreunde- und Gewerkschaftsjugend und im SDS; zum andern bei sozialdemokratischen Politikern und Journalisten, die aus verschiedensten persönlichen Gründen den Problemen antikolonialer Befreiungsbewegungen besonders aufgeschlossen gegenüberstanden.

Die ehemaligen SAPD-Mitglieder und Spanienkämpfer Peter Blachstein[315] und Rolf Reventlow[316], das ehemalige ISK-Mitglied Hellmut Kalbitzer[317] und der Trotzkist Georg Jungclas[318] standen in alten, kämpferisch-internationalistischen Traditionen, die vor allem in Splittergruppen am Rande der Arbeiterbewegung überlebt hatten und sich erheblich vom organisationsdiplomatischen Internationalismus der SI unterschieden. Der Mittelmeerraum hatte bei diesen Gruppen seit langem eine herausgehobene Bedeutung. Historisch war sie vor allem durch die große, identitäts- und kontaktstiftende Tradition der "Spanien-Solidarität" aus den 30er Jahren gespeist worden, die nach 1945 durch das Fortbestehen der Franco-Diktatur weiter genährt wurde. Daneben aber trat in den 50er Jahren auch die Faszination durch den "Titoismus" bzw. durch das "jugoslawische Modell", das der nichtkommunistischen Linken zeitweilig neue Optionen für einen "dritten Weg" zwischen Kapitalismus und Stalinismus, Westblock und Ostblock zu eröffnen schien. Als internationaler Anwalt der Blockfreien-Bewegung knüpfte Jugoslawien in den 50er Jahren zahlreiche Kontakte sowohl zur Dritten Welt als auch zur westlichen Linken und förderte über zahlreiche Kanäle den algerischen Befreiungskampf.[319]

Jungsozialistische Nachwuchspolitiker wie Hans-Jürgen Wischnewski[320] oder Jockel Fuchs[321] wurden bei den Jungsozialisten und Falken teils von solchen Traditionen beeinflußt, teils durch internationale Begegnungen im Rahmen der *International Union of Socialist Youth* (IUSY)[322] und durch praktische Beschäftigung mit Fragen der Fremdenlegion geprägt. Andere, wie der vielseitige Publizist Werner Plum[323], der schon im Krieg mit französischen Linkskatholiken in Kontakt gekommen war, verbanden eine ausgedehnte Abenteuer- und Reiselust mit journalistischen, wissenschaftlichen und politischen Interessen im Umfeld der Sozialdemokratie.

Gegenüber dem Parteivorstand hatten sie den Vorteil, ungebundener und weniger sichtbar agieren und Kontakte knüpfen zu können. Den Bundestagsabgeordneten unter ihnen - Blachstein, Kalbitzer und Wischnewski - kam außerdem ihre parlamentarische Unabhängigkeit gegenüber dem Apparat des Parteivorstands zugute, die es ihnen ermöglichte, in ihren Wahlkreisen in eigener Verantwortung Zugang zu Massenmedien, Regierungsstellen, Verbänden und Finanzmitteln zu finden.

Ihre Möglichkeiten, die Anliegen des algerischen Widerstands öffentlichkeitswirksam zu fördern, wurden allerdings durch die Nibelungentreue des Parteivorstands zur SFIO begrenzt. Männer wie Erich Ollenhauer[324] und Fritz Heine[325] waren in einer politischen Tradition aufgewachsen, die aufgrund bitterer Erfahrungen die Sache des *Sozialismus* vor allem mit dem Überleben der sozialistischen *Organisation* identifizierte. Trotz aller Bekenntnisse zu sozialistischen *Prinzipien* drückte sich sozialistischer Internationalismus bei ihnen in erster Linie durch Loyalität zu den Schwesterparteien aus.

Die Möglichkeit, diese Barriere zu durchbrechen, bot sich erst nach der Wahlniederlage der SPD vom 15. September 1957, für die breite Kreise der Partei die traditionalistische Politik des Parteivorstands um Ollenhauer und insbesondere seinen Pressechef, Fritz Heine, verantwortlich machten.[326]

Parallel zu den Reformdiskussionen der folgenden Monate, die die ganze Partei beschäftigten, bildete sich eine lockere 'Algerien-Lobby' heraus, die in Verbindung mit der Bonner FLN-Vertretung auf den Stuttgarter Parteitag im Mai 1958 hinarbeitete. In monatelanger Vorbereitung wurde zuvor der politische Boden für eine mehr oder minder offizielle Begegnung von FLN und SPD präpariert und am Tagungsort für die Zeit des Parteitags im voraus ein Hotel für eine größere FLN-Delegation angemietet.[327]

Bundeswehr nach Nordafrika?

Als entscheidendes Ferment erwies sich dabei der französische Luftangriff auf Sakiet Sidi Youssef im Februar und der ihm im März folgende Vorstoß des französischen Ministerpräsidenten Gaillard, einen Mittelmeerpakt unter Einbeziehung wichtiger NATO-Staaten[328] zu bilden, der letztlich den Konsultationsbereich der NATO auch auf Nordafrika ausgedehnt hätte: Zur Empörung über den Luftangriff auf ein prowestliches Land, die drohende Internationalisierung des Kolonialkriegs und die zaghafte Reaktion der SI gesellte sich nun auch bei führenden Sozialdemokraten die Furcht, über die NATO oder die bevorstehende französisch-italienisch-deutsche Militärachse in die nordafrikanische Krise hineingezogen zu werden.

Schon am 10. Februar zitierte die sozialdemokratische *Neue Rhein-Zeitung* Frankreichs Verteidigungsminister Chaban-Delmas, der den Angriff auf Sakiet Sidi Youssef als Akt legitimer Verteidigung gerechtfertigt hatte und fragte: "Und einem solchen kurzsichtigen rücksichtslosen Mann will die Bundesregierung auch noch bei der Atomwaffenproduktion helfen? Das hieße zu unserem eigenen Unglück beizutragen."[329]

Anfang Mai spekulierte der SPD-Pressedienst unter der Schlagzeile "Bundeswehr nach Nordafrika?" bereits darüber, ob demnächst "die der NATO unterstellten Bundeswehr-Divisionen als eine Art Polizeihund im algerisch-tunesischen Grenzgebiet tätig werden" und damit in den Dienst einer "anachronistischen Kolonialpolitik" gestellt werden würden.[330]

Ohne den Zusammenhang zwischen dem "vielberufenen *Rüstungsdreieck* zwischen der Bundesrepublik *Deutschland, Frankreich* und *Italien*", den Atomplänen der Bundesregierung und den Initiativen Gaillards direkt erhärten zu können, warnte Fritz Erler im Bundestag eindringlich davor, die Bundesrepublik über den Umweg der Tunesienkrise und Artikel 6 des NATO-Vertrags in die "französischen Kolonialkriege" hineinziehen zu lassen. Zur Finanzierung dieser Unternehmungen trage die Bundesrepublik durch ihre zahlreichen finanziellen Leistungen an Frankreich - z. Zt. etwa 1 Md. DM - ja ohnedies "schon indirekt" bei. Dem Weltfrieden wäre, so Erler, mehr gedient, wenn man den "französischen Freunden" ehrlich sage, daß der Algerienkrieg "die afrikanischen Völker an die Seite der Sowjetunion treibt und deshalb eine Gefährdung der freien Welt ist"[331].

An Berührungspunkten zwischen SPD und FLN schien es in dieser Situation nicht zu fehlen. Sechs Wochen vor Beginn des Stuttgarter Parteitags, am 8. April 1958, veröffentlichte der FLN in Tunis ein Schreiben an den SPD-Parteivorstand. Er beschrieb eindringlich die tragischen Folgen der französischen Kriegführung für die algerische Zivilbevölkerung, warf der SPD und insbesondere Ollenhauer vor, im Gegensatz zu den norwegischen, schwedischen und britischen Sozialisten hierzu zu schweigen und in der SI stets die Partei der SFIO zu ergreifen und forderte die SPD schließlich auf, sich zum "aufrechten Verbindungsglied" zwischen dem deutschen und dem algerischen Volk zu machen und gegen die Hinrichtung von FLN-Mitgliedern in französischer Gefangenschaft und gegen die französische Praxis der "verbrannten Erde" einzuschreiten.[332]

Knapp zwei Wochen später, am 20. April 1958, forderte der Zentrale Arbeitsausschuß der Jungsozialisten den Parteivorstand der SPD auf, "mit der algerischen Freiheitsbewegung Verbindung aufzunehmen und in der Sozialistischen Internationale auf die Verurteilung der Algerienpolitik der französischen sozialistischen Partei hinzuwirken". Gleichzeitig beschlossen die Jusos, an einem Hilfsfonds der IUSY für algerische Flüchtlinge mitzuwirken.[333]

Als die Führungsgremien der SPD Anfang Mai zusammentraten, um den Stuttgarter Parteitag vorzubereiten, räumte auch Ollenhauer ein, daß die von Heine mitverfaßte Kompromißresolution der SI zur Algerienfrage "nicht voll" befriedigend sei. Ebenso wie Erler erwog er, dem Stuttgarter Parteitag eine eigene Entschließung des Parteivorstands vorzulegen[334], mochte sich aber noch nicht abschließend festlegen, "da es hier Schwierigkeiten mit der SFIO gibt"[335].

Das mögliche Gewicht solcher Schwierigkeiten schrumpfte allerdings drastisch, als am 13. Mai 1958, fünf Tage vor Beginn des Parteitags, die französischen Armeekommandeure in Algier, alarmiert durch Gerüchte, wonach der designierte Ministerpräsident Pflimlin Verhandlungen mit dem FLN anstrebe, ein *Comité de Salut Public* ausriefen und tags darauf eine neue Regierung unter General *de Gaulle* verlangten. Die SFIO erntete damit die Früchte einer Algerienpolitik, die sie jahrelang an führender Stelle mitverantwortet hatte. Ihr weiteres Schicksal und das der IV. Republik waren höchst ungewiß. Schon am folgenden Tag erklärte der parlamentarische Geschäftsführer der SPD, Karl Mommer, die SPD habe sich "schon immer" von den Vorgängen in Algerien distanziert und auch die Bundesregierung kritisiert, weil deren finanzielle Unterstützung für Frankreich indirekt auch dessen Algerienkrieg fördere.[336]

Auch eine Bitte der französischen Botschaft, sich in Stuttgart nicht mit der Algerienfrage zu befassen, konnte den Parteivorstand nun nicht mehr umstimmen. "In jedem Fall", so Ollenhauer, "wird dem Parteitag ein Entwurf vorgelegt."[337]

Die Algerienfrage auf dem Stuttgarter Parteitag

Als der Parteitag sich am 19. Mai 1958 konstituierte, war allerdings absehbar, daß der Parteivorstand seinen algerienpolitischen Kritikern den Wind aus den Segeln nehmen wollte, ohne sich mit dem algerischen Befreiungskampf zu solidarisieren. Die hochrangige Delegation des FLN, die dem Parteitag vom ersten bis zum letzten Tag mit großer Disziplin beiwohnte[338], erhielt kein Rederecht.[339]

Ollenhauer, der sich in seinem Eingangsreferat geschickt "zum Sprecher der Unruhe in unserer Partei" erklärte, beklagte "das tragische Verhängnis des algerischen Konfliktes", das "schon jetzt eine kaum wiedergutzumachende Erschütterung des Vertrauens der Völker in Asien und Afrika gegenüber dem ganzen Westen herbeigeführt" habe und nun auch "zu einer dramatischen Zuspitzung für die Existenz der Demokratie in Frankreich geworden" sei.

Die deutschen Sozialdemokraten, so Ollenhauer, fühlten sich "nicht berechtigt, zu kritisieren oder zu verurteilen", verspürten aber eine "schmerzliche Unruhe" darüber, daß "durch die Haltung unserer französischen Bruderpartei" in dieser Frage "offene Gegensätze im sozialistischen Lager" ausgelöst worden seien. Sie richteten deshalb an die "französischen Freunde ... den herzlichen und dringlichen Appell, schnellstens nach einer friedlichen und gerechten Lösung des Algerien-Problems zu suchen im Geiste der Frankfurter Prinzipien-Erklärung unserer Internationale ... und im Geiste der Selbstbestimmung und der Selbstverwaltung des algerischen Volkes"[340].

Der Resolutionsentwurf zur Algerienfrage[341], den der Parteivorstand dem Parteitag vorlegte, unterschied sich in mehrfacher Hinsicht von dem von Heine mitverantworteten Entwurf des SI-Büros: Er verzichtete darauf, die besonderen Bindungen Algeriens an Frankreich zu betonen und die "Integration" Algeriens ins Mutterland als mögliches Verhandlungsziel darzustellen, und forderte den FLN auch nicht mehr dazu auf, seine Forderung nach völliger Unabhängigkeit zur Disposition zu stellen. Statt dessen bekannte er sich zum "Selbstbestimmungsrecht aller Völker", das in der Frankfurter Prinzipienerklärung der SI "verbindlich für alle Sozialisten" erklärt worden sei.

Ebenso wie die SI-Resolution verurteilte der Entwurf die Gewalttaten *beider* Seiten und forderte eine friedliche Verhandlungslösung, die eine dauerhafte Partnerschaft zwischen der nichteuropäischen und der europäischen Bevölkerungsgruppe Algeriens bewirken und die Rechte der Minderheiten garantieren müsse. Ebenso wie die SI-Resolution erwähnte der Entwurf den FLN nicht namentlich, doch fehlte der Hinweis auf die "verschiedenen Gruppen des algerischen Lagers", mit denen in Frankreich gewöhnlich der Alleinvertretungsanspruch des FLN relativiert wurde.

Erstmals war auch eine elegante Kritik an der SFIO in den Text eingelassen worden: "Die Sozialdemokratie bedauert, daß die von Leon Blum und anderen französischen Sozialisten ursprünglich inspirierten Vorstellungen über die Beziehungen zu den Völkern Nordafrikas nicht zur Richtschnur der Politik Frankreichs und der SFIO geworden sind." Zwar hatten die Vorstellungen Léon Blums über die Beziehungen zu den Völkern Nordafrikas nicht unbedingt das Selbstbestimmungsrecht derselben zur Richtschnur gehabt[342], doch war die gute Absicht unverkennbar, den französischen Genossen auch in der Stunde der Kritik nicht als Schulmeister, sondern als Schüler ihres eigenen Erbes zu begegnen.

Obwohl mehrere Diskussionsredner anschließend von einer späten und allzu eleganten Stellungnahme sprachen, deutlichere Kritik an der SFIO verlangten und baten, der "algerischen Freiheitsbewegung" entgegenzukommen, um sie nicht dem Ostblock in die Arme zu treiben[343], hatte der Parteivorstand mit seinem Resolutionsentwurf wichtige innerparteiliche Kritikpotentiale erfolgreich aufgefangen.

Weitergehende Anträge aus der 'Algerien-Lobby'[344] blieben chancenlos: Einer Verurteilung der französischen Schwesterpartei widersetzte sich Ollenhauer mit dem Verweis auf die bestehenden Meinungsverschiedenheiten in der SFIO, die man besser durch "ein Wort der Ermutigung, ein Wort der Anregung in der Richtung unserer Vorstellung" beeinflussen solle. Einer Solidarisierung mit der algerischen Freiheitsbewegung verschloß er sich mit dem Argument, die SPD dürfe *nicht* in die Meinungsverschiedenheiten zwischen FLN und MNA eingreifen, weil diese eine innere Angelegenheit des algerischen Volkes seien. Der Warnung, die Bundesrepublik könne über NATO und EWG in den Algerienkonflikt hineingezogen werden[345], entgegnete er zutreffend, die SPD-Bundestagsfraktion habe bei der Beratung der EWG-Verträge bereits darauf hingewiesen.[346]

Einziger strittiger Punkt der Debatte blieb schließlich eine Passage des PV-Antrags, die neben den Gewalttaten französischer Stellen auch die der Aufständischen als Hindernis friedlicher Verständigung bezeichnete.[347] Mit derartigen Äußerungen, so Peter Blachstein, würden "die Opfer verhöhnt, weil sie in der Abwehr des Krieges vielleicht Mittel anwenden, die nicht gut sind", ja, es werde der Eindruck erweckt, als messe die Partei die Gewalt der "Opfer" mit dem gleichen Maß wie die Gewalt der "Mörder".[348]

Gerade an diesem Punkt ließ es die Opposition nun auf eine Machtprobe ankommen. Nach einer dramatischen Kampfabstimmung, die dreimal wiederholt werden mußte, beschloß der Parteitag am 19. Mai mit 191 gegen 160 Stimmen gegen den Willen des Parteivorstands, den Halbsatz über die Gewalttaten der

Aufständischen zu streichen, und nahm die gekürzte Resolution dann als Ganzes an.[349]

Im Nachhinein mutet es paradox an, daß eine kleine antikolonialistische Minderheit auf einem Parteitag, der die strategische Annäherung an das bürgerliche Lager einleiten sollte, ausgerechnet in der Gewaltfrage eine Mehrheit gegen den Parteivorstand zusammenbringen konnte. Tatsächlich war das Thema Algerien für viele Delegierte damals nur ein willkommener Anlaß, um dem traditionalistischen Parteivorstand, nicht zuletzt Fritz Heine[350], einen Denkzettel zu verpassen. In den Jahren darauf fanden sich keine Mehrheiten mehr für indirekte Bekenntnisse zu 'progressiver Gewalt':

Auf dem *Godesberger* Programmparteitag 1959 erklärte Ollenhauer unter dem Beifall der Delegierten kategorisch: "Die Kolonialherrschaft in allen Formen muß ohne blutige Auseinandersetzungen abgelöst werden."[351] Ein Antrag der SPD-Landesorganisation Hamburg, der die "in Algerien verübten Gewalttaten französischer Stellen" verurteilen, die des FLN aber nicht erwähnen sollte, wurde 1960 auf dem SPD-Parteitag in *Hannover* - bei nur "einigen Gegenstimmen und Stimmenthaltungen"[352] - auf jene Passagen zusammengestrichen, die die Unterstützung der SPD für "[a]lle Bestrebungen zur Beendigung des Algerienkrieges mit dem Ziel einer gesicherten Selbstbestimmung für das algerische Volk" bekräftigte und die Bereitschaft der Partei unterstrich, weiterhin algerischen Flüchtlingen in der Bundesrepublik rechtlich, sozial und beruflich beizustehen.[353] Dies sei, so *Herbert Wehner*, alles, "was wir als deutsche Sozialdemokraten zur Lösung des Konflikts beitragen und vertreten können"[354]. Der *Kölner* Parteitag im Mai 1962 schließlich begnügte sich mit einer dreizeiligen Algerien-Entschließung, die "großzügige deutsche Hilfe zur Linderung der Not unter den Opfern des Krieges" forderte.[355]

Dennoch bedeutete die Debatte in Stuttgart 1958 auch aus Sicht der kleinen sozialdemokratischen 'Algerien-Lobby' einen Durchbruch: Die Partei-Öffentlichkeit war erstmals für die Algerienfrage sensibilisiert worden. Und mit der modifizierten Resolution des Parteivorstands war eine Beschlußlage geschaffen, auf die man sich bei der konkreten Solidaritätsarbeit berufen konnte.

Vor allem aber war es am Rande des Stuttgarter Parteitags gelungen, die anwesenden Delegierten des FLN zu informellen Gesprächen mit zahlreichen sozialdemokratischen Politikern, Funktionären und Gewerkschaftern zusammenzubringen (von denen viele zum ersten Mal im Leben einen algerischen "Rebellen" persönlich kennenlernten) und damit ein bundesweites Netz nützlicher Verbindungen für den FLN zu stiften.[356]

1958: SPD und FLN nach der Machtübernahme de Gaulles

An der zurückhaltenden Algerienpolitik der Parteiführung änderte sich jedoch auch nach Stuttgart zunächst wenig. Zur innenpolitischen Profilierung war der Algerienkrieg kaum geeignet. Nur eine Minderheit der Bundesbürger und potentiellen SPD-Wähler interessierte sich dafür.[357] Dem FLN zuliebe die deutsch-französischen Beziehungen zu zerrütten, bestand um so weniger Anlaß, als der Machtantritt Charles de Gaulles auch bei gemäßigten arabischen Politikern Hoffnungen auf eine Verhandlungslösung der Algerienfrage auslöste:

Tunesiens Staatschef Bourguiba hatte schon im Juni 1957 de Gaulle öffentlich als "letzte Chance" einer für alle Seiten akzeptablen Lösung des algerischen Dramas bezeichnet.[358] Dem SPD-Parteivorstand waren im Sommer 1957 Informationen zugegangen, wonach Bourguiba eine Verhandlungslösung der Algerienfrage nur noch von einer Machtergreifung de Gaulles erwarte.[359] Am 22. Mai 1958, noch bevor der General am 1. Juni von der französischen Nationalversammlung offiziell zum Ministerpräsidenten gewählt worden war, hatte auch der damalige Vorsitzende des Koordinations- und Exekutivkomitees der algerischen Befreiungsfront, Ferhat Abbas, in einem *United Press*-Interview verlauten lassen, "daß der General de Gaulle, der sich nur mit den Interessen Frankreichs beschäftigt, der Koalition von Sonderinteressen ein Ende bereiten, sich über das sterile Spiel des französischen Parlamentarismus erheben und damit eine neue Ära der Zusammenarbeit auf einer Basis der Gleichberechtigung mit den ehemals kolonisierten Völkern einleiten" könne.[360] Unwidersprochen konnte Erich Ollenhauer am 9. Juni 1958 vor dem SPD-Parteivorstand erklären, daß es "[b]ei der Moslembevölkerung ... eine gewisse Sympathie für de Gaulle [gebe], weil er 1944/45 für eine Gleichstellung eintrat und eine Bodenenteignung durchführte"[361].

Als de Gaulle Anfang Juni zu seiner ersten Algerienreise (4.-7. Juni 1958) als neuer französischer Präsident aufbrach, erklärte Fritz Erler, es sei zu wünschen, daß der Krieg "bald zu Ende" gehe. Die Deutschen könnten dabei "aktiv nicht helfen", müßten aber vermeiden, "daß bei den Entwicklungsländern irgendwo der Eindruck entsteht, daß etwa deutsche Finanz- und Wirtschaftskraft in Solidarität gebracht wird mit der Aufrechterhaltung alter überlebter kolonialer Positionen"[362].

Sinkende Rücksichten auf die SFIO

Rücksichten auf die SFIO spielten dabei eine immer geringere Rolle. Abgesehen davon, daß die französischen Sozialisten in der Sozialistischen Internationale die Disengagement-Politik der SPD bekämpften[363], war es insbesondere ihre schnelle und konfliktbeladene Anpassung an General de Gaulle[364], die Zweifel an ihrer machtpolitischen Zukunft weckte und indirekt auch einen Schatten auf die geplante Parteireform der SPD warf.

In der SPD war die Machtergreifung de Gaulles zunächst vor allem als Schlag gegen die *Demokratie* gewertet worden. Ollenhauer fühlte sich "in bedrückender Weise an die Lage bei uns 1932-33" erinnert[365] und Willi Eichler sprach noch im Oktober 1958 von einer "Generaldiktatur" in Frankreich.[366] In der SPD-Bundestagsfraktion erkundigte sich Hellmut Kalbitzer, wie man sich künftig in der

Sozialistischen Fraktion des Europa-Parlaments gegenüber denjenigen französischen Genossen verhalten solle, die für de Gaulle gestimmt hätten. Er habe "den Eindruck, daß es die Grenzen der Zusammenarbeit überschreite, wenn eine sozialistische Partei für eine Militärdiktatur stimmt."[367] Linkssozialistische Publizisten werteten die Kapitulation Mollets vor de Gaulle bereits als Lehrstück und Menetekel für die Bundesrepublik und insbesondere für die Reformdiskussionen in der SPD: Das Beispiel der SFIO zeige, wohin es führen müsse, wenn man sozialistische Prinzipien aufgebe und sich dem bürgerlichen Lager anpasse.[368]

"Die Stärkung der Lust für autoritäre Tendenzen", kommentierte Herbert Wehner auf einer Sitzung der Parteivorstands im Juni 1958 die Entwicklung in Frankreich, "kann auch für uns ein beachtliches Problem werden... Mollet hat die Politik Adenauers betrieben, aber die Schuld wird man uns geben, denn Mollet ist auch Sozialist. Wir müssen uns hier freischwimmen."[369]

Risse im Lager der französischen Sozialisten[370] wurden ab 1958 in der SPD daher wesentlich sorgfältiger registriert.[371] Der Frankreich-Experte der Partei, Günter Markscheffel, sprach im Parteivorstand von einer drohenden Spaltung der SFIO[372], und Ollenhauer sah sich vor dem Parteirat am 11. Juni 1958 bereits "in der Situation, daß unter Umständen schon die nächsten Wochen die offene Krise in der SFIO bring[en]"[373].

Kritiker der Algerien-Politik Mollets wie André Philip, der im Februar 1958 wegen seines Buches *Le socialisme trahi* aus der SFIO ausgeschlossen worden war, kamen nun in Zeitschriften der SPD ausführlicher zu Wort[374], und zu den Parteikongressen der *Union de la Gauche Socialiste*[375] und des *Parti Socialiste Autonome*[376], die beide der Algerienpolitik Mollets unversöhnlich gegenüberstanden, wurden auf Beschluß des PV-Präsidiums offizielle Beobachter entsandt.[377]

Die "Provisorische Regierung der algerischen Republik"

Der FLN verstärkte unterdessen seine Bemühungen um internationale Aufwertung. Die seit Ende 1957 sichtbar abnehmende Unterstützung Frankreichs durch seine angelsächsischen Verbündeten[378] ließ die Situation für neue diplomatische Vorstöße reif erscheinen, während die Einsicht in die eigene Schwäche die Sorge schürte, dabei den geeigneten Zeitpunkt zu verpassen.

Spätestens nachdem die USA und Großbritannien in der Sakiet Sidi Youssef-Krise Frankreich im Februar 1958 ihre "guten Dienste" aufgenötigt[379] hatten und der damalige Ministerpräsident Gaillard im März 1958 die alte marokkanisch-tunesische Idee einer europäisch-maghrebinischen Mittelmeerallianz[380] aufgegriffen hatte, fürchtete der FLN, bei einer europäisch-maghrebinischen Gesamtregelung der Algerienfrage hinter den großen "Vermittlern" Tunesien und Marokko zu verschwinden. Er lancierte deshalb im April auf der Konferenz von Tanger den Vorschlag, eine *algerische Regierung* zu bilden.[381]

Die Furcht, bei neuen Verhandlungsoffensiven überrollt zu werden, wuchs nach der Machtübernahme de Gaulles und wurde im Juli durch alarmierende Nachrichten über die schwindende militärische Kraft des FLN bestärkt.[382]

Die Exekutive der Front beschloß daher im Sommer 1958, die Initiative an sich zu reißen, die geplante Regierung so schnell wie möglich auszurufen und sich in Frankreich - über den Kampf gegen den MNA hinaus - durch Eröffnung einer "zweiten Front" gegen die französische Regierung bemerkbar zu machen.[383]

Am 25. August begann eine breitangelegte Serie von Attentaten auf französische Industrieanlagen und Regierungsstellen, und am 19. September gab die Front gleichzeitig in Kairo, Tunis, Rabat und Algerien die Bildung einer "Provisorischen Regierung der algerischen Republik" (*Gouvernement Provisoire de la République Algérienne*, GPRA)[384] bekannt.

Die harten Maßnahmen, mit denen die französischen Behörden auf die Eröffnung der "zweiten Front" reagierten, führten zur Flucht zahlreicher Algerier in die Bundesrepublik. Sie ließen sich vor allem im Saargebiet, in Baden-Württemberg, Nordrhein-Westfalen und Hamburg nieder.[385] Nach Angaben Hans-Jürgen Wischnewskis hielten sich Ende 1958 bereits 2500 algerische Flüchtlinge in der Bundesrepublik auf.[386] Gegen Ende des Krieges waren es 5000-6000.[387] Sie zu betreuen und in der Bundesrepublik für die algerische Exilregierung zu werben, wurde ein zentraler Bestandteil der FLN-Arbeit in Deutschland, den die Front nicht zuletzt mit Hilfe sozialdemokratischer Politiker bewältigte.

Schon am 2. September konnte der damalige Leiter der Bonner FLN-Delegation, Ait Ahcène, im Haus der Hamburger SPD unter Schirmherrschaft Hellmut Kalbitzers seine erste offizielle Pressekonferenz in der Bundesrepublik abhalten, die bevorstehende Bildung einer algerischen Exilregierung ankündigen und um Gastfreundschaft für die nach Deutschland flüchtenden Algerier, insbesondere um die finanzielle Förderung algerischer Studenten, bitten.[388]

Die Tunis-Reise der deutschen Jungsozialisten

Am Tag der Proklamation der algerischen Regierung, am 19. September 1958, traf eine vierköpfige Abordnung des Bundesausschusses der Jungsozialisten in Tunis ein. Die Delegation bestand aus dem Kölner Bundestagsabgeordneten Hans-Jürgen Wischnewski, dem Mainzer Landtagsabgeordneten Jockel Fuchs, dem Lübecker Ratsherren Heinz Nestler und dem Karlsruher SPD-Unterbezirkssekretär Horst Seefeld.[389]

Wie der sozialdemokratische *Parlamentarisch-Politische Pressedienst* am gleichen Tag mitteilte, sollte die Reise dazu dienen, um "mit Politikern, Gewerkschaftsführern und Jugendleitern aus Tunesien, Algerien und Marokko eine engere Zusammenarbeit zu besprechen" und mit Tunesiens Staatspräsident Bourguiba zusammenzutreffen.[390] In Wirklichkeit war die Reise von der Bonner FLN-Vertretung arrangiert worden. Schon am Flughafen wurden die Gäste von Beauftragten des FLN abgeholt. Auch die Betreuung vor Ort wurde zunächst von algerischer Seite übernommen. Schon am Tag nach ihrer Ankunft wurden die Jungsozialisten vom stellvertretenden Ministerpräsidenten des GPRA, Belkassem Krim, und von Rüstungsminister Mahmoud Cherif zu einem eingehenden Gespräch empfangen.[391] Im Verlauf ihres zweiwöchigen Aufenthalts (19. September - 2. Oktober 1958) konnten sie zudem im Raum von Bône militärische Einrichtungen des FLN in befreiten Teilen Algeriens besichtigen.[392]

Die deutsche Botschaft in Tunis war von den Jungsozialisten am 25. September ausführlich über ihre Gespräche mit der algerischen Exilregierung unterrichtet worden. Dem Auswärtigen Amt gegenüber hob der Botschafter noch am gleichen Tag den deutschlandpolitischen Nutzen dieser Gespräche hervor: In ihrer Unterredung mit Krim und Cherif hätten die Jungsozialisten alle Argumente vorgebracht, die gegen die Aufnahme von Beziehungen zwischen der algerischen Exilregierung und der Sowjetzone sprächen. Das habe gewirkt: "Algerier, die augenscheinlich Problematik nur ungenügend kannten, zeigten sich sehr beeindruckt, dass sogar Mitglieder Oppositionspartei in dieser Frage kompromisslose Haltung der Bundesregierung als die ihre anerkannten."[393] Wischnewski sei versichert worden, daß die Exilregierung nicht daran denke, mit der sogenannten "DDR" diplomatische Beziehungen aufzunehmen.[394]

Als die Delegation am 2. Oktober 1958 Tunis verließ, erschienen zur Verabschiedung neben tunesischen Gewerkschaftern auch Vertreter des tunesischen FLN-Büros und der UGTA. Jockel Fuchs, der, laut Bericht der deutschen Botschaft in Tunis, als einziger der Gruppe Französisch sprach, gab vor dem Abflug eine Presseerklärung ab, in der er u.a. ausführte, daß man sich nach der Rückkehr nach Deutschland bemühen werde, die Bundesregierung und die deutsche Industrie zu mehr Investitionen in Tunesien zu bewegen. Was die Algerienfrage betreffe, so müsse man unterscheiden zwischen der Haltung der Bundesregierung und jener der öffentlichen Meinung in Deutschland. Letztere stehe dem Befreiungskampf des algerischen Volkes mit großer Sympathie gegenüber. Er sehe es als seine Pflicht an, Frankreich in aller Freundschaft aufzufordern, seine Nordafrikapolitik im Interesse Europas zu ändern. Man laufe sonst Gefahr, Nordafrika an den Osten zu verlieren. Im übrigen sei für 1959 ein Austausch von Jugendgruppen der Neo-Destour-Partei und der Jusos vorgesehen. Auch ein regelmäßiger Austausch von Delegationen der UGTT und des DGB sei geplant.[395]

Nach Deutschland zurückgekehrt, verliehen die Jungsozialisten ihrer Tunis- und Algerienreise breite Publizität. Am 15. Oktober veröffentlichte der *Sozialdemokratische Pressedienst* einen - mit zwölf Seiten ungewöhnlich langen - Reisebericht von Jockel Fuchs, der fast alle Punkte ansprach, die geeignet schienen, in der Bundesrepublik Verständnis und Hilfsbereitschaft für die algerische Sache zu wecken: die Leiden der algerischen Flüchtlinge in Nordafrika, die mangelnde Hilfsbereitschaft des westdeutschen Roten Kreuzes, die Rückführung desertierter deutscher Fremdenlegionäre durch den FLN, die imponierende Disziplin und die amerikanischen (!) Uniformen der algerischen Armee, die geringen Sympathien der

Algerier für den Kommunismus und ihre drohende Hinwendung zum Ostblock, falls die europäischen Staaten, Parteien und Gewerkschaften die algerische Sache nicht stärker unterstützten. Auch der Hinweis auf das besonders sensible Verhältnis der Deutschen zum nationalen Selbstbestimmungsrecht fehlte nicht:

> "Von der deutschen Sozialdemokratie erwarten die nordafrikanischen Politiker gegenüber ihren französischen Partnern in der Sozialistischen Internationale ein klareres Wort. In Anbetracht so grundsätzlicher Fragen wie die Anerkennung des Selbstbestimmungsrechtes der Völker ist für taktisches Verhalten wenig Verständnis vorhanden. Wer die Freiheit für die deutschen Brüder jenseits der Zonengrenze fordert und wer gegen die Unterdrückung des ungarischen Volkes protestiert, muß auch den Mut haben, dem algerischen Volk das gleiche Recht zuzuerkennen."[396]

Zu drastischeren Tönen griff Hans-Jürgen Wischnewski, der in seinem Reisebericht für die Gewerkschaftszeitung *Metall* die Nordafrikapolitik Frankreichs als "unverantwortlich und unentschuldbar" bezeichnete und seinen Beitrag in die fett gedruckten Parolen münden ließ: "Gebt Algerien die Freiheit! Helft dem algerischen Volke in seinem Kampfe um nationale Unabhängigkeit und Freiheit!"[397]

Eine bemerkenswert effiziente Pressekampagne sorgte dafür, daß die Nachricht von Wischnewskis Nordafrikareise auch die kleinsten Provinzstädte der Bundesrepublik erreichte.[398] Als schlagzeilenträchtig erwiesen sich dabei insbesondere der abenteuerlich-exotische Beigeschmack der illegalen Einreise nach Algerien,[399] die Stärke der algerischen Befreiungsarmee[400], ihre amerikanischen Uniformen[401] sowie die Rückführung deutscher Fremdenlegionäre[402] durch den FLN.

Mit finanzieller Unterstützung des FLN gab daneben ein "Arbeitskreis der Freunde Algeriens" seit September 1958 unter Verantwortung Wischnewskis die Zeitschrift *Freies Algerien* heraus, die zunächst vor allem offizielle Verlautbarungen und Materialien des FLN und des GPRA in deutscher Übersetzung veröffentlichte.[403]

Jungsozialisten und Parteivorstand

Obwohl diese Aktivitäten nicht parteioffiziellen Charakter trugen, wurden sie doch von außen dem Gesamterscheinungsbild der SPD zugerechnet. Die Reaktionen blieben nicht aus. Im Oktober beschwerte sich die französische Botschaft unter Hinweis auf die Aktivitäten Kalbitzers und Wischnewskis beim Parteivorstand über die "negative Haltung der SPD zur Algerien-Politik Frankreichs"[404].

Wischnewski, hierauf zu einem klärenden Gespräch geladen, berichtete am 10. November dem Präsidium[405] und am 27. November dem Außenpolitischen Ausschuß des Parteivorstands[406] über seine Reise:

Glänzend präpariert, legte er, den Aufzeichnungen zufolge, vor allem Wert darauf, seine Zuhörer davon zu überzeugen, daß er sich nicht mit Kryptokommunisten und ungepflegten Banditen eingelassen habe: Die "algerische Armee" sei "gut uniformiert (fast durchweg amerikanische Uniformen)", hätte "ordnungsgemäße Dienstgrade" und keinerlei "Ostwaffen", vielmehr ausschließlich Waffen aus dem Westen. Die meisten Offiziere hätten "eine ordnungsgemäße Ausbildung in Frankreich" genossen und seien "diszipliniert". Auch die "ordnungsgemäße Rückführung" desertierter deutscher Fremdenlegionäre werde, "oft unter finanziellen Opfern", gewährleistet.

Obwohl Bonn die algerische Exilregierung nicht anerkenne, glaube er, deren Vertreter überzeugt zu haben, "daß der Weg nach Pankow der schlechteste" sei. Daß die Regierung ihren Sitz vorläufig in Kairo habe, besage nicht, daß sie nasseristisch sei. Vielmehr hätten Tunesien und Marokko Frankreich zusagen müssen, die provisorische Regierung nicht bei sich zu beherbergen.

Der FLN wolle nach der Unabhängigkeit einen demokratischen und sozialen Staat aufbauen, doch sei der Einfluß der Gewerkschaften, der eine solche Entwicklung garantieren könne, noch zu gering. Die UGTA sei immerhin noch im IBFG, obwohl sie vom kommunistischen WGB "großzügige Unterstützung" erfahre.

Deutsche Hilfsmöglichkeiten bestünden vor allem in der Beschaffung von Asyl und Arbeitsplätzen für die 2500 in der Bundesrepublik lebenden Algerien-Flüchtlinge, in der Eindämmung des Zustroms deutscher Rekruten für die Fremdenlegion und in der "Kontaktpflege" mit der Delegation des FLN in der Bundesrepublik.

Auch seien die Algerier daran interessiert, ihre Gewerkschafter in Europa als Facharbeiter ausbilden zu lassen und für ihre Flüchtlingslager in Nordafrika Verbindungen zum Deutschen Roten Kreuz herzustellen.

In der anschließenden Aussprache[407] warnten vor allem Fritz Erler, Erich Ollenhauer und der außenpolitische Referent des Parteivorstands, Heinz Putzrath, davor, die Partei in der Algerienfrage politisch zu sehr zu exponieren: Arbeiterwohlfahrt und DGB, so Erler, seien die geeigneten Organisationen für die soziale und menschliche Unterstützung der Algerier in der Bundesrepublik. Je tatkräftiger dies geschehe, desto besser könne die Partei "mit reinem Gewissen" und der "notwendigen Delikatesse" die politischen Fragen angehen.

In verborgene Aktivitäten dürfe die Partei nicht verstrickt werden. Zwar gelte "das Selbstbestimmungsrecht auch für die Algerier". Doch solle sich die SPD - abgesehen von "einige[n] deutlichen[n] Worte[n] an Frankreich" - "nicht aktiv daran beteiligen, wie das Unabhängigkeitsbestreben durchgesetzt werden kann". Öffentliche Stellungnahmen blieben zwar "dem Individuum überlassen", doch dürfe dabei der sozialdemokratische Einfluß auf die Meinung in Frankreich nicht gefährdet werden. Die SPD könne sich aber für die Meinungsfreiheit der *Algerier* auf deutschem Boden einsetzen.

Unter Beschuß geriet vor allem die Mitarbeit Wischnewskis an der Zeitschrift *Freies Algerien*, die, wie Putzrath kritisch vermerkte, bis jetzt nur Übersetzungen von FLN-Verlautbarungen bringe und bereits in mehreren SPD-Bezirken den Eindruck erweckt habe, sie sei von Kommunisten unterwandert. Wenn auch, so

Ollenhauer, die Einzelarbeit frei sei, so bestehe doch für Funktionäre mit parlamentarischem Mandat "eine Verantwortung gegenüber der Partei".

Angestrebt wurde, mit anderen Worten, eine Algerienpolitik mit niedrigem Profil, die vorzugsweise auf dem politisch neutralen Feld der menschlichen und sozialen Hilfe stattfinden und von Verbänden getragen werden sollte, die der politischen Bühne ferner standen als die SPD als Partei.

Darüber hinausgehende politische Vorstöße sollten nur auf individueller Ebene, und auch hier nur mit der erforderlichen "politischen Delikatesse" erfolgen. Daß dies nicht immer leicht durchzusetzen war, liegt auf der Hand.

Insbesondere der umtriebige Wischnewski, der dank seines Bundestagsmandats eine gewisse Unabhängigkeit genoß und von algerischer Seite gern für heikle Aufgaben in Anspruch genommen wurde[408], machte dem Parteivorstand wiederholt Kopfzerbrechen. "Mir bleibt auch nichts erspart!" soll Ollenhauer gesagt haben, als Wischnewski am 25. April 1959 zum Bundesvorsitzenden der Jusos gewählt wurde.[409] Dessen ungeachtet wurde das enfant terrible am 5. Juli 1959 in den Außenpolitischen Ausschuß des Parteivorstands kooptiert.[410]

An der allgemeinen Orientierung der sozialdemokratischen Algerienpolitik sollte sich in den nächsten Jahren jedoch nichts mehr ändern. Vielmehr verstärkte sie sich in dem Maße, wie die SPD sich um eine *gemeinsame Außenpolitik* von Regierung und Opposition bemühte.

Algerienfrage und 'gemeinsame Außenpolitik'

Die zweite Berlin-Krise (1958-1963) und der Übergang zur 'gemeinsamen Außenpolitik' von Regierung und Opposition

Spätestens seit Chruschtschows Berlin-Ultimatum vom 27. November 1958 lebte die Bundesrepublik für mehrere Jahre unter dem Druck einer aggressiven sowjetischen Deutschlandpolitik, die die internationale Anerkennung der deutschen Zweistaatlichkeit erzwingen wollte und sich dabei immer wieder der Berlin-Frage als Hebel bediente.

Die offenkundige Bereitschaft Großbritanniens und der USA, der Sowjetunion notfalls auch auf Kosten des Berlin-Status und der deutschen Wiedervereinigung entgegenzukommen, führte zu einer überaus engen Bindung der Bundesregierung an Frankreich. Sie begünstigte aber auch den Gedanken einer *gemeinsamen Außen- und Deutschlandpolitik von Regierung und Opposition*.

Von Adenauer zunächst als Disziplinierungsmittel gegenüber der SPD gebraucht[411], wurde der Gedanke der gemeinsamen Außenpolitik in der SPD erfolgreich aufgegriffen und fand im Regierenden Bürgermeister von West-Berlin, Willy Brandt, eine ko-hegemoniale Entsprechung aus der Opposition.[412]

Mit der Bundestagsrede Herbert Wehners vom 30. Juni 1960 und der Nominierung Brandts zum SPD-Kanzlerkandidaten im November gleichen Jahres schwenkte die SPD auf die außenpolitischen Fundamentalprämissen des Regierungsparteien ein, stellte nach dem Bau der Berliner Mauer 1961 den Anspruch, auf dieser Grundlage in eine nationale *Allparteienregierung* aufgenommen zu werden, und begann kurz darauf mit der CDU/CSU Verhandlungen über eine Große Koalition. Die Außenpolitik, in den fünfziger Jahren trennende Kluft zwischen Regierung und Opposition, sollte zur Brücke zwischen ihnen werden.

Für die Algerienpolitik der SPD bedeutete dies, (1) nichts zu unternehmen, was die deutsch-französischen Beziehungen ernsthaft belasten konnte, und (2) vorhandene außenpolitische Spielräume möglichst einvernehmlich mit der Bundesregierung zu nutzen.

Solche Spielräume gab es durchaus: Auch die Bundesregierung war daran interessiert, daß die neue algerische Exilregierung keine diplomatischen Beziehungen zur DDR aufnahm und damit einen gefährlichen Präzedenzfall in der arabischen Welt schuf.[413] Je mehr sich die Anzeichen verdichteten, daß auch de Gaulle Direktverhandlungen mit dem FLN und die Unabhängigkeit Algeriens anstrebte[414], mußte der Bundesregierung - ebenso wie den anderen westlichen Partnern Frankreichs[415] - daran gelegen sein, durch behutsame Kontaktpflege und diskrete Gefälligkeiten gegenüber dem FLN die eigenen Interessen zu wahren und dem sowjetischen Einfluß in Nordafrika entgegenzuwirken.

Da es der Bundesregierung gleichzeitig darum ging, die französische Verhandlungstaktik gegenüber dem FLN[416] nicht durch eigene Vorstöße zu stören, war eine Beteiligung der Opposition an solchen Bemühungen durchaus wünschenswert.

Sozialdemokratische Algeriensolidarität als Nebenaußenpolitik

Wenn wir, einer Definition *Heinrich Triepels* folgend, von privater Außenpolitik immer dann sprechen, "wenn eine oder mehrere Privatpersonen selbständig die Beziehungen ihres Staats zu fremden Staaten unmittelbar zu gestalten suchen", und zwar im Bewußtsein, "daß ihre Handlung einen Ersatz für die amtliche Politik oder eine Ergänzung zu dieser bildet", wobei - trotz fließender Grenzen im Einzelfall - grundsätzlich zwischen Gegenspielern, Nebenspielern und Mitspielern der Regierung zu unterscheiden ist[417], so können wir die Algerienpolitik der SPD seit Ende 1958 am ehesten als private *Neben*außenpolitik bezeichnen: Ohne beauftragte Gehilfen der Bundesregierung zu sein, knüpften Mitglieder der Partei auf eigene Faust im In- und Ausland Beziehungen, deren Pflege auch dem Auswärtigen Amt erwünscht war.

Obwohl in der Bundesrepublik, ähnlich wie in Frankreich, auch engagierte Katholiken und CDU-Mitglieder dem FLN gute Dienste leisteten[418] und obwohl die Bundesregierung die Tätigkeit der Bonner FLN-Delegation meist ebenso tolerierte wie den illegalen Aufenthalt Tausender Algerier auf deutschem Boden[419], kam es der Bundesregierung durchaus gelegen, gegenüber ihren französischen Gesprächspartnern behaupten zu können, nicht sie, sondern die Opposition helfe dem FLN. "Da sinse bei mir janz verkehrt, Herr Botschafter. Da müssense zur SPD jehen, ich kann da jar nix machen", soll Adenauer dem französischen Botschafter auf einschlägige Beschwerden geantwortet haben.[420] Auch die SPD vermied jedoch nach Möglichkeit politische Konfrontationen. Zwischenfälle wie in Bad Kreuznach am 26.November 1958, als der Falken-Vorsitzende Heinz Beinert das Treffen Adenauers mit de Gaulle durch das Verteilen proalgerischer Flugblätter störte,[421] blieben die Ausnahme. Hans-Jürgen Wischnewski zog auf Anraten des Parteivorstands Anfang 1959 seinen Namen vom Impressum der Zeitschrift *Freies Algerien* zurück.[422] Und auf dem Godesberger Parteitag im November 1959 wurde ein Resolutionsentwurf bei nur 97 Ja-Stimmen mit großer Mehrheit verworfen[423], der die Partei hatte bestimmen wollen, "weder direkt noch indirekt" eine Politik zu unterstützen, "mit der die Aufrechterhaltung kolonialer Verhältnisse bewirkt" werde.[424] Die SPD-Bundestagsfraktion hätte im Falle der Annahme indirekt verpflichtet werden können, gegen die bundesdeutschen EWG-Zahlungen an Frankreich zu stimmen.[425] Im Februar 1960, am Vorabend der großen außenpolitischen Bundestagsdebatte zur deutschen Einheit, verständigte sich die Bundestagsfraktion auf Vorschlag Fritz Erlers ausdrücklich darauf, "[w]egen der augenblicklichen politischen Situation" weder "die Fragen der diplomatischen Beziehungen zu osteuropäischen Ländern", noch "das Algerienproblem" anzuschneiden.[426]

Politische Kritik an Frankreich wurde im Zusammenhang mit der Algerienfrage nur dort geübt, wo es um Fragen der deutschen Souveränität ging und die französische Regierungsspitze nicht unmittelbar getroffen werden konnte: (1) in der Frage der Fremdenlegion, (2) in der Frage anti-algerischer Mordanschläge französischer Geheimdienstorganisationen auf deutschem Boden und (3) in der Frage der deutschen Handelsschiffe, die die französische Kriegsmarine unter dem Verdacht aufbrachte, sie transportierten Rüstungsgüter für den FLN.

Da die Anwerbung deutscher Bürger für die *Fremdenlegion* bereits im Zweiten Strafrechtsänderungsgesetz vom 6. März 1953 grundsätzlich unter Strafe gestellt worden war, konnte sich die SPD im Bundestag in dieser Frage darauf beschränken, ein ergänzendes deutsch-französisches Abkommen zur Entlassung *minderjähriger* Deutscher aus der Legion zu verlangen[427] und die Bundesregierung in Einzelfällen aufzufordern, deutsche Legionäre vor der französischen Militärjustiz zu schützen und Deserteuren die Flucht nicht unnötig zu erschweren.[428]

Außerhalb des Parlaments versuchten vor allem die Jungsozialisten, Jugendliche vom Anschluß an die Legion abzuhalten bzw. zur Rückkehr nach Deutschland zu bewegen.[429] Die vom FLN übernommene Behauptung, 70 Prozent der Fremdenlegionäre in Algerien seien Deutsche[430], gab wiederholt zu besorgten Hinweisen Anlaß, daß hierdurch das deutsche Ansehen beschädigt und das diplomatische Werben Pankows in Afrika begünstigt werde.[431] Um so deutlicher wurden die Verdienste des vom FLN betriebenen Rückführungsdienstes für geflüchtete Fremdenlegionäre hervorgehoben[432] und in den Wunsch übersetzt, die Bundesregierung möge sich dafür in der Behandlung der algerischen Flüchtlinge in der Bundesrepublik erkenntlich zeigen.[433]

Dramatischer schienen allerdings die *Terroranschläge*, mit denen die französische Geheimdienstorganisation "Rote Hand" (*Main Rouge*) Mitglieder und Waffenhändler des FLN in der Bundesrepublik überzog.[434] Die auffallend schleppenden Ermittlungen der deutschen Strafverfolgungsbehörden in den Fällen Ait Ahcène[435] und Puchert[436] veranlaßten die SPD 1959 wiederholt zu Anfragen im Bundestag[437], die allerdings nie zur Konsequenz konkreter Anträge reiften.

Da auch die algerischen Organisationen in der Bundesrepublik sich nicht immer gewaltfrei verhielten, schien es ohnedies aussichtsreicher, alle Beteiligten in diskreter Form zu einem stillen Gewaltverzicht auf deutschem Boden zu veranlassen.[438]

Auch das Aufbringen deutscher Handelsschiffe durch französische Streitkräfte[439] bot wenig Stoff für parlamentarische Kontroversen, da die Erregung darüber quer durch alle Parteien ging[440], die Bundesregierung in Paris mehrfach protestierte[441] und die mangelhaften Beschränkungen des Waffenexports aus der Bundesrepublik Frankreich durchaus Grund zum Argwohn gaben.[442] Daß der SPD-geführte Senat der Freien und Hansestadt Hamburg im Dezember 1960 einen Besuch französischer Kriegsschiffe demonstrativ für "unerwünscht" erklärte,[443] hing eher mit der besonderen Interessenlage Hamburgs als Sitz zahlreicher betroffener Reedereien und als Zentrum der bundesdeutschen Überseeschiffahrt zusammen.

Wie wenig man in dieser Frage eine Grundsatzkontroverse mit der französischen Regierung heraufbeschwören wollte, zeigt die Tatsache, daß Regierungsparteien und Opposition 1961 gemeinsam dem *Kriegswaffenkontrollgesetz* zustimmten[444], mit dem die Bundesregierung erklärtermaßen die deutschen Waffenlieferungen an den FLN unterbinden wollte.[445]

Sozialdemokratische Algeriensolidarität: die außerparlamentarische Dimension

Die wichtigsten Aktivitäten der sozialdemokratischen Algeriensolidarität fanden allerdings außerhalb des Parlaments statt. Abgesehen von konspirativen Dienstleistungen hochmotivierter Einzelpersonen und Kleingruppen[446], handelte es sich dabei in erster Linie um den Versuch, mit Hilfe des DGB und der Wohlfahrtsverbände den algerischen Flüchtlingen in der Bundesrepublik und in Nordafrika zu helfen.

Peter Blachstein und der Geschäftsführer der SPD-Bundestagsfraktion, Dr. Walter Menzel, hatten sich schon 1958 beim Präsidenten des Deutschen Roten Kreuzes (DRK), Dr. Heinrich Weitz, für eine Unterstützung algerischer Flüchtlinge durch das DRK verwandt und dabei nicht zuletzt auf die entsprechenden Leistungen des Roten Kreuzes der SBZ/DDR verwiesen.[447] Am 16. März 1959 beauftragte das Präsidium des Parteivorstands Heinz Putzrath und Hans-Jürgen

Wischnewski, in Zusammenarbeit mit der Arbeiterwohlfahrt und dem DGB Vorschläge für die Flüchtlingshilfe zu erarbeiten.[448]

Die Hilfskomitees für algerische Flüchtlinge

Zu diesem Zeitpunkt konnte man bereits auf einschlägige Erfahrungen im Raum Stuttgart zurückgreifen, wo im Frühsommer 1958 auf private Initiative mehrerer Mitglieder des DGB-Ortsausschusses[449] das erste Hilfskomitee für algerische Flüchtlinge in der Bundesrepublik entstanden war.

Ursprünglich nur von den Gewerkschaften, der SPD, der Arbeiterwohlfahrt und den Naturfreunden getragen, hatte das Komitee bald auch die christlichen Hilfsorganisationen (Caritas, Evangelisches Hilfswerk, Innere Mission), den Ring Politischer Jugend sowie den Ausschuß für heimatlose Ausländer in Baden-Württemberg zur Mitarbeit gewinnen können und begonnen, die Flüchtlinge mit Überbrückungsgeldern, Notunterkünften, Sprachkursen, Arbeitsplatzvermittlung und Hilfen bei der 'Legalisierung' ihrer Existenz zu unterstützen.[450]

Hilfskomitees in anderen Städten kamen bald hinzu.[451] Gemeinsam mit dem Kölner "Büro zur sozialen Betreuung nordafrikanischer Arbeiter", einer Außenstelle der UGTA, die der DGB in Zusammenarbeit mit Hans-Jürgen Wischnewski im Januar 1961 zur Koordination der bundesweiten Selbsthilfe-Ausschüsse algerischer Arbeiter eingerichtet hatte[452], leisteten sie einen wesentlichen Beitrag zur praktischen Unterstützung der in der Bundesrepublik lebenden Algerier.

Die Arbeiterwohlfahrt

Für die *Arbeiterwohlfahrt*, in deren Heimen ein Teil der algerischen Flüchtlinge vorübergehend Obdach fand,[453] bot sich vor allem das "Weltflüchtlingsjahr" der Vereinten Nationen (1959/1960)[454] als äußerer Anlaß für besondere Hilfsaktivitäten im In- und Ausland. Im Sommer 1959 begann der Hauptausschuß der Arbeiterwohlfahrt, zunächst Textilien und Seife für die algerischen Flüchtlinge nach Tunesien und Marokko zu schicken und zu Spenden für die Algerienhilfe aufzurufen.[455] Im Frühjahr 1960 beschloß er, als offiziellen Beitrag der Arbeiterwohlfahrt zum Weltflüchtlingsjahr in Tunis ein Heim für algerische Flüchtlingskinder zu errichten.[456]

Im Rahmen des Internationalen Arbeiterhilfswerks (IAH) beteiligte sich die Arbeiterwohlfahrt darüber hinaus an der Finanzierung des Ausbildungszentrums "Aissat Idir" in Tunis, das jugendliche Flüchtlinge für handwerkliche Berufe ausbildete.[457]

Der Deutsche Gewerkschaftsbund

Der DGB, der der UGTA bei ersten Kontakten im Frühjahr 1958 noch kühl begegnet war[458], hatte mindestens drei Gründe, die eigene Algerien-Hilfe seit 1959 auch öffentlich zu betonen: (1) die deutsch-deutsche Gewerkschaftskonkurrenz mit dem ostdeutschen FDGB, (2) den internationalen Verteilungskampf um die neu entstehende Gewerkschaftslandschaft des unabhängigen Afrika und (3) den tragischen Foltertod des Generalsekretärs der UGTA, Aissat Idir.

Zu (1): Zum einen waren die Sowjetunion und ihre Verbündeten parallel zu Chruschtschows Berlin-Ultimatum Ende 1958 im Maghreb zu einer offensiveren Unterstützung des algerischen Widerstands übergegangen.[459] Am 13. November 1958 hatte das Ministerium für Auswärtige Angelegenheiten der DDR in einer offiziellen Erklärung[460] die Diskriminierung von Algeriern in der Bundesrepublik[461] angegriffen und "allen algerischen Patrioten, denen es auf Grund der Unterstützung der Kolonialpolitik der französischen Regierung durch die Regierung der Deutschen Bundesrepublik unmöglich ist, weiterhin in Westdeutschland zu arbeiten", Arbeits- und Studienplätze in der DDR zugesagt. Nach Angaben der UGTA stand der ostdeutsche FDGB schon im Frühjahr 1959 "an erster Stelle" der internationalen Gewerkschaftshilfe für Algerien.[462]

Zu (2): Zum anderen schienen die energischen Versuche der von Sékou Touré geleiteten *Union Générale des Travailleurs d'Afrique Noire* (UGTAN), die afrikanischen Gewerkschaften aus den bestehenden internationalen Dachverbänden (IBFG, WGB, IBCG) herauszulösen[463], der UGTA zusätzliche Möglichkeiten zu geben, westliche und östliche Gewerkschaft gegeneinander auszuspielen.[464]

Zu (3): Als schließlich der Generalsekretär der UGTA, Aissat Idir, Ende Juli 1959 unter ungeklärten Umständen in französischer Militärhaft 'Selbstmord' beging[465], gerieten mit dem IBFG auch dessen westeuropäische Mitgliedsgewerkschaften unter moralischen Solidaritätsdruck.

Bereits im Juni 1959 hatte der Vorsitzende des DGB, Willi Richter, in Düsseldorf eine Delegation algerischer Gewerkschafter empfangen und mit Empfehlungsschreiben ausgestattet, die es ihnen u.a. erleichterten, im Stuttgarter DGB-Haus ein Verbindungsbüro der *Association Générale des Travailleurs Algeriens* (AGTA), des 1957 gegründeten französischen Ablegers der UGTA, einzurichten.[466]

Auf dem 5. Bundeskongreß des DGB (Stuttgart, 7.-12. September 1959), wo der Mord an Aissat Idir mehrfach zur Sprache kam[467], rief Richter unter dem 'lebhaften Beifall' der Delegierten dazu auf, dem algerischen Volk, dessen "Selbstbestimmungsrecht" auf eine Ebene mit der Forderung nach Wiedervereinigung Deutschlands zu stellen sei, "die Freiheit" zu geben.[468]

Die Entschließung über "Internationale Solidarität (Algerienhilfe)", die der Kongreß auf Antrag der IG Metall verabschiedete[469],l sprach eine noch deutlichere Sprache: "Die großzügige Unterstützung der Algerier durch die kommunistischen Länder", hieß es darin, "beschwört politische Gefahren herauf, vor denen die verantwortlichen Stellen in der Bundesrepublik nicht die Augen verschließen sollten."

Der DGB wolle "bei den nötigen Hilfsmaßnahmen mit gutem Beispiel vorangehen." Im einzelnen gehe es dabei darum, die algerischen Flüchtlinge in der Bundesrepublik gewerkschaftlich zu organisieren und durch Sprachkurse, gewerkschaftliche Beihilfen zur Berufsausbildung sowie Vermittlung von Grundkenntnissen über die deutsche Gewerkschaftsbewegung zu unterstützen, um sie "über die Linderung unmittelbarer Not hinaus ... zu befähigen, nach der Rückkehr in ihre Heimat tatkräftig am Aufbau freier algerischer Gewerkschaften und einer leistungsfähigen Wirtschaft mitzuarbeiten".

Was die algerischen Flüchtlinge in Tunesien und Marokko betreffe, so solle der DGB an der "Aktion Milchflasche" des Deutschen Roten Kreuzes mitwirken, die Betreuung algerischer Flüchtlingskinder aus Mitteln des internationalen Solidaritätsfonds des IBFG sicherstellen und Möglichkeiten prüfen, die Berufsausbildung junger algerischer Arbeitnehmer "an Ort und Stelle oder durch Entsendung von Praktikanten in die Bundesrepublik" zu fördern.

Noch im gleichen Monat trafen die ersten algerischen Stipendiaten der IG Bau-Steine-Erden in der Bundesrepublik ein. In den folgenden Jahren unterstützte der DGB die UGTA vor allem auf folgenden Gebieten: er subventionierte das Kölner "Büro zur sozialen Betreuung nordafrikanischer Arbeiter", stellte Fortbildungsstipendien für algerische Arbeiter zur Verfügung, vermittelte algerischen Flüchtlingen in der Bundesrepublik Arbeitsplätze, half bei ihrer sozialen Betreuung mit, bot gewerkschaftliche Schulungskurse an und unterstützte die Belange der UGTA im IBFG.[470]

Algerienflüchtlinge und Asylrecht

Die Hauptschwierigkeit, den algerischen Flüchtlingen in der Bundesrepublik zu helfen, bestand darin, daß ihnen der Asylanten-Status versagt blieb, weil sie formal als französische Staatsbürger galten. Um bleiben, wohnen und arbeiten zu können, waren sie auf die Gnade der örtlichen Polizeibehörden angewiesen. Schikanöse Kontrollen, Ausweisungen und sogar Auslieferungen an die französische Polizei waren keine Seltenheit und veranlaßten die Staaten der Arabischen Liga am 30. November 1959 schließlich zu einer offiziellen Beschwerde beim Auswärtigen Amt.[471]

Die Forderung des Hannoveraner Parteitags der SPD (21.-25. November 1960), den algerischen Flüchtlingen das Asylrecht zu gewähren[472], blieb formal unerfüllt, doch hörten Ende 1960, im Vorfeld des Algerien-Referendums de Gaulles,[473] die Abschiebungen von Algeriern nach Frankreich faktisch auf.[474] Sie wichen einer Regelung, die den Neuankömmlingen einen dreimonatigen Aufenthalt zugestand, der verlängert wurde, falls sie nicht straffällig wurden.[475]

Knapp 24 Stunden nach dem französischen Algerien-Referendum vom 6. bis 8. Januar 1961, am Montag, dem 9. Januar 1961, gab Hans-Jürgen Wischnewski auf einer Festveranstaltung in Köln, an der über hundert algerische Flüchtlinge, Delegierte aller arabischen Botschaften, Vertreter des DGB, der Arbeiterwohlfahrt und des Kölner Stadtrats teilnahmen, bekannt, daß die Schwierigkeiten, die die algerischen Flüchtlinge früher in der Bundesrepublik gehabt hätten, nun weitgehend behoben seien.[476]

Anachronistische Querschüsse der deutschen Sicherheitsbehörden, die es fertigbrachten, noch während der französisch-algerischen Friedensverhandlungen von Evian[477] im Mai 1961 drei FLN-Funktionäre, darunter den Leiter der Bonner FLN-Delegation und späteren Botschafter Algeriens in der Bundesrepublik, Hafid Keramane, zu verhaften, konnten von Wischnewski in vertraulicher Zusammenarbeit mit dem Auswärtigen Amt schnell entschärft werden.[478]

Algerische Studenten an bundesdeutschen Hochschulen

Zahlenmäßig weit weniger bedeutsam, doch für den FLN von hohem Prestigewert war die Unterbringung algerischer *Studenten* an bundesdeutschen Hochschulen. Bereits im Sommer 1958 hatte der Vorstand des VDS nach Verhandlungen mit der UGEMA[479] dazu aufgerufen, für algerische Studenten Studienplätze und Stipendien bereitzustellen, damit diese nicht in die Sowjetunion oder gar in die DDR abwanderten.[480]

Auch die Bonner FLN-Delegation hielt das Thema für wichtig genug, um es auf ihrer ersten Pressekonferenz, am 2. September 1958 im Haus der Hamburger SPD, ausführlich anzuschneiden und von Hellmut Kalbitzer die erste Zusage eines Hochschulstipendiums, gestiftet von ihm und seinen Hamburger Bundestagskollegen, entgegenzunehmen.[481]

Obwohl das Problem damals in jeder Beziehung akademischer Natur war - die Zahl der algerischen Studenten an deutschen Universitäten wurde 1958 auf zwei bis fünf geschätzt[482] - verabschiedete wenig später auch die 13. Delegiertenkonferenz des SDS (Mannheim, 22. - 23. Oktober 1958) eine Entschließung, in der verlangt wurde, den algerischen Studenten "ausreichende Mittel zum Studium an einer westdeutschen Universität zur Verfügung" zu stellen, "da immer mehr Algerier gezwungen werden, an kommunistischen Hochschulen zu studieren"[483].

Aufgrund einer Dokumentation des VDS-Vorstands vom Januar 1959 beschloß die elfte Mitgliederversammlung des VDS im März gleichen Jahres, (1) die bundesdeutsche Öffentlichkeit über die Lage der algerischen Studenten aufzuklären und sich (2) für die Bereitstellung von Stipendien einzusetzen. In Zusammenarbeit mit dem *World University Service*, der *Evangelischen Studentengemeinde in Deutschland* und der *Katholischen Deutschen Studenten-Einigung* wurden bis Anfang 1960 24 algerische Studenten finanziert, großenteils aus studentischen Spenden.[484]

Danach gelang es, durch Vermittlung Hans-Jürgen Wischnewskis beim Auswärtigen Amt Sondermittel der Bundesregierung zu erschließen, die eigentlich für geflüchtete Studenten aus Ostblockstaaten bestimmt waren. Das hierbei gewählte Verfahren nutzte den antikommunistischen Grundkonsens der Bundesrepublik in ebenso eleganter wie verschmitzter Weise als Vehikel internationaler Solidarität: Die UGEMA legte in Absprache mit dem VDS-Vorstand vorab vertrauliche Listen von Studenten fest, denen sie einen Studienplatz in der Bundesrepublik zu verschaffen wünschte. Die betreffenden Studenten wurden dann zunächst in die "SBZ" geschickt, um einen Deutschkurs zu absolvieren und 'flüchteten' danach verabredungsgemäß in die Bundesrepublik, wo sie aufgrund ihrer Flucht aus einem Ostblockstaat in den Genuß eines Stipendiums kamen[485] und durch ihre Anwesenheit zugleich die Befürchtung zerstreuten, Industrie und Verwaltung Algeriens würden nach der Unabhängigkeit von kommunistisch geschulten Kadern unterwandert werden.[486]

"Präsenz und Repräsentation": Algerien und die deutsche Entwicklungspolitik

'Godesberger Wende' und der Aufstieg der 'Entwicklungspolitik'

Das scheinbar unpolitische, rein menschlich-technische Antlitz solcher Aktivitäten entsprach dem 'Godesberger' Zeitgeist der deutschen Sozialdemokratie: dem Versuch, die Zeit der 'großen' politisch-ideologische Kontroversen zu beenden und die Zukunft der Menschheit als ethisch-technische Sachaufgabe anzugehen, in der sich die SPD, dank ihrer größeren sozialtechnischen Kompetenz, im Kleinen wie im Großen durchsetzen würde.

Diesem Projekt entsprach in idealer Weise ein neues außenpolitisches Sachgebiet, das sich seit Mitte der fünfziger Jahre neben die 'klassische' Außenpolitik schob und von der SPD 1960 mit der Forderung besetzt wurde, dafür neben dem Auswärtigen Amt sogar ein eigenes Ministerium zu schaffen: die "Entwicklungspolitik".[487]

Im Gegensatz zur klassischen Außenpolitik operierte die Entwicklungspolitik mit einem vordergründig unpolitischen, teils humanitären, teils sozialtechnischen Anspruch. Ihr zentraler Vorwurf an die herkömmliche Politik lautete gerade, daß diese die Wirtschaftshilfe an unterentwickelte Länder unter 'politischen' und nicht nach 'sachlichen' Gesichtspunkten verteile. Eben dies machte die Entwicklungspolitik zu einem idealen Feld für hegemoniale Projekte, die die Macht nicht durch Konturierung, sondern durch Verschleifen politischer Gegensätze erobern wollten.

Mitte der fünfziger Jahre hatte der selbstbewußte *Aktivismus* der blockfreien Staaten Asiens und Afrikas in der SPD noch oppositionelle deutschlandpolitische Visionen gestützt. Aber spätestens seit Ende der fünfziger Jahre wurden zunehmend das *Leiden* und die *Hilfsbedürftigkeit* der *unterentwickelten* Länder angesprochen, um eine neue 'Entwicklungspolitik' zu begründen, die im Ost-West-Konflikt zahlreiche Funktionen erfüllen sollte. Innenpolitisch hatte die Entwicklungspolitik allerdings die willkommene Nebenwirkung, der Sozialdemokratie eine zumindest halboffizielle Beteiligung an der bundesdeutschen Außenpolitik zu ermöglichen, von der Adenauer sie fast ein Jahrzehnt lang erfolgreich ausgeschlossen hatte.

Niemand hatte dies klarer erkannt als *Herbert Wehner*: Das "zunehmende Inerscheinungtreten der Völker Asiens, Afrikas und auch Lateinamerikas", erklärte Wehner 1960 auf dem Hannoveraner Parteitag der SPD, öffne den Deutschen zwar auf kurze Sicht keine "Hintertür" aus dem Ost-West-Konflikt. Hingegen biete es Gelegenheit zu einer großen "Gemeinschaftsleistung der demokratischen Parteien und der ganzen Bevölkerung der Bundesrepublik".

Das vielschichtige Problem der Entwicklungshilfe sei nämlich - neben seinen finanz-, handels-, wirtschafts- und kulturpolitischen Seiten - "vor allem das Problem der politischen Präsenz" in den Entwicklungsländern. "Präsenz", so Wehner, sei "noch mehr als Repräsentation. Es ist auch die Bereitschaft zu Rat und Tat." Gerade dies könne aber nicht gewährleistet werden, wenn die Bundesrepublik in diesen Ländern "nur im konventionellen Sinne" vertreten sei. Vielmehr müsse "in den diplomatischen Vertretungen und ihren Hilfsorganen" auch "die reiche, farbige Palette unserer freien demokratischen Organisationen und Institutionen zur Geltung kommen"[488].

Die Unterscheidung von Präsenz und Repräsentation erwies sich gerade am Beispiel Algerien als bedeutend, wo die Bundesregierung die Verbindung zu den alten, die SPD hingegen die Verbindung zu den kommenden Machthabern gepflegt hatte. Führende Exponenten der sozialdemokratischen Algerien-Solidarität wie Hellmut Kalbitzer und Hans-Jürgen Wischnewski waren maßgeblich auch an den entwicklungspolitischen Planungen der Partei beteiligt.[489]

Algeriensolidarität und Deutschlandpolitik

Bereits im Sommer 1959 konnten die Jungsozialisten auch auf den deutschlandpolitischen Nutzen ihrer Nordafrika-Arbeit verweisen: Es gelang ihnen, rund fünfzig tunesische, algerische und marokkanische Jugendfunktionäre, die die kommunistischen Weltjugendfestspiele in Wien (26. Juli bis 5. August 1959)[490] besucht hatten, anschließend zu einem deutschlandpolitischen Kontrastprogramm in die Bundesrepublik einzuladen.[491] Während der Weltjugendfestspiele von Helsinki im Sommer 1962, ein Jahr nach dem Bau der Berliner Mauer, gelang ein ähnlicher Coup: Die Jungsozialisten warben zweihundert Festspielteilnehmer aus Ländern der Dritten Welt, darunter allein 73 Tunesier, für einen anschließenden Besuch der Bundesrepublik und Berlins. "Berlin hat jetzt 73 Botschafter in Tunesien", erklärte anschließend der Leiter der tunesischen Delegation.[492]

Die Beziehungen der Jungsozialisten nach Tunesien waren seit 1958 schnell und zielstrebig ausgebaut worden. Hans-Jürgen Wischnewski, der die tunesischen Delegierten nach den Weltjugendfestspielen von Wien im August 1959 durch die

Bundesrepublik begleitet hatte, wurde Anfang September 1959 in Tunesien von nahezu der gesamten Staatsspitze empfangen[493] und begleitete im Anschluß daran vom 16. bis 23. September eine vierzigköpfige Delegation der Jungsozialisten bei einer Rundreise durch das Land.[494] Im Gegenzug wurde der Generalsekretär der Neo-Destour-Jugend und Präsident der tunesischen Jugendverbände, Mahmoud Maamouri, von den Jungsozialisten für vierzehn Tage in die Bundesrepublik eingeladen. Neben Informationsgesprächen und Besichtigungen in Frankfurt, Köln, Bonn und Hannover wurde er dabei, während eines dreitägigen Aufenthalts in Berlin, auch von Willy Brandt zu einer längeren Unterredung empfangen.[495] Bei einem weiteren, sechstägigen, Deutschlandbesuch im März 1960 lud Maamouri eine Delegation der Jungsozialisten für April 1960 zu einem panafrikanischen Jugendseminar nach Tunis ein.[496] Das Freundschaftsabkommen, das eine Delegation der Jungsozialisten unter Hans-Jürgen Wischnewski und Horst Seefeld auf einer zehntägigen Reise durch Tunesien im Herbst 1962 mit der Neo-Destour-Jugend vereinbarte, sah einen verstärkten Austausch von Delegationen, Informationsmaterialien und Referenten, gegenseitige Hospitanzen von hauptamtlichen Mitarbeitern sowie gegenseitige Einladungen zu wichtigen Tagungen und Konferenzen vor.[497]

Wie wichtig solche Kontakte auch auf staatspolitischer Ebene waren, trat seit 1960, dem "Jahr Afrikas", immer deutlicher zutage. Siebzehn schwarzafrikanische, überwiegend frankophone Staaten[498] waren im Laufe dieses Jahres in die Unabhängigkeit entlassen worden. Weitere folgten in den nächsten Jahren. Die Zahl der Mitglieder der UNO stieg zwischen 1959 und 1962 von 83 auf 110. Die Aufgabe, in den neuen Staaten funktionsfähige diplomatische Vertretungen aufzubauen und der Anerkennung der DDR entgegenzuwirken, stellte den Auswärtigen Dienst der Bundesrepublik vor nicht geringe Herausforderungen. Die Verbindungen der Jungsozialisten zum FLN und zur tunesischen Regierung und die Verbindungen des FLN und Tunesiens zu den Staaten Schwarzafrikas[499] boten den entsprechend engagierten Sozialdemokraten oft bessere Präsenzmöglichkeiten vor Ort als der offiziellen Diplomatie und machten sie zu einem willkommenen Partner der Bonner Afrikapolitik.

Daß Hans-Jürgen Wischnewski zum Mißvergnügen konservativer deutscher Blätter[500] im Januar 1960 demonstrierend an der französischen Botschaft in Tunis vorbeizog, um die Räumung des Flottenstützpunkts Biserta zu fordern[501], wurde dadurch aufgewogen, daß dies anläßlich der zweiten Konferenz afrikanischer Völker[502] geschah, an der er als einziger deutscher Politiker teilnahm.[503] Wischnewski, so SPD-Pressesprecher Franz Barsig unter Berufung auf die deutsche Botschaft in Tunis, habe es vermocht, "[d]urch seine guten Beziehungen, insbesondere zu den nordafrikanischen Politikern, ... allen Versuchen von sowjetzonaler Seite, sich als die alleinigen Freunde und Helfer der jungen Völker Afrikas auszugeben, erfolgreich entgegenzuwirken"[504].

Daß die Republik Guinea im März 1960 diplomatische Beziehungen zur DDR anzubahnen schien[505], unterstrich die Bedeutung der sozialdemokratischen Präsenz in Afrika. Der Kampf gegen den Kommunismus in Afrika, folgerte Wischnewski damals, müsse "wendiger, aber auch härter geführt werden". Gewerkschaften und Parteien seien dazu oft besser geeignet als Botschaften.[506] Selbst bundesdeutsche Diplomaten räumten insgeheim ein, daß Abgeordnete der Opposition in ihren Kontakten in Afrika oft weiter gehen konnten als die Beamten des Auswärtigen Amtes, die ständig Rücksicht auf Frankreich nehmen mußten.[507]

Algier zumindest werde Ostberlin *nicht* anerkennen, konnte Wischnewski auf einer Pressekonferenz im September 1962 verkünden und dies mit einer beeindruckenden Bilanz in Verbindung bringen: Rund viertausend Algerier hätten ihr politisches Exil in der Bundesrepublik verbracht; etwa hundert hätten als Stipendiaten an deutschen Universitäten studiert, zahlreiche Praktikanten eine Berufsausbildung erhalten, vierzig junge Gewerkschaftssekretäre seien hier auf ihre Aufgaben im Heimatland vorbereitet worden; 50-60 Prozent der 180 arabischen Algerier auf der 196 Personen umfassenden Kandidatenliste für die bevorstehenden Wahlen zur algerischen Nationalversammlung[508] würden die Bundesrepublik aus eigener Anschauung kennen. Das unabhängige Algerien werde "ein sehr wichtiger und bedeutender Platz nicht nur für die arabische, sondern auch für die ganze afrikanische Politik der Bundesrepublik sein"[509].

Sozialdemokratische Algeriensolidarität: Ertrag und Preis

Der Beitrag der SPD zum algerischen Unabhängigkeitskampf sollte allerdings insgesamt nicht überbewertet werden. Zumindest über ihren Bekanntheitsgrad in den Reihen des FLN darf man sich keinen Illusionen hingeben. *Mohammed Harbi*, seit 1957 in zahlreichen Führungspositionen der *Fédération de France* und des FLN-Apparats tätig, widmet in seinem Standardwerk zur Geschichte der algerischen Befreiungsfront den deutschen Sozialdemokraten z.B. gerade eine halbe, aber aufschlußreiche Fußnote:

> "Plusieurs parlementaires européens s'affirmeront à l'occasion de leur engagement sur l'Algérie. C'est le cas des députés du Bundestag allemand tels que Blackstein [!], Kalkitger [!], et Wichenski [!], qui deviendra ministre des Affaires arabes [!]."[510]

Dennoch: für die entwicklungspolitische Profilierung der SPD und die Beziehungen der Bundesrepublik zur Dritten Welt war die sozialdemokratische Algeriensolidarität von erheblicher Bedeutung. Eine diskrete Nebenaußenpolitik engagierter Individuen und sozialer Verbände im Umfeld der SPD hatte ein beachtliches Potential an getesteten Freundschaften, Kontakten und Vertrauen zur Elite eines wichtigen "Entwicklungslandes" entstehen lassen - ein Beziehungskapital, das die Sozialdemokratie später immer wieder in die bundesdeutsche Außenpolitik einbringen konnte.[511]

Ein erster Triumph war bereits der Düsseldorfer Bundeskongreß der Jungsozialisten vom 17.-19. November 1961. Dank geschickter Regie des scheidenden

Bundesvorsitzenden Wischnewski fand er in Anwesenheit einer beeindruckenden Fülle afrikanischer und asiatischer Gäste statt - Teilnehmern eines aus 20 Ländern Asiens und Afrikas beschickten Seminars in Bergneustadt.[512] In bewegten Worten dankte der ehemalige Ministerpräsident Marokkos, Abdallah Ibrahim, den Gastgebern in Düsseldorf "für alles, was die SPD und die Jungsozialisten für unsere Völker getan haben".[513]

Die erfolgreiche Nebenaußenpolitik in Nordafrika hatte jedoch auch ihren Preis. Liest man die damaligen Algerien-Berichte sozialdemokratischer Politiker und Journalisten[514], so findet man kaum einen Hinweis darauf, warum sich viele algerische Revolutionäre nach der Unabhängigkeit enttäuscht vom FLN abwandten und von einer gescheiterten Revolution sprachen.[515]

Die meisten Berichte zeigten den FLN so, wie er wohl selbst gern gesehen werden bzw. einem westlichen Publikum präsentiert werden wollte: Sie hoben die gewerkschaftlichen Aspekte des algerischen Widerstands hervor[516]; sie betonten das bemerkenswerte politisch-organisatorische Niveau des FLN[517]; sie wiesen darauf hin, daß dieser nichts mit dem Kommunismus zu tun habe, doch dorthin abgleiten könne, falls man ihn nicht unterstütze[518]; sie lieferten beeindruckende Schilderungen vom Ausbildungsstand der ALN, um die französische Behauptung zu widerlegen, der Aufstand sei so gut wie niedergeschlagen[519]; sie betonten die kooperative Haltung des FLN bei der Heimführung deutscher Fremdenlegionäre[520]; sie schilderten die Hilfsbedürftigkeit der algerischen Flüchtlinge[521]; sie versuchten, Verständnis für Kultur, Mentalität und Lebenswelt der algerischen Muslime zu wecken[522] und sie verbreiteten vorsichtigen Optimismus über die Zukunft Algeriens nach der Unabhängigkeit[523].

Daß liberale Führungsfiguren wie Ferhat Abbas im FLN nur eine Fassade waren, hinter der sich der militärische Flügel der Front gegen den "politischen" Flügel und die in Tunesien und Marokko stationierte Auslandsarmee gegen die Volksguerilla in Algerien selbst durchsetzten, daß die Berichte über den guten Ausbildungsstand der Auslandsarmee wenig über den armseligen Zustand der Inlandsguerilla aussagten, daß die FLN-Führung den inneren Pluralismus des algerischen Widerstands systematisch liquidierte - all dies war in ihnen nicht zu lesen. Warum?

Eine zentrale Rolle dürfte dabei zweifellos die erstaunliche Fähigkeit der FLN-Führung gespielt haben, ihre internen Auseinandersetzungen gegen die Außenwelt weitgehend abzuschirmen und potentielle Dissidenten rechtzeitig umzubringen.[524] Selbst langjährige ausländische Beobachter bekamen aufgrund der Bürgerkriegssituation stets nur lokale Fragmente der FLN-Wirklichkeit zu sehen, die zudem meist durch die Führung der Front vorgefiltert waren.

Doch spätestens als der Nationale Rat der Algerischen Revolution in Tripoli (9.-27. August 1961) seine liberalen Aushängeschilder Ferhat Abbas und Ahmed Francis aus der Provisorischen Regierung der Algerischen Republik entfernte, hätten auch außenstehende Solidaritäts-Aktivisten hellhörig werden müssen. Aber wollten sie das?

Der Wunsch, den Gegnern eines um seine Befreiung kämpfenden 'Volkes' um keinen Preis Propagandamunition zu liefern, mag dabei eine Rolle gespielt haben, auch die Furcht, durch differenziertere Berichte den 'Solidaritätseffekt' zu zerstören. Deutsche Bundeswehrgegner und Kriegsdienstverweigerer, die ihre pazifistischen Grundüberzeugungen in sich niedergekämpft hatten[525], um eine gewalttätige Befreiungsorganisation zu unterstützen, waren darüber hinaus wohl schon aus Gründen der Selbstachtung nur wenig geneigt, die repressiven Schattenseiten des FLN genauer wahrzunehmen.

Für diejenigen, deren politischer Aufstieg eng mit der erfolgreichen Verwandlung "internationalistischer" Solidarität in partei- bzw. entwicklungsdiplomatische "Nebenaußenpolitik" verbunden war, galten ohnedies andere Bedingungen. Der Grundsatz, sich wichtige Freunde nicht durch öffentliche Kritik zu entfremden, wie ihn die Bundesregierung gegenüber Frankreich gepflegt hatte, galt *mutatis mutandis* auch für die Opposition in ihrem Verhältnis zu ihren nordafrikanischen Freunden.

In der Erklärung, die das Präsidium des SPD-Parteivorstands am 2. Juli 1962 zum algerischen Unabhängigkeitsreferendum verabschiedete, schimmerten vorsichtige Zweifel an der Entwicklung in Algerien nur zwischen den Zeilen durch - etwa, wenn das Präsidium die Hoffnung ausdrückte, daß das freie Algerien "als demokratisches Staatswesen" so schnell wie möglich seinen Platz in der Völkerfamilie einnehmen könne und daß "es jetzt zu einem wirklichen Interessenausgleich zwischen Algeriern und europäischen Siedlern kommen möge"[526].

Daß die Freiheitskämpfer des FLN nach der Unabhängigkeitserklärung vom 3. Juli 1962 Tausende *pieds noirs* und Zehntausende algerischer Muslime massakrierten, war kein Geheimnis.[527] Die blutigen Auseinandersetzungen, die von Juli bis September 1962, unmittelbar nach der Unabhängigkeit Algeriens, zwischen der Provisorischen Regierung unter Ben Khedda, der algerischen Auslandsarmee unter Boumedienne und Teilen der Inlandsguerilla ausbrachen und die, mit Hilfe Boumediennes, schließlich Ben Bella an die Macht brachten, wurden von Wischnewski in Algier selbst beobachtet.[528]

So tragisch diese Ereignisse auch waren, aus Sicht der bundesdeutschen Außenpolitik war jetzt ein anderes Problem vordringlich, nämlich die Sorge, daß Algerien, nunmehr *Staat* geworden, Beziehungen zur DDR aufnehmen und dem westlichen Lager verloren gehen könnte.[529] Unter diesem Gesichtspunkt lag es nahe, (1) die neuen Machthaber nicht durch laute Kritik an ihrer Innenpolitik zu verärgern und sie (2) durch möglichst schnelle Wirtschaftshilfe an den Westen und an die Bundesrepublik zu binden.

Bezeichnenderweise entzündete sich der erste öffentliche Konflikt zwischen SPD und FLN nach der Unabhängigkeit Algeriens nicht an der problematischen *innenpolitischen* Entwicklung des Landes, sondern an dessen Deutschlandpolitik: Zu den Feierlichkeiten aus Anlaß des zehnten Jahrestages des Beginns des algerischen Befreiungskrieges (1. November 1964) lud das Politbüro des FLN nicht nur eine Delegation der SPD, sondern auch eine der SED ein.

Durch den Schachzug, die SED durch den FLN (und nicht die Regierung der DDR durch die Regierung der Algerischen Republik) einladen zu lassen, hatte Algier scheinbar elegant die harzige Frage *staatlicher* Beziehungen zur DDR umgangen. Aus westdeutscher Sicht war die Unterscheidung zwischen Staat und Staatspartei im Falle der DDR freilich illusionär. Und aus sozialdemokratischer Sicht bedeutete die Verlagerung des Problems auf die *Parteienebene* eine direkte Herausforderung der, ebenfalls eingeladenen, SPD als Partei.

Hans-Jürgen Wischnewski, der in den Jahren zuvor bei der Bundesregierung intensiv dafür geworben hatte, Algerien zu einem "Schwerpunkt der deutschen und der westlichen Entwicklungspolitik"[530] zu machen, verurteilte es 1964 als unannehmbares "Doppelspiel", wenn die Regierung Ben Bella sich zwar gegenüber dem Auswärtigen Amt in Bonn formal korrekt verhalte, aber über das Politbüro des FLN so handele, als gebe es offizielle Beziehungen zwischen Pankow und Algier.[531]

Nachdem Ende Oktober 1964 tatsächlich eine Delegation des Zentralkomitees der SED unter Leitung von Hermann Matern in Algier eingetroffen war, machte der SPD-Parteivorstand in einer Sitzung am 30. und 31. Oktober den zwei Wochen zuvor gefaßten Beschluß des PV-Präsidiums rückgängig, eine dreiköpfige Delegation zu den Zehnjahresfeierlichkeiten nach Algier zu entsenden.[532] Zusätzlich beschloß er ein Protesttelegramm an den FLN.[533] Die abflugbereite Delegation blieb zu Hause.[534] Die bereits in Algier befindlichen jungsozialistischen Mitglieder in der Delegation des bundesdeutschen Rings Politischer Jugend wurden aufgefordert, sofort abzureisen.[535] Und die bereits geplante Einladung des FLN zum nächsten Parteitag der SPD unterblieb.[536]

War der Kampf gegen die DDR vor der Unabhängigkeit Algeriens ein zentrales Argument für die sozialdemokratische Algeriensolidarität gewesen, so erwies er sich nach der Unabhängigkeit auch als eine ihrer potentiellen Bruchstellen.

Zusammenfassung

Im Verhältnis der SPD zu den nationalen Unabhängigkeitsbewegungen Asiens und Afrikas überlagerten und durchdrangen sich mehrere Motivschichten unterschiedlicher Reichweite. Seit ihren Anfängen im 19. Jahrhundert hatte sich die deutsche Sozialdemokratie stets als Teil einer internationalen Bewegung verstanden. "Internationale Solidarität" im Sinne partnerschaftlicher Zusammenarbeit galt dabei allerdings zunächst vor allem den organisierten Arbeiterbewegungen der Industrieländer. Das weltzivilisatorische Fortschrittsdenken, in dem dieser Internationalismus wurzelte, sah in nationalistischen Unabhängigkeitsbestrebungen keinen absoluten Wert und betrachtete den Kolonialismus zumindest vorübergehend auch als ein Instrument des internationalen Kulturfortschritts.

Diese ideologische Grunddisposition war jedoch frühzeitig durch spezifische nationale Erfahrungen überlagert worden: zum einen durch die schrittweise Integration der Sozialdemokratie in den deutschen Nationalstaat, zum anderen durch die Niederlagen dieses Nationalstaats in den beiden Weltkriegen des 20. Jahrhunderts und deren Folgen für die deutsche Arbeiterbewegung. Nachdem Deutschland im 1. Weltkrieg u.a. seine Kolonien verloren hatte, setzte sich bei führenden SPD-Politikern der Weimarer Republik allmählich die Überzeugung durch, daß zumindest Deutschland und die deutsche Wirtschaft eher von einer Dekolonisierung der Welt profitieren würden. Und nachdem Deutschland im Gefolge des 2. Weltkriegs seine Souveränität und seine Einheit auf Jahre verloren hatte, wurde die SPD für das Verhältnis von nationaler Selbstbestimmung und internationaler Solidarität in einem Ausmaß sensibilisiert wie in kaum einer anderen Phase ihrer Geschichte.

Das Gefühl, daß Deutschland oder zumindest Teile Deutschlands von den Siegermächten wie eine Kolonie behandelt würden, förderte nach 1945 insbesondere bei Kurt Schumacher grundsätzlich Sympathien für antikoloniale Bestrebungen auch in anderen Teilen der Welt. Angesichts der katastrophalen Nachkriegslage in Deutschland konnten diese Sympathien zunächst kaum praktische Bedeutung haben. Nicht zuletzt wurden sie gebrochen durch Rücksichten auf die Überseeinteressen der westlichen Siegermächte und auf die sozialdemokratischen Parteien Westeuropas (Großbritanniens, Frankreichs, der Niederlande und Belgiens), die die Kolonialpolitik ihrer Länder nach 1945 - zum Teil an führender Stelle - mittrugen und mitgestalteten.

In den Auseinandersetzungen um die West- und Wiederbewaffnungspolitik Adenauers entdeckten führende Politiker der SPD ab 1953 die blockfreien Staaten Asiens als natürliche Verbündete einer sozialdemokratischen Deutschlandpolitik. Der sozialdemokratische Wunsch, Deutschland aus der Konfrontation der Militärblöcke herauszulösen, um seine Wiedervereinigung zu sichern, schien viele Berührungspunkte mit den Bemühungen der Blockfreien zu haben. Die auf dieser Einschätzung aufbauenden Bemühungen um eine verstärkte sozialdemokratische Präsenz in Asien und Afrika nahmen auf den SPD-Parteitagen von Berlin (1954) und München (1956) programmatische Gestalt an. Organisatorisch schlugen sie sich zunächst im Rahmen der Kooperation mit der 1953 gegründeten *Asiatischen Sozialistischen Konferenz* nieder - symbolisch in der großen Asienreise Erich Ollenhauers im Herbst 1956.

Mitte der fünfziger Jahre war die weltpolitische Bedeutung der Völker Asiens und Afrikas in der Parteiöffentlichkeit weitgehend anerkannt. Allerdings fielen dabei Solidaritätsbekundungen mit den bereits unabhängig gewordenen Staaten Asiens und Afrikas wesentlich leichter, als Solidaritätsbeweise für nationale Befreiungsbewegungen, die die staatliche Unabhängigkeit ihrer Länder noch gegen den Widerstand westlicher Bündnispartner der Bundesrepublik erkämpfen mußten. Je erfolgreicher andererseits die Sowjetunion und die DDR seit Mitte der fünfziger Jahre um die blockfreien Staaten Asiens und Afrikas warben, desto mehr wurde die Tatsache, daß mehrere NATO-Staaten an überholten kolonialen Positionen festhielten, in der SPD nicht mehr nur als Anachronismus, sondern auch als direkte Gefährdung ihrer eigenen Deutschlandpolitik erkannt.

Diese widersprüchliche Interessenlage prägte auch das Verhältnis der SPD zur Algerienfrage: Die französische Nordafrikapolitik war in der Presse der Partei schon in den frühen fünfziger Jahren kritisiert worden, wobei sich die Kritik an der französischen Kolonialpolitik häufig mit dem - in Deutschland hochemotional besetzten - Thema Deutsche in der Fremdenlegion verband. Sympathiebeweisen oder gar einer materiellen Unterstützung der algerischen Aufständischen standen jedoch mehrere Erwägungen entgegen:

Erstens wurde die französische Algerienpolitik in den letzten Jahren der IV. Republik (1956-1958), vor allem unter der Regierung Guy Mollet, maßgeblich von einer sozialdemokratischen Schwesterpartei der SPD, nämlich der SFIO, mitgestaltet.

Zweitens war aus deutschlandpolitischer Sicht der gute Wille der französischen Regierung für die Erledigung der Saarfrage erforderlich.

Drittens wurde befürchtet, daß eine Zerrüttung der IV. Republik unter der Last des Algerienkrieges Frankreich destabilisieren und unkalkulierbare Folgen für die künftige Deutschland- und Osteuropa-Politik Frankreichs, für die Einheit Westeuropas und der NATO haben könnte.

Viertens war die Parteiführung nach der traumatischen Niederlage der SPD bei den Bundestagswahlen 1957 verstärkt bemüht, außenpolitische Grundsatzkonflikte mit der Bundesregierung möglichst zu meiden und im Schatten der zweiten Berlin-Krise (1958-1963) auf eine 'gemeinsame Außenpolitik' einzuschwenken, die die Voraussetzung für eine *Große Koalition* mit den Unionsparteien war.

Fünftens war die Gewaltpolitik des FLN auch in der SPD umstritten und die inneralgerischen Kämpfe zwischen FLN und MNA weckten Zweifel am Anspruch dieser Organisationen, *die* algerische Nationalbewegung zu vertreten.

Bezeichnenderweise gingen die Aktivitäten der Algeriensolidarität in der SPD nicht von der Parteiführung aus, sondern von einzelnen Abgeordneten, Journalisten, Funktionären und Gewerkschaftern, zum Teil linkssozialistisch-internationalistischen Hintergrunds, die sich aus unterschiedlichen politischen, biographischen, beruflichen und moralischen Gründen für Probleme der Entwicklungsländer interessierten und aufgrund ihrer eher "peripheren" Position in der Partei weniger staatspolitische Rücksichten nehmen mußten als das Parteizentrum.

Daß diese dezentralen Bestrebungen sich gegen den anfänglichen Widerstand der Parteispitze durchsetzen konnten und schließlich von dieser stillschweigend toleriert und gefördert wurden, ist auf mehrer Gründe zurückzuführen:

1. auf die Aussichtslosigkeit der französischen Position in Algerien, die Ende der fünfziger Jahre nicht nur der Parteiführung, sondern auch zahlreichen Regierungspolitikern in Washington, Bonn und Paris klar war;

2. auf die kritische Haltung, die große Teile der öffentlichen Meinung in der Bundesrepublik schon in den fünfziger Jahren gegenüber der französischen Nordafrikapolitik und dem Problem der Fremdenlegion einnahmen;

3. auf die Tatsache, daß das Thema Algerien - von der Parteispitze aus gesehen - ein Nebenschauplatz war und daher von der Zentrale nicht unbedingt als 'Chefsache' gehütet werden mußte;
4. auf den innerparteilichen Machtverlust der hauptamtlichen Bürokratie des Parteivorstands zugunsten der Bundestagsfraktion und der sozialdemokratischen Landesregierungen im Gefolge der Organisationsreform des Stuttgarter Parteitags (1958), mit der sich die SPD innerparteilich auf den Weg zu beweglicheren und pluraleren Entscheidungsstrukturen, bundespolitisch aber auf den Weg zur Regierungsfähigkeit machte;
5. auf den weitgehend pragmatisch-unideologischen Charakter der Algerienhilfe, die sich - im Gegensatz zu den geräuschvollen Dritte-Welt-Kampagnen der 68er Studentenbewegung - praktisch als konzertierte, mit Komunalbehörden und Regierungsstellen still abgestimmte Aktion von Sozialdemokraten, Christdemokraten, kirchlichen Gruppen beider Konfession, Gewerkschaften, Rotem Kreuz usw. vollzog und damit wie eine Vorwegnahme der Großen Koalition im kleinen wirkte;
6. auf die Möglichkeit, die Algerienhilfe als sozialdemokratischen Beitrag zur "gemeinsamen Außenpolitik" aller Bundestagsparteien einzusetzen, nämlich als Versuch, den Einfluß des Ostblocks auf die afrikanischen Freiheitsbewegungen einzudämmen und einer Anerkennung der DDR in Schwarzafrika und im arabischen Raum entgegenzuwirken.

Die Algeriensolidarität wurde daher bald zu einer, mit dem Auswärtigen Amt synchronisierten, Form der Nebenaußenpolitik, deren Erfolg nicht zuletzt davon abhing, daß sie nach außen hin in möglichst unpolitischer, humanitärer, Form auftrat. 1962 feierte Willy Brandt die sozialdemokratische "Entwicklungspolitik" in Nordafrika bereits als zentrales Beispiel dafür, "wie zumal jüngere Sozialdemokraten in den hinter uns liegenden Jahren vielfach in aller Stille einen ganz wesentlichen Beitrag zu praktischer außenpolitischer Kleinarbeit für die Bundesrepublik Deutschland geleistet haben"[537]. Als die SPD am 1.Dezember 1966 die Opposition verließ und in die Regierung der Großen Koalition eintrat, wurde nicht zufällig der Hauptexponent der sozialdemokratischen Algeriensolidarität, Hans-Jürgen Wischnewski, als Bundesminister für Entwicklungspolitik vereidigt.

Anmerkungen

1 Benjamin Stora, *Dictionnaire biographique de militants nationalistes algériens*. E.N.A., P.P.A., M.T.L.D. (1926-1954), Paris 1985.
2 Der FLN hatte zum Zeitpunkt des Waffenstillstands vom 19. März 1962 von 800 000 Toten, 160 000 politischen Gefangenen, 300 000 Flüchtlingen in Tunesien und Marokko sowie 1,8 Mill. innerhalb Algeriens Zwangsumgesiedelten gesprochen (vgl. Die Bilanz des Algerienkrieges. In: *Freies Algerien* 5 (1962) 1-2, S. 1). In späteren algerischen Schätzungen war von einer Million Toten die Rede (vgl. Hartmut Elsenhans, *Frankreichs Algerienkrieg 1954-1962*, München 1974, S. 534, FN 1065; Henri Alleg u.a., *La guerre d'Algérie*, Bd. 3, Paris 1981, S. 423). - Der französische Militärhistoriker Henri Le Mire, *Histoire militaire de la guerre d'Algérie*, Paris 1982, S. 386, hält diese Angaben für überlieben und verweist in diesem Zusammenhang auf die starke Anwachsen der muslimischen Bevölkerung während des Krieges. Die muslimische Bevölkerung Algeriens wuchs zwischen 1954 und 1964 von 8,45 auf etwa 10,35 Mill. an (vgl. *The Middle East and North Africa 1965-66*, London 1965, S. 103; Jean-Paul Chagnollaud, *Maghreb et Palestine*, Paris 1977, S. 30-32). Le Mire (a.a.O., S. 386) schätzt die muslimischen Verluste im Algerienkrieg auf 377.500, von denen 219 500, mehr als 58 Prozent, nicht von französischer Seite, sondern von Mitgliedern des FLN getötet worden seien.
3 Alleg u.a., *La Guerre d'Algérie*, Bd. 3, a.a.O., S. 424, 570. Nach den sehr ähnlichen Angaben bei Le Mire, *Histoire militaire*, a.a.O., S. 385, schließen diese Zahlen auch die muslimischen Mitglieder der französischen Sicherheitskräfte ein (3500 Tote, 1000 Verletzte, 490 Vermißte bis zum Waffenstillstand vom 19.3.1962).
4 Le Mire, *Histoire militaire*, a.a.O., S. 385.
5 Nach der Unabhängigkeit Algeriens (3.7.1962) wurden nach Arslan Humbaraci, *Algeria: A Revolution that Failed. A Political History since 1954*, London 1966, S. 74, rund 4000 Algerienfranzosen spurlos verschleppt. Laut Le Mire, *Histoire militaire*, a.a.O., S. 385, waren beim Roten Kreuz bis zum 1. September 1962 Nachforschungsanträge nach 4.500 in Algerien vermißten Europäern eingegangen.
6 1965 lebten nur noch etwa 65 000 Europäer in Algerien (*The Middle East and North Africa 1965-66*, London 1965, S. 99). 1954 waren es noch 1 029 000 gewesen (Chagnollaud, *Maghreb et Palestine*, a.a.O., S. 30-32).
7 Frantz Fanon, *Les damnés de la terre*, Paris 1961 (deutsch: *Die Verdammten dieser Erde*, Übers. Traugott König, Frankfurt/M. 1966 u.ö.).
8 Zur Bedeutung des algerischen Vorbilds für die palästinensische Guerilla-Bewegung vgl. Helga Baumgarten, *Palästina: Befreiung in den Staat. Die palästinensische Nationalbewegung seit 1948*, Frankfurt/M. 1991, S. 138, 144, 148-149, 163, 171, 173, 189, 196-197; ferner Andrew Gowers/Tony Walker, *Arafat. Hinter dem Mythos* [1990], Hamburg 1994, S. 44-48.
9 Tony Smith, *The French Stake in Algeria, 1945-1962*, Ithaca-London 1978; Charles-Robert Ageron, "L'Algérie dernière chance de la puissance française". Étude d'un mythe politique (1954-1962). In: *RI* (1989) 57, S. 113-139; Jacques Marseille, L'Algérie dans l'économie française (1954-1962). In: *RI* (1989) 58, S. 169-176.
10 Zur innerfranzösischen Diskussion über die Folter vgl. Rita Maran, *Torture: The Role of Ideology in the French-Algerian War*, New York u.a. 1989. Zu den Reaktionen französischer Intellektueller auf den Algerienkrieg vgl. die Beiträge in Jean-Pierre Rioux et Jean-François Sirinelli (Hg.), *La guerre d'Algérie et les intellectuels français*, Brüssel 1991.
11 Zur Rolle der UNO im Algerienkrieg vgl. Arnold Fraleigh, The Algerian Revolution as a Case Study in International Law. In: R. A. Falk (Hg.), *The International Law of Civil War*, Baltimore-London 1971, S. 179-243; Pierre Mélandri/Maurice Vaïsse, La "boîte à chagrin".

In: Jean-Pierre Rioux (Hg.), *La guerre d'Algérie et les Français*, Paris 1990, S. 369-381, 657; Maurice Vaïsse, La guerre perdue à l'ONU? In: Ebenda, S. 451-462, 663-665; René Girault, La France en accusation à l'ONU, ou les pouvoirs d'une organisation internationale. In: *RI* (1993) 76, S. 411-422.

12 Zum Problem der westlichen Bündnissolidarität im Algerienkrieg vgl. Alfred Grosser, *Das Bündnis. Die westeuropäischen Länder und die USA seit dem Krieg* [1978], München 1982, S. 185-218; ders., La France en Occident et en Algérie. In: J.-P. Rioux (Hg.), *La guerre d'Algérie et les Français*, Paris 1990, S. 382-388, 657-658; Pierre Mélandri, La France et le "jeu double" des États-Unis. In: Ebenda, S. 429-450, 661-663; Fréderic Bozo/Pierre Mélandri, La France devant l'opinion américaine: le retour de de Gaulle début 1958 - printemps 1959. In: *RI* (1989) 58, S. 195-215; vgl. auch Fraleigh, The Algerian Revolution ..., a.a.O., S. 186, 217-223.

13 "The North Atlantic Council has been kept constantly informed of the withdrawals by France of forces assigned by her to NATO. It has examined the situation in Europe arising from these movements. It has noted that France has found it necessary, in the interests of her own security, to reinforce the French forces in Algeria, which is part of the || North Atlantic Treaty area. The Council recognises the importance to NATO of security in this area. Expressing the hope of an early and lasting settlement, the Council noted the determination of the French Government to restore, as soon as possible, its full contribution towards the common defence in Europe." (Statement by the North Atlantic Council on the withdrawal of French Forces assigned to N.A.T.O., 27 March 1956. In: *Documents on International Affairs 1956*, London usw. 1959, S. 677-678).

14 Vgl. Maurice Vaïsse, Post-Suez France. In: Wm. Roger Louis/Roger Owen (Hg.), *Suez 1956: The Crisis and its Consequences*, Oxford 1989, S. 335-340; Hans-Peter Schwarz, *Adenauer. Der Staatsmann: 1952-1967*, Stuttgart 1991, S. 285-307.

15 Zu den in der zeitgenössischen Publizistik oft übertrieben dargestellten Lasten des Algerienkrieges für Frankreich vgl. Jacques Marseille, La guerre a-t-elle eu lieu? Mythes et realités du fardeau algérien. In: J.-P. Rioux (Hg.), *La guerre d'Algérie et les Français*, Paris 1990, S. 281-288, 651; Elsenhans, *Algerienkrieg*, a.a.O., S. 831-863.

16 Vgl. Pierre Guillen, L'avenir de l'Union française dans la négociacion des traités de Rome. In: *RI* (1989) 57, S. 103-112.

17 Zur Haltung der Bundesregierung im Algerienkrieg vgl. Klaus-Jürgen Müller, Die Bundesrepublik Deutschland und der Algerienkrieg. In: *Vierteljahreshefte für Zeitgeschichte* 38 (1990) 4, S. 609-641; sowie (thematisch sehr ähnlich) ders., Le réalisme de la République fédérale d'Allemagne. In: J.-P. Rioux (Hg.), *La guerre d'Algérie et les Français*, Paris 1990, S. 409-428, 658-660. Zu den Zielen der bundesdeutschen Nahostpolitik vgl. Thomas Scheffler, The Power of Dependence: The Federal Republic of Germany in the Arab World. In: *Journal of Arab Affairs* 12 (1993) 2, S. 135-159.

18 Zur Frankreichpolitik Adenauers vgl. vor allem H.-P. Schwarz, *Adenauer. Der Staatsmann*, a.a.O., S. 121-140, 225-234, 285-307, 394-401, 439-467, 562-590, 727-769, 810-826; ders. (Hg.), *Adenauer und Frankreich. Die deutsch-französischen Beziehungen 1958 bis 1969*, Bonn 1985; Daniel Koerfer, *Kampf ums Kanzleramt. Erhard und Adenauer*, Stuttgart 1987, S. 135-146, 206-220, 258-264, 372-376, 708-727; ferner: Jacques Bariéty, La perception de la puissance française par le chancelier K. Adenauer de 1958 à 1963. In: *RI* (1989)58, S. 217-225; Georges-Henri Soutou, Les problèmes de sécurité dans les rapports franco-allemands de 1956 à 1963. In: Ebenda, S. 227-251.

19 Vgl. Reinhold Roth, *Parteiensystem und Außenpolitik. Zur Bedeutung des Parteiensystems für den außenpolitischen Entscheidungsprozeß in der BRD*, Meisenheim am Glan 1973, S. 34-36, 39-44, 51-56.

20 Vgl. Müller, Die Bundesrepublik Deutschland ..., a.a.O., S. 621, 629.

21 *Adenauer - Teegespräche 1955-1958*, bearb. v. Hanns Jürgen Küsters, Berlin 1986, Nr. 20 (Informationsgespräch mit Cyrus L. Sulzberger, 6.8.1957), S. 212; ähnlich auch *ebenda*, Nr. 21 (Informationsgespräch mit Joseph Alsop, 13.8.1957), S. 226 (unter Berufung auf den früheren französischen Außenminister Antoine Pinay). Ähnliche Einschätzung noch in: Konrad Adenauer, *Erinnerungen 1955-1959*, Stuttgart 1967, S. 227, 398.

22 Willy Brandt, in: *Protokoll der Verhandlungen und Anträge vom Parteitag der Sozialdemokratischen Partei Deutschlands in Köln 26. bis 30.Mai 1962*, Hannover-Bonn o.J., S. 189-190.

23 Herbert Wehner, in: *Protokoll der Verhandlungen und Anträge vom Parteitag der Sozialdemokratischen Partei Deutschlands in Hannover 21. bis 25. November 1960*, Hannover/Bonn o.J., S. 108.

24 Vgl. die treffende Bemerkung K. J. Müllers in: Ders., Die Bundesrepublik Deutschland ..., a.a.O., S. 638, wonach zwischen der Bundesregierung, insbesondere dem Auswärtigen Amt, und einigen Politikern der Opposition "allmählich eine Art 'Große Koalition' bezüglich der algerischen Frage entstanden" sei.

25 Yves Courrière, *La guerre d'Algérie*, 5 Bde, Paris 1968-1972; Hartmut Elsenhans, *Frankreichs Algerienkrieg 1954-1962. Entkolonisierungsversuch einer Metropole. Zum Zusammenbruch der Kolonialreiche*, München 1974; Alistair Horne, *A Savage War of Peace: Algeria 1954-1962*, London 1977; Henri Alleg u.a., *La Guerre d'Algérie*, 3 Bde, Paris 1981. Für kürzere Gesamtdarstellungen vgl. Bernard Droz/Evelyne Lever, *Histoire de la guerre d'Algérie: 1954-1962*, Paris 1982; Gerhard Höpp, *Algerien - Befreiungskrieg 1954-1962*, Berlin 1984. Als Darstellungen zur französischen Algerienpolitik vgl. neben Elsenhans, *Algerienkrieg*, a.a.O., auch Thankmar von Münchhausen, *Kolonialismus und Demokratie. Die französische Algerienpolitik von 1945-1962*, München 1977; Pierre Miquel, *La guerre d'Algérie*, Paris 1993; sowie das imposante Sammelwerk von Jean-Pierre Rioux (Hg.), *La guerre d'Algérie et les Français. Colloque de l'Institut d'histoire du temps présent*, Paris 1990. Zur Geschichte des FLN: Mohammed Harbi, *Le F.L.N.: Mirage et réalité des origines à la prise du pouvoir (1945-1962)*, Paris 1980.

26 Claus Leggewie, *Kofferträger. Das Algerien-Projekt der Linken im Adenauer-Deutschland*, Berlin 1984. - Das Algerien-Kapitel in Werner Balsen/Karl Rössel, *Hoch die internationale Solidarität. Zur Geschichte der Dritte-Welt-Bewegung in der Bundesrepublik*, Köln 1986, S. 63-93, baut im wesentlichen auf den Angaben Leggewies auf.

27 Leggewie, *Kofferträger*, a.a.O., S. 7.

28 Ebenda, S. 8.

29 Hervé Hamon, Patrick Rotman, *Les porteurs de valises. La résistance française à la guerre d'Algérie*, Paris 1979.

30 Charles-Robert Ageron, L'opinion française devant la guerre d'Algérie. In: *Revue française d'Histoire d'Outre-Mer* (1976) 63, S. 256-285, hat zwar an einer Auswertung zeitgenössischer Meinungsumfragen gezeigt, daß die französische Bevölkerung der Algerienfrage weit gleichgültiger, resignativer, kompromißbereiter und friedenswilliger gegenüberstand, als die veröffentlichte Meinung in Frankreich damals vermuten ließ. Allerdings weist er (S. 280-281) selbst darauf hin, daß diese Umfragen, obwohl öffentlich zugänglich, die politischen Eliten des Landes seinerzeit kaum beeindruckten.

31 Gilles Perrault, *Un homme à part*, Paris 1984 (deutsch: *Curiel*, Übers. K. Balzer, Wien-Zürich 1991).

32 Vgl. Koerfer, *Kampf ums Kanzleramt*, a.a.O., S. 135-146, 213-214, 218-220, 257-264, 394-406, 451-457; Hans-Peter Schwarz, *Die Ära Adenauer. Epochenwechsel 1957-1963*, Stuttgart-Wiesbaden 1983, S. 254-261, 288-296; Klaus Hildebrand, *Von Erhard zur Großen Koalition 1963-1969*, Stuttgart-Wiesbaden 1984, S. 99-111.

33 *Adenauer - Teegespräche 1959-1961*, bearb. von Hanns Jürgen Küsters, Berlin 1988, Nr.38 (Informationsgespräch mit Wolfgang Bretholz, 14.2.1961), S. 462-463.
34 *AdG*, 3.7.1957, S. 6525. Zu Kennedys Schritt vgl. auch Mélandri, La France et le "jeu double" des États-Unis, a.a.O., S. 437-438.
35 Vgl. Egya N. Sangmuah, Eisenhower and Containment in North Africa, 1956-1960. In: *MEJ* 44 (1990) 1, S. 76-91, hier: S. 83-86.
36 Vgl. Grosser, *Das Bündnis*, a.a.O., S. 213-214; Mélandri, La France et le "jeu double" des États-Unis, a.a.O., S. 438-440; Bozo/Mélandri, La France devant l'opinion américaine ..., a.a.O., S. 195-198; Sangmuah, Eisenhower and Containment ..., a.a.O., S. 87-90.
37 Auf die Allensbach-Frage, mit welchen Ländern "wir möglichst eng zusammenarbeiten" sollten, nannten im März 1953 83% der Befragten die USA, 62% England, aber nur 55% Frankreich. Im September 1954 waren es sogar nur noch 46% (USA: 78%, England: 58%). Vgl. *Jahrbuch der öffentlichen Meinung 1947-1955*, Allensbach am Bodensee 1956, S. 331. - Im April 1956 war auch dieser Anteil noch weiter gesunken: Nur 43% der Befragten befürworteten eine möglichst enge politische Zusammenarbeit mit Frankreich (USA: 69%, England 43%) und noch weniger - 34% - eine möglichst enge wirtschaftliche Zusammenarbeit (USA: 69%, England: 39%). Ebenda, 1957, S. 338. - Während der Suezkrise im November 1956 gaben nur 10% der Befragten an, auf seiten Englands und Frankreichs zu stehen, während 56% Sympathien mit Ägypten bekundeten. Ebenda, S. 356. - Im September 1959 wollten zwar 81% der Befragten mit den USA, aber nur 48% mit Frankreich möglichst eng zusammenarbeiten (England: 49%). Erst Anfang der sechziger Jahre stiegen die Sympathien mit Frankreich rasch an, ohne freilich die proamerikanischen einzuholen: Im Juni 1962, drei Monate nach der Beilegung des Algerienkonflikts, sprachen sich 61% der Befragten für eine möglichst enge Zusammenarbeit mit Frankreich aus (USA: 81%, England: 54%), und im September 1963 waren es sogar 71% (USA: 90%, England: 65%). Ebenda, 1958-1964, Allensbach und Bonn 1965, S. 533.
38 Vgl. Klaus-Jürgen Müller, La guerre d'Algérie vue par la presse ouest-allemande. In: *RI*, (1989) 58, S. 177-185.
39 Zur Algerienpolitik der SFIO vgl. Daniel Ligou, *Histoire du socialisme en France (1871-1961)*, Paris 1962, S. 607-635; Guy Pervillé, La SFIO, Guy Mollet et l'Algérie de 1945 à 1955. In: Bernard Ménager u.a. (Hg.), *Guy Mollet. Un camarade en république*, Lille 1987, S. 445-462; Pascal Descamps, La politique algérienne de Guy Mollet de la cohérence à l'enlisement. In: Ebenda, S. 463-474; Gérard Bossuat, Guy Mollet: La puissance française autrement. In: *RI* (1989) 57, S. 25-48, bes. S. 26-29; Etienne Maquin, *Le Parti Socialiste et la guerre d'Algérie (1954-1958)*, Paris 1990.
40 Erich Ollenhauer, Referat vor Parteivorstand und Parteiausschuß, 10./11. März 1956, Ms., Bl. 16, in: *AdsD*, PV-Protokoll, 11, 1956.
41 "Wir betrachteten sie [die SFIO] als eine Oberlehrerpartei, die organisatorisch außerordentlich schwach war ...; das Bild, das wir von der SFIO hatten, hat uns nicht so sehr beeindruckt, daß wir in ihr eine entscheidende politische Kraft sahen. Das war vielleicht falsch, und sicher arrogant, aber es entsprach unseren andersartigen Organisationsvorstellungen, die auch ihre Rückwirkungen auf die Politik hatten" (Fritz Heine im Gespräch mit J.P. Cahn, 10.12.1985. Zit. in: Jean Paul Cahn, Einige Bemerkungen zum Thema Kurt Schumacher und Frankreich. In: W. Albrecht (Red.), *Kurt Schumacher als deutscher und europäischer Sozialist*, Bonn 1988, S. 113-131, hier: S. 131, FN 46).
42 Vgl. Guillaume Devin, Guy Mollet et l'Internationale Socialiste. In: B. Ménager u.a. (Hg.), *Guy Mollet. Un camarade en République*, Lille 1987, S. 143-167, bes. S. 157-158. Nach Mitteilung Albert Carthys (Generalsekretär der SI 1957-1969), verlangten die skandinavischen Sozialdemokratien nach der Suezkrise, die Vizepräsidenten der Internationale nur *en*

bloc zu wählen, um sich nicht zu einer Einzelkandidatur Mollets äußern zu müssen (Devin, a.a.O., S. 158, Interview mit Carthy, 20.2.1984).
43   Vgl. Fraleigh, The Algerian Revolution ..., a.a.O., S. 186, 209; Grosser, *Das Bündnis*, a.a.O., S. 189-199.
44   Für den Untersuchungszeitraum dieser Arbeit (1954-1962) wurden im AdsD (Bonn) die folgenden Aktenbestände ausgewertet: die Sitzungsprotokolle des Parteivorstands der SPD und der SPD-Bundestagsfraktion; die Akten der Abteilung Internationale Beziehungen beim Parteivorstand der SPD; die Nachlässe Fritz Erler, Fritz Heine, Erich Ollenhauer, Rolf Reventlow, Carlo Schmid und Kurt Schumacher; die Deposita Werner Plum und Hans-Jürgen Wischnewski.
45   Für Hintergrundgespräche danke ich Hans-Eberhard Dingels (25. März 1987), Fritz Heine (12. November 1985), Günter Markscheffel (12. September 1986), Prof. Dr. Susanne Miller (8. September 1986), Werner Plum (14. August 1986), Heinz Putzrath (5., 12. und 14. November 1985) und Hans-Jürgen Wischnewski (4. November 1985).
46   Claus Leggewie, Kofferträger. Das Algerien-Projekt in den fünfziger und sechziger Jahren und die Ursprünge des "Internationalismus" in der Bundesrepublik. In: *Politische Vierteljahresschrift*, 25 (1984) 2, S. 169-187, hier: S. 169-170. - Vgl. auch Leggewies These (ebenda, S. 169, 184), die "Algerien-Generation" hätte "einen Prototyp internationalistischer Solidarität" gebildet, dessen langfristige Wirkung dann in der "Vietnam-Generation" der sechziger Jahre sichtbar geworden sei.
47   Die perspektivische Gleichsetzung von "westdeutscher Linker" und 68er Protestbewegung wurde allerdings schon durch Leggewies eigenes Material dementiert. Er selbst wies an verschiedenen Stellen seines Aufsatzes darauf hin, daß in der westdeutschen Algeriensolidarität auch wesentlich *ältere Internationalismus-Traditionen* der deutschen Linken wirksam geworden seien, z.B. Einflüsse des Trotzkismus, der "Jugendbewegung der Weimarer Republik" oder der Spanienkämpfer-Tradition der SAPD (vgl. ebenda, S. 173, 181, 176). Nur am Rande wurden bei ihm übrigens orthodox kommunistische Einflüsse angedeutet (vgl. *ebenda*, S. 170; Leggewie, *Kofferträger*, a.a.O., S. 70-72), obwohl diese über die Algerienpropaganda der DDR, der illegalen KPD oder über die, insgeheim von Ost-Berlin bezuschußte, Studentenzeitschrift *Konkret* durchaus auch in der Bundesrepublik ihr Publikum gefunden haben dürften.
48   Vgl. Miklós Molnár, Internationalismus. In: *Sowjetsystem und demokratische Gesellschaft. Eine vergleichende Enzyklopädie*, Bd.3, Freiburg u.a. 1969, Sp. 265-292, hier: Sp. 268-271.
49   Die geschichtsjuristische Unterscheidung zwischen "welthistorischen" und "geschichtslosen" Völkern ging auf die *Hegelsche* Geschichtsphilosophie zurück und lief im Kern auf eine Unterscheidung zwischen Völkern mit und ohne *Staat* hinaus. *Geschichtlichkeit* und *Staatlichkeit* standen bei Hegel in engem Zusammenhang, weil es der "philosophischen Betrachtung ... nur angemessen und würdig [sei] die Geschichte da aufzunehmen, wo die Vernünftigkeit in weltliche Existenz zu treten beginnt". Dies sei aber erst mit der Entstehung des Staates der Fall. Völker, die "ohne Staat ein langes Leben fortgeführt haben", hätten zwar eine lange vorgeschichtliche Existenz, aber keine wirkliche "Geschichte" (G.W.F. Hegel, *Vorlesungen über die Philosophie der Geschichte*, Frankfurt/M. 1986, S. 81-82, zur näheren Begründung vgl. auch ebenda, S. 74-86). Gegen ein Volk, das "Träger der gegenwärtigen Entwicklungsstufe des Weltgeistes" sei, seien "die Geister der anderen Völker rechtlos" (G.W.F. Hegel, *Grundlinien der Philosophie des Rechts*, Frankfurt/M. 1986, § 347). Aus dem "absoluten Recht" der höheren Idee folge, daß "zivilisierte Nationen andere, welche ihnen in den substantiellen Momenten des Staats zurückstehen ... mit dem Bewußtsein eines ungleichen Rechts und deren Selbständigkeit als etwas Formelles betrachten und behandeln" (*ebenda*, § 351). - Zum prägenden Einfluß der Hegelschen Volksgeist-Lehre auf Marx, Engels und

Lassalle vgl. Hans-Ulrich Wehler, *Sozialdemokratie und Nationalstaat. Nationalitätenfragen in Deutschland 1840-1914* [1962], 2. Aufl., Göttingen 1971, S. 20-21, 37-38.
50   Vgl. Wehler, *Sozialdemokratie und Nationalstaat*, a.a.O., S. 17-33; Hans-Christoph Schröder, *Sozialismus und Imperialismus. Die Auseinandersetzung der deutschen Sozialdemokratie mit dem Imperialismusproblem und der "Weltpolitik" vor 1914*, Teil I, Hannover 1968, S. 73-76.
51   Friedrich Engels an Karl Kautsky, 7.2.1882. In: *MEW*, Bd. 35, S. 270.
52   Engels an Kautsky, 7.2.1882, ebenda, S. 269 (Hervorhebung T.S.).
53   Vgl. hierzu mit reichem Belegmaterial Roman Rosdolsky, *Zur nationalen Frage. Friedrich Engels und das Problem der "geschichtslosen" Völker* [1964], Berlin 1979; ferner auch Wehler, *Sozialdemokratie und Nationalstaat*, a.a.O., S. 29-32; Schröder, *Sozialismus und Imperialismus*, a.a.O., S. 73-75.
54   Zum Verhältnis der sozialdemokratischen Arbeiterbewegung zur nationalen Frage vgl. u.a. Hans Mommsen, *Arbeiterbewegung und Nationale Frage. Ausgewählte Aufsätze*, Göttingen 1979; Dieter Groh/Peter Brandt, *"Vaterlandslose Gesellen". Sozialdemokratie und Nation 1860-1990*, München 1992.
55   So beantwortete z.B. Wilhelm Liebknecht 1878 die selbstgestellte Frage: "Was sollen wir denn mit den Nationalitäten in der Türkei machen?" im Deutschen Reichstag mit der These, daß die "dortigen Nationalitätsfragmente" lediglich zu einer "gewissen Scheinselbständigkeit" fähig seien, die sie in Wirklichkeit nur zu "Spiel- und Werkzeuge[n] Rußlands" machen würde. (*Stenographische Berichte über die Verhandlungen des Deutschen Reichstages*, 3. Legislaturperiode, II. Session 1878, Bd. 47, 6. Sitz., 19.2.1878, S. 112. Vgl. auch: Friedrich Engels an Eduard Bernstein, 9.10.1886. In: *MEW*, Bd. 36, S. 546.)
56   Vgl. u.a. Friedrich Engels an Eduard Bernstein, 22.-25.2.1882, *MEW*, Bd. 35, S. 279-280: "Wir haben an der Befreiung des *westeuropäischen* Proletariats mitzuarbeiten und diesem Ziel alles andre unterzuordnen. Und wären die Balkanslawen etc. noch so interessant, sobald ihr Befreiungsdrang mit dem Interesse des Proletariats kollidiert, so können sie mir gestohlen werden" (Hervorhebung T.S.).
57   Zur Geschichte des kolonialpolitischen Denkens in der deutschen Sozialdemokratie des 19. und frühen 20. Jahrhunderts vgl. vor allem Schröder, *Sozialismus und Imperialismus*, a.a.O., bes. S. 137-198; ders., *Gustav Noske und die Kolonialpolitik des Deutschen Kaiserreichs*, Berlin, Bonn 1979; ferner: Irène Petit, Allemagne: entre l'Anticolonialisme et le Social-Impérialisme. In: G. Haupt/M. Reberioux (Hg.), *La deuxième Internationale et l'Orient*, Paris 1967, S. 79-94; Dan Diner, Sozialdemokratie und koloniale Frage - dargestellt am Beispiel des Zionismus. In: *Die Dritte Welt* 3 (1974) 1/2, S. 58-87.
58   Vgl. u.a. Schröder, *Sozialismus und Imperialismus*, a.a.O., S. 57-66, 101-103; David Morison, Kolonialherrschaft.In: *Sowjetsystem und demokratische Gesellschaft*, Bd. 3, Freiburg u.a. 1969, Sp. 689-709, bes. Sp. 698ff.
59   Friedrich Engels, Der demokratische Panslawismus (1849). In: *MEW*, Bd. 6, S. 273.
60   Ferdinand Lassalle, "Der italienische Krieg und die Aufgabe Preußens" (1859). In: Ders., *Gesammelte Reden und Schriften*, Bd. 1, Berlin 1919, S. 35.
61   Zum Problem des "Zeitgeists" vgl. nuanciert Miklós Molnár/Carole Witzig, L'influence de la mentalité colonialiste britannique sur le concept asiatique de Marx. In: *RI* (1974)2, S. 37-65.
62   Belege bei Schröder, *Sozialismus und Imperialismus*, a.a.O., S. 57, 60, 61,   161-163.
63   Vgl. Schröder, *Sozialismus und Imperialismus*, a.a.O., S. 163-165.
64   Zur Periodisierung des "Revisionismusstreits" vgl. Hedwig Wachenheim, *Die deutsche Arbeiterbewegung 1844 bis 1914* [1967], Frankfurt/M. u.a. 1971, S. 354ff.
65   Eduard Bernstein, Die deutsche Sozialdemokratie und die türkischen Wirren. In: *Die Neue Zeit* 15/I (1896) 4, S. 108-116, hier: S. 109-110.

66 Vgl.: Das Erwachen Asiens. In: *Leipziger Volkszeitung*, 27.8.1908; George Haupt/Madeleine Reberioux, L'internationale et le problème colonial. In: Dies. (Hg.), *La deuxième Internationale et l'Orient*, Paris 1967, S. 17-48, hier: S. 35-43; Marianne Rachline/Claudie Weill, L'Internationale et les révolutions en Chine et en Iran. In: *Ebenda*, S. 49-71.

67 Vgl. Hans-Christoph Schröder, *Sozialistische Imperialismusdeutung. Studien zu ihrer Geschichte*, Göttingen 1973, S. 32-35, 112-113.

68 Vgl. Schröder, *Sozialistische Imperialismusdeutung*, a.a.O., S. 32-35. Für *Otto Bauer* waren "[d]ie revolutionären Bewegungen der Völker des Orients ... nach Ursprung und Ziel von der Bewegung des europäischen Proletariats wesensverschieden. Mögen auch zuweilen türkische, persische, ägyptische, indische, chinesische Revolutionäre der europäischen Sozialdemokratie manches Schlagwort entlehnen, so hat doch die Bewegung dieser Länder ... mit der Klassenbewegung des Proletariats nichts gemein." (Otto Bauer, "Orientalische Revolutionen" [1912], in: *BW*, Bd.1, S. 569-582, hier: S. 572). - Mit ähnlicher Tendenz warnte 1909 schon *Karl Kautsky*, daß "Ostasien und die mohammedanische Welt" zur Zeit zwar "denselben Feind", nämlich den "europäischen Kapitalismus" bekämpften wie das europäische Proletariat, "aber keineswegs zu demselben Zweck. Nicht um das Proletariat zum Sieg über das Kapital zu führen, sondern um dem auswärtigen Kapitalismus einen inneren, nationalen entgegenzusetzen, erheben sie sich... Wir dürfen also den Gegnern des europäischen Kapitalismus außerhalb Europas nicht kritiklos gegenüberstehen" (Karl Kautsky, *Der Weg zur Macht. Politische Betrachtungen über das Hineinwachsen in die Revolution* [1909], 2. Aufl., Berlin 1910, S. 103).

69 Vgl. Demetrio Boersner, *The Bolsheviks and the National and Colonial Question (1917-1928)*, Genf-Paris 1957; Rudolf Schlesinger, *Die Kolonialfrage in der Kommunistischen Internationale*, Frankfurt/M. 1970; Schröder, *Sozialistische Imperialismusdeutung*, a.a.O., S. 78-98, 130-135.

70 Vgl. Artikel 8 der "Leitsätze", der die Mitgliedsparteien der Komintern verpflichtete, "die Kniffe 'ihrer' Imperialisten in den Kolonien zu entlarven, jede Freiheitsbewegung in den Kolonien nicht nur in Worten, sondern durch Taten zu unterstützen, die Verjagung ihrer einheimischen Imperialisten aus diesen Kolonien zu fordern, in den Herzen der Arbeiter ihres Landes ein wirklich brüderliches Verhältnis zu der arbeitenden Bevölkerung der Kolonien und zu den unterdrückten Nationen zu erziehen und in den Truppen ihres Landes eine systematische Agitation gegen jegliche Unterdrückung der kolonialen Völker zu führen" (*Der zweite Kongreß der Kommunist. Internationale. Protokoll der Verhandlungen vom 19. Juli in Petrograd und vom 23. Juli bis 7. August 1920 in Moskau*, Hamburg 1921, S.391).

71 *Programm der Kommunistischen Internationale. Angenommen vom VI.Weltkongress am 1. September 1928 in Moskau*, Hamburg-Berlin 1928, S. 82.

72 Ebenda, S. 61.

73 Vgl. zum folgenden Thomas Scheffler, *Von der "Orientalischen Frage" zum "Tragischen Dreieck". Die Nahostpolitik der Sozialdemokratischen Partei Deutschlands vom Zerfall des Osmanischen Reichs bis zum deutsch-israelischen Wiedergutmachungsabkommen*, phil. Diss., Freie Universität Berlin 1993, S. 77-82.

74 Otto Wels, Bericht des Parteivorstandes [12.6.1924]. In: *Sozialdemokratischer Parteitag 1924. Protokoll mit dem Bericht der Frauenkonferenz* [Nachdruck: Glashütten im Taunus, Berlin u.a., 1973], S. 73.

75 Alexander Schifrin (M. Werner), Die Bekenntnisse der Komintern. In: *Die Gesellschaft* 6/1 (1929) 1, S. 44-72, hier: S. 72.

76 Rudolf Hilferding, Realistischer Pazifismus. In: *Die Gesellschaft* 1/2 (1924) 8, S. 97-114, hier: S. 112-113.

77 Vgl. die in Brüssel verabschiedete Entschließung "Das Kolonialproblem". In: *Dritter Kongress der Sozialistischen Arbeiter-Internationale, Brüssel, 5. bis 11. August 1928* [Nachdruck: Glashütten im Taunus, 1974], S. IX. 12-20, hier: S. IX. 14-15.
78 Zum Primat der Innenpolitik in der Sozialdemokratie des Kaiserreichs und der Weimarer Republik vgl. Th. Scheffler, *Von der "Orientalischen Frage" zum "Tragischen Dreieck"*, a.a.O., S. 30-35, 69-72.
79 Resolution, betreffend die Rückgabe der deutschen Kolonien. In: Gerhard A. Ritter (Hg.), *Die II.Internationale 1918/1919. Protokolle, Memoranden, Berichte und Korrespondenzen*, Bd. 2, Berlin-Bonn 1980, S. 803.
80 *Verhandlungen der verfassunggebenden Deutschen Nationalversammlung*, Bd. 326, Sten. Ber., 18. Sitz., 1.3.1919, S. 414.
81 Vgl. Hans J. Adolph, *Otto Wels und die Politik der deutschen Sozialdemokratie 1894-1939. Eine politische Biographie*. Mit einem Vorwort von Walter Bußmann, Berlin 1971, S. 195.
82 Hermann Müllers Thesen, zuerst veröffentlicht in der Dezembernummer 1927 der Hamburger, von Prof. Albrecht Mendelssohn Bartholdy herausgegebenen Zeitschrift *Europäische Gespräche*, wurden am 4. August 1928 im *Vorwärts* unter dem Titel "Brauchen wir Kolonien? Eine alte Umfrage und eine treffende Antwort" abgedruckt und mit dem Kommentar versehen, die Antwort Müllers (der inzwischen erneut Reichskanzler geworden war) sei "die einzig mögliche und vernünftige Haltung der deutschen Politik zur Kolonialfrage".
83 Fritz René Allemann, *Bonn ist nicht Weimar*, Köln-Berlin 1956, S. 243.
84 Dr. Richard *Löwenthal* (1908-1991), 1926-1929 Kommunistischer Studentenverband, 1929-1931 KPD-O, ab 1931 *Neu Beginnen*, 1935 Emigration, ab 1939 in Großbritannien (seit 1947 britischer Staatsbürger), enge Verbindungen zur *Fabian Society*, ab 1942 als Journalist tätig für Nachrichtenagentur *Reuter*, 1945 SPD, 1948-1949 Deutschlandkorrespondent für *Reuter*, 1949-1958 zunächst Deutschlandkorrespondent, dann (ab 1954) außenpolitischer Leitartikler für *Observer*, 1959-1960 Russian Research Center der Harvard University, 1961-1975 Ordinarius am Otto-Suhr-Institut der Freien Universität Berlin; Berater führender sozialdemokratischer Politiker und Institutionen, ab 1964 Vorsitzender des Forschungsbeirats *Ostblock und Entwicklungsländer* bei der FESt. Vgl. BHdE, Bd. 1, S. 458; MA/IBA 43/91.
85 Richard Löwenthal (Paul Sering), *Jenseits des Kapitalismus. Ein Beitrag zur sozialistischen Neuorientierung [1947]*. Mit einer ausführlichen Einführung: Nach 30 Jahren, Berlin-Bonn-Bad Godesberg 1977, S. 247.
86 Ebenda, S. 248
87 Ebenda, S. 249.
88 Ebenda, S. 251.
89 Zum Verhältnis von SPD und Labour Party in der frühen Nachkriegszeit vgl. v.a. Rolf Steininger, *Deutschland und die Sozialistische Internationale nach dem Zweiten Weltkrieg. Die deutsche Frage, die Internationale und das Problem der Wiederaufnahme der SPD auf den internationalen sozialistischen Konferenzen bis 1951, unter besonderer Berücksichtigung der Labour Party. Darstellung und Dokumentation*, Bonn 1979; ferner: Ders., British Labour, Deutschland und die SPD 1945/46. In: *IWK 15* (1979) 2, S. 188-226; William E. Paterson, The British Labour Party and the SPD 1945-52. In: W. Albrecht (Bearb.), *Kurt Schumacher als deutscher und europäischer Sozialist*, Bonn 1988, S. 95-112.
90 Schumacher zum Kolonialproblem. In: *NV*, 15.9.1950.
91 Rede Schumachers in der Eröffnungssitzung des Internationalen Sozialistenkongresses in Frankfurt am Main (30.6.1951). In: Willy Albrecht (Hg.), *Kurt Schumacher. Reden - Schriften - Korrespondenzen 1945-1952*, Berlin, Bonn 1985, S. 981.
92 Ziele und Aufgaben des demokratischen Sozialismus. In: Julius Braunthal, *Geschichte der Internationale*, Bd. 3 [1971], 2. Aufl., Berlin-Bonn 1978, S. 612-618, hier: S. 613, 618, 617).

93 Text in: Julius Braunthal, *Geschichte der Internationale*, Bd. 3, a.a.O., S. 620-626 (zu den folgenden Zitaten vgl. S. 620-621). - Die Erklärung von Mailand fußte bezeichnenderweise auf einem Memorandum, das von der 7. *Wirtschaftsexpertenkonferenz* der SI (Wien, 12.-16. November 1951) ausgearbeitet worden war (Text in: *SII* 2 (1952) 8. Zur Entwicklung des Memorandums und der Mailänder Erklärung vgl. v.a. die kenntnisreiche Hintergrundstudie von Gertrud Lenz, *Zwischen nationalem Interesse und internationaler Solidarität. Die Entwicklungspolitik der SPD 1949-1974*, phil. Magisterarbeit, Rheinische Friedrich-Wilhelms-Universität, Bonn 1989, bes. S. 61-91.
94 *Aktions-Programm der Sozialdemokratischen Partei Deutschlands. Beschlossen auf dem Dortmunder Parteitag am 28. September 1952. Mit einem Vorwort von Dr. Kurt Schumacher*, o.O. (Druck: Dortmund) 1952, S. 13.
95 Das Aktionsprogramm der SPD. In: *NV*, 1.8.1952.
96 *Aktions-Programm der Sozialdemokratischen Partei Deutschlands*, a.a.O., S. 12.
97 Bereits am 30. Juni 1950, fünf Tage nach Ausbruch des Koreakriegs, hatte die ägyptische Regierung erklärt, sich hinfort im Sicherheitsrat der Vereinten Nationen bei jeder Korea betreffenden Resolution der Stimme enthalten zu wollen (*AdG*, 30.6.50, S. 2462; vgl. auch ebenda, S. 2460-61). Am 7. Juli 1950 hatte sich Ägypten, diesmal gemeinsam mit Indien und Jugoslawien, der Stimme enthalten, als der Sicherheitsrat mit 7:0:3 die Bildung eines Militärkommandos in Korea empfahl (*AdG*, 20.7.50, 2493). Die Gruppe der acht Länder, die sich am 7. Oktober 1950 der Stimme enthielt, als die Vollversammlung der Vereinten Nationen mit 47:5:8 beschloß, die Streitkräfte der VN indirekt zum Einmarsch in Nordkorea zu ermächtigen, umfaßte Ägypten, Indien, Indonesien, Jugoslawien, Libanon, Saudi-Arabien, Syrien und Jemen (*AdG*, 7.10.1950, S. 2614-15).
98 Nach längeren, bereits 1947 begonnenen Diskussionen hatten die sozialistischen Parteien Indiens, Burmas und Indonesiens bei einem Treffen in Rangun (25.-29.März 1952) beschlossen, für 1953 eine internationale Konferenz asiatischer sozialistischer Parteien einzuberufen, die nach längeren Vorbereitungen vom 6.-15.Januar 1953 in Rangun stattfand. Delegierte aus neun Ländern (Ägypten, Burma, Indien, Indonesien, Israel, Japan, Libanon, Malaya, Pakistan), Beobachter aus Algerien, Kenia, Nepal, Tunesien, Uganda sowie Gastdelegationen der SI, der Sozialistischen Jugendinternationale und des Bundes der Kommunisten Jugoslawiens begegneten sich auf einem Kongreß, der im Informationsdienst der SI als "the most important event in the contemporary history of the international Socialist movement" bezeichnet wurde (Redaktionelle Vorbemerkung zu: Moshe Sharett, Significance of the Asian Conference. In: *SII* 3 (1953) 19, S. 305. - Schilderungen des Gründungskongresses bei Saul Rose, *Socialism in Southern Asia* [1959], New York 1975, S. 7-13; Braunthal, *Geschichte der Internationale*, Bd. 3, a.a.O., S. 427-433; Mary Saran, Die Konferenz asiatischer Sozialisten in Rangoon. In: *GuT* 8 (1953) 3, S. 79-82; vgl. auch Kongreß der asiatischen Sozialisten. In: *NV*, 9.1.1953.
99 *Willi Eichler* (1896-1971): Schüler Leonard Nelsons, 1923 SPD, 1925 Austritt aus der SPD und Mitbegründung des "Internationalen Sozialistischen Kampfbunds" (ISK), seit Nelsons Tod 1927 Leiter des ISK. 1933-1945 Emigration (ab 1939 in Großbritannien); 1945 SPD, 1946-1971 Herausgeber der Theoriezeitschrift *Geist und Tat*, 1947-1953 Vorsitzender der SPD-Mittelrhein, MdB/SPD 1949-1952, 1946-1968 Mitglied des PV (seit 1952 besoldetes Mitglied, Bereiche: Kulturpolitik und Programmatik), wesentlicher Gestalter des "Godesberger Programms" der SPD, Vorstandsmitglied der FESt (*BHdE*, Bd.1, S.148).
100 W-er., Deutschland und Asien "im gleichen Boot". In: *GuT* (1953) 8, S. 245-246.
101 *Fritz Erler* (1913-1967), 1928 SAJ, 1938-1945 Gefängnis, Zuchthaus, KZ wegen "Vorbereitung zum Hochverrat", 1947 MdL/SPD Württemberg-Hohenzollern, 1949-1967 MdB/-SPD, seit 1951 Vorstandsmitglied der SPD-Bundestagsfraktion, 1952-1957 Stellvertretender Vorsitzender des Bundestagsausschusses für Fragen der europäischen Sicherheit bzw. Ver-

teidigung, seit 1956 Mitglied des PV (ab 1958 Mitglied des PV-Präsidiums, ab 1964 stellvertretender Parteivorsitzender), seit 1957 stellvertretender Vorsitzender der SPD-Bundestagsfraktion, ab 1964 deren Vorsitzender. Biographie: Hartmut Soell, *Fritz Erler - Eine politische Biographie*, 2 Bde, Berlin, Bonn-Bad Godesberg 1976.

102 Fritz Erler, Die Legende von der Isolierung der SPD. In: *NV*, 10.6.1953. Zur Entwicklung von Erlers außenpolitischer Konzeption in den fünfziger Jahren vgl. Soell, *Fritz Erler*, a.a.O., Bd. 1, Kap. IV, V und VII.

103 Report on his visit to the Middle East broadcast by Mr. Dulles on 1 June 1953. In: *Documents on International Affairs 1953*, London u.a. 1956, S. 259-266, hier: S. 266. Gemeint waren die nördlichsten Staaten des Nahen und Mittleren Ostens, die unmittelbar an die Sowjetunion angrenzten, v.a. die Türkei, Iran, Afghanistan und Pakistan.

104 Fritz Erler, Deutschland zwischen den Weltmächten. In: *GuT* 9 (1954) 2, S. 36-41, hier: S. 40-41 (Hervorhebungen T.S.).

105 Erler, Deutschland zwischen den Weltmächten, a.a.O., S. 40.

106 Erich Ollenhauer, Die Einheit Deutschlands und die Einigung Europas.In: *Protokoll der Verhandlungen des Parteitages der Sozialdemokratischen Partei Deutschlands vom 20. bis 24. Juli 1954 in Berlin*, o.O. [Druck: Berlin], S. 54-55.

107 Entschließung zur Außenpolitik. In: *Prot. SPD-Parteitag 1954*, a.a.O., S. 340.

108 Vgl. Herbert Wehner, [Bericht der Redaktionskommission]. In: *Prot. SPD-Parteitag 1954*, a.a.O., S. 200.

109 Herstellung engerer Beziehungen zu den sozialistischen Parteien Asiens. In: *Prot. SPD-Parteitag 1954*, a.a.O., S. 344.

110 Für eine detaillierte zeitgenössische Bestandsaufnahme vgl. Curt Gasteyger, Gegenseitige Staatsbesuche als Teil des neuen Kurses in der sowjetischen Außenpolitik. In: *EA* (1956)11, S. 8897-914, 8849-60, bes. S. 8898-902, 8849ff.

111 Herbert Wehner, Außenpolitische Entwicklung [Ms., 3 Bl., 6.3.1956], Bl. 3. In: *AdsD*, PV-II, Abt. Int. Bez., 2868.

112 Erich Ollenhauer, An der Wende der deutschen Politik. In: *Protokoll der Verhandlungen des Parteitages der Sozialdemokratischen Partei Deutschlands vom 10. bis 14. Juli 1956 in München*, o.O. [Druck: München], S. 58-59.

113 Carlo Schmid, [Die zweite industrielle Revolution]. In: *Prot. SPD-Parteitag 1956*, a.a.O., S. 171-172.

114 Entschließung zum Selbstbestimmungsrecht der Völker. In: *Prot. SPD-Parteitag 1956*, a.a.O., S. 352.

115 Vgl. u.a.: Herbert Wehner, [Bericht der Redaktionskommission]. In: *Prot. SPD-Parteitag 1954*, a.a.O., S. 200.

116 Vgl. Erich Ollenhauer, Die Einheit Deutschlands und die Einigung Europas.,In: *Prot. SPD-Parteitag 1954*, a.a.O., S. 55; ders., [Schlußwort], in: *Prot. SPD-Parteitag 1956*, a.a.O. S. 340.

117 Vgl. Heinz Putzrath, Bericht über die Asienreise Erich Ollenhauers vom 28. Oktober bis 6. Dezember 1956 [Ms., 17 Bl., 22.12.1956]. In: *AdsD*, PV-Ollenhauer/143/Asien-Reise 1956; sowie die Berichte und Pressestimmen in: Vorstand der SPD (Hg.), *Erich Ollenhauer in Asien*. Von Heinrich Braune, Kurt Nemitz, Walter Poller, Arno Scholz und Fried Wesemann, Bonn o.J. - Vgl. auch die Impressionen in: Arno Scholz, *Asien lebt*. Mit Beiträgen von Heinrich Braune, Berlin 1958.

118 Ollenhauers erste Israel-Reise (18.-26. März 1957) war ursprünglich schon für 1956, als Teil der großen Asien-Reise des Parteivorsitzenden, geplant gewesen, dann aber wegen der Suez-Krise verschoben worden. Zur Reise vgl. den Kommentar des *SPD-PD* vom 16.3.1957 (sp, "Ein längst fälliger Besuch") sowie Ollenhauers Einschätzung in: Rede des Genossen Erich Ollenhauer vor dem Parteiausschuß am 30. März 1957 [Ms., 14 Bl.], Bl. 9-13. In: *AdsD*,

PV-Ollenhauer/105/Reden, Aufsätze 1957. Die zweite Israel-Reise fand im April 1960 anläßlich der Tagung des Generalrats der SI in Haifa (27.-29.4.1960) statt - vier Monate, nachdem es in der Bundesrepublik an der Wende 1959/60 zu zahlreichen antisemitischen Vorfällen gekommen war.

119 Vgl. Werner Gregor an Fritz Heine, 31.5.1957; Werner Gregor an Heinz Putzrath, 12.11.1957; Heinz Putzrath an Werner Gregor, 26.11.1957; Werner Gregor an Heinz Putzrath, 11.12.1957. Alle in: AdsD, PV-II, Abt. Int. Bez., 2858/Ausland, F-J 1957.

120 Vgl. Willy Brandt, *Begegnungen und Einsichten. Die Jahre 1960-1975* [1976], München-Zürich 1978, S. 588-589, 609-610; Algier will seine Beziehungen mit Bonn ausbauen. In: *FAZ*, 23.11.1963.

121 Die Philippinen waren 1946 unabhängig geworden, Indien und Pakistan 1947, Burma und Ceylon 1948, Indonesien 1949, Laos, Kambodscha und Vietnam 1954, die Föderation von Malaya 1957. Thailand, Nepal und Bhutan waren auch während der Kolonialzeit formell unabhängig geblieben. Europäischen Mächten unterstellt blieben in den fünfziger Jahren noch Goa (1961 von Indien annektiert), Singapur (1963 mit Malaya zur Föderation Malaysia vereinigt, seit 1965 unabhängig), West-Neuguinea (seit 1963 unter indonesischer Treuhänderschaft, 1969 von Indonesien annektiert), die Malediven (1965 unabhängig), Ost-Timor (1976 von Indonesien annektiert) und Brunei (1984 unabhängig).

122 Zur Geschichte der sozialistischen Parteien Süd- und Südostasiens in den fünfziger Jahren vgl. Saul Rose, *Socialism in Southern Asia* [1959], New York 1975; Braunthal, *Geschichte der Internationale*, Bd. 3, a.a.O., S. 265-364, 427-435; Htun Aung, Rise and Fall of the Asian Socialist Conference. In: *SII* 20 (1970) 9-10, S. 133-135.

123 Gewerkschaftsprobleme Afrikas. In: *Der Ostblock und die Entwicklungsländer. Vierteljahresbericht der Friedrich-Ebert-Stiftung* (1961) 4/5, S. 7-53, hier: S. 33-34.

124 Zur Vorgeschichte und zum Kommuniqué der Konferenz vgl. al-hizb al-taqaddumi al-ishtiraki (Hg.), *rub' qarn min al-nidal* [Ein Vierteljahrhundert des Kampfes], Beirut 1974, S. 57-61.

125 Die *Progressive Sozialistische Partei* wurde am 17. März 1949 auf Betreiben des libanesischen Drusenführers Kamal Junbulat gegründet. Trotz säkularistischer Programmatik und überkonfessionell zusammengesetzter Führungsgremien blieb sie bis heute im Kern eine Partei des libanesischen Drusentums. Die bisher ausführlichste Darstellung und Dokumentation ihrer frühen Geschichte enthält der von der Partei im September 1974 herausgegebene Band *rub' qarn min al-nidal* (a.a.O.). Die Partei wurde 1980 auf dem 15. SI-Kongreß (Madrid, 13.-16. November 1980) als erstes arabisches Vollmitglied in die Sozialistische Internationale aufgenommen. Vgl. New Member Parties of the Socialist International. In: *SA* (1981)1, S. 24. Zur Aufnahme der PSP vgl. auch: SI Bureau Meeting in Oslo. In: *SA* (1980)5, S. 153; Friends in the Lebanon. In: *SA* (1980) 6, S. 203.

126 Die *Arabische Sozialistische Partei* ging aus der aktionistischen "Partei der Jugend" (*hizb al-shabab*) hervor, mit der Hurani seit 1938 die Bauern in der Gegend von Hama (Nordsyrien) gegen Übergriffe der Großgrundbesitzer schützte. 1950 hatte die Partei etwa 10.000 Mitglieder und mobilisierte etwa 40 000 Menschen zum ersten syrischen Bauernkongreß in Aleppo. Vgl.: Hanna Batatu, *The Old Social Classes and the Revolutionary Movements of Iraq. A Study of Iraq's Old Landed and Commercial Classes and of its Communists, Ba'thists, and Free Officers*, Princeton 1978, S. 728-729.

127 Die *Sozialistische Partei Ägyptens* ging 1950 aus der 1933 von Ahmad Husain gegründeten, militant nationalistischen "Gesellschaft Junges Ägypten" (*jam'iyya misr al-fatat*) hervor, die sich 1937 als Partei organisiert hatte. Bei den ägyptischen Parlamentswahlen vom 3. Januar 1950 errang die Partei einen von 319 Sitzen. Vgl. Lothar Rathmann u.a., *Geschichte der Araber*, Berlin (DDR), Bd. 5, S. 32, 40.

128 Die *Nationaldemokratische Partei* ging 1946 aus dem nichtmarxistischen Flügel der 1937 offiziell verbotenen *al-Ahali*-Gruppe hervor. 1947 soll sie knapp 7000 Mitglieder gehabt haben. Erst 1950 bekannte sie sich offiziell zum "demokratischen Sozialismus". Zur Programmatik und Geschichte der Partei vgl. Batatu, *The Old Social Classes*, a.a.O., S. 305-310. - An der Beiruter Konferenz 1951 nahm die Partei trotz Einladung schließlich nicht teil (vgl. *rub' qarn min al-nidal*, a.a.O., S. 59).

129 Batatu, *The Old Social Classes*, a.a.O., S. 730.

130 Vgl. Batatu, *The Old Social Classes*, a.a.O., S. 309-310.

131 Vgl. Composition of the Rangoon Conference. In: *SII* 2 (1952) 51, S. 3-4; The Asian Socialist Conference and Africa. In: *SII* 3 (1953) 1, S. 13; Rose, *Socialism in Southern Asia*, a.a.O., S. 6-7.

132 Rose, *Socialism in Southern Asia*, a.a.O., S. 9. Die Neo-Destour-Partei war - als afrikanische Organisation - lediglich als Beobachterin eingeladen worden.

133 Vgl.: Rose, *Socialism in Southern Asia*, a.a.O., S. 242. In: Report on Activities, 20. November 1953 - 22. Januar 1954. In: *SI-Circular* B/5/54, 22.1.1954, S. 11; Secretary's Report on Activities, 7. Mai - 4. September 1954. In: *SI-Circular* B/17/1954, 6.9.1954, S. 8.

134 1951 hatte die SPD im Bundestag beantragt, "durch ein Bundesgesetz den Staat Israel als Repräsentanten des von den ermordeten Juden ohne Erben hinterlassenen Vermögens anzuerkennen" (Interpellation der Fraktion der SPD betr. Vorlage des Entwurfs eines Wiedergutmachungsgesetzes, *1. BT*, Drs. Nr. 1828, 24.1.1951). Vgl. auch: Carlo Schmid (SPD). In: *1. BT*, Sten. Ber., 120. Sitz., 22.2.1951, S. 4593.

135 Vgl. sp, Ein längst fälliger Besuch. In: *SPD-PD*, 16.3.1957.

136 Ludwig Rosenberg (1903-1977): 1923 SPD und Reichsbanner, 1928-1933 hauptamtlicher Funktionär des Gewerkschaftsbundes der Angestellten, 1933-1946 Exil in Großbritannien, 1946 Rückkehr, Mitglied des Sekretariats des Gewerkschaftsbunds der britischen Zone, 1948-1949 Sekretär des Gewerkschaftsrats der Vereinigten Zonen (dort zuständig für alle Fragen des Marshall-Plans), seit 1949 Mitglied des Bundesvorstands des DGB (dort Leiter der Abteilung Ausland und ab 1954 der Abteilung Wirtschaft), 1959-1962 stellvertretender Bundesvorsitzender des DGB, 1962-1969 dessen Vorsitzender, 1963-1969 Vizepräsident des IBFG (*BHdE*, Bd. 1, S. 612; Werner Link, *Deutsche und amerikanische Gewerkschaften und Geschäftsleute 1945-1975. Eine Studie über transnationale Beziehungen*, Düsseldorf 1978, S. 54).

137 Ägypten: Tummelplatz alter Nazis. Von Ludwig Rosenberg, Mitglied des Bundesvorstandes des DGB. In: *WdA*, 23.1.1959.

138 Vgl. z.B.: Bernt Engelmann, Eine Million Moslems ohne Arbeit und Brot. In: *WdA*, 10.10.1958; ders.: Ohne Folter geht es in Algerien nicht. In: *WdA*, 17.10.1958; ders.: Die Truppen der Rebellen sind schwer zu fassen. In: *WdA*, 24.10.1958; Werner Plum, Märchen von 1001 Nacht ausgeträumt. In: *WdA*, 12.12.1958; Trotz Freispruch: Algeriens Gewerkschaftsführer in Haft. In: *WdA*, 10.7.1959; Gewerkschafter in Gefahr. In: *WdA*, 4.9.1959.

139 Vgl. Elsenhans, *Algerienkrieg*, a.a.O., S. 69ff. - Die vom FLN am 19.9.1958 proklamierte Provisorische Regierung der Algerischen Republik (GPRA) wurde von der UdSSR erst am 19. März 1962, einen Tag nach Abschluß der französisch-algerischen Friedensverhandlungen von Evian, *de iure* anerkannt (*AdG*, 28.3.1962, S. 9779). Der wichtigste Anwalt sowjetischer Interessen in Frankreich, die Französische Kommunistische Partei (PCF), stimmte am 12. März 1956 in der französischen Nationalversammlung sogar für die Sondervollmachten der Regierung Mollet im Algerienkrieg. Zu den Differenzen zwischen PCF und FLN s. Ali Haroun, *La 7ᵉ wilaya: La guerre du FLN en France, 1954-1962*, Paris 1986, S. 291-303; Monique Gadant, *Islam et nationalisme en Algérie d'après "El Moudjahid" organe central du FLN de 1956 à 1962*, Paris 1988, S. 65-68, 188-196.

140 Jean-Paul Chagnollaud, *Maghreb et Palestine*, Paris 1977, S. 80ff.
141 Zu den Vorstellungen Bourguibas über den Zusammenschluß der Maghreb-Staaten "von Sollum bis Casablanca" (d.h. unter Einschluß Libyens) vgl. Werner Ruf, *Habib Burgiba und die Idee der nordafrikanischen Einigung*, Freiburg i.Br. 1964, S. 10, 33-56, 60-64.
142 Rolf Reventlow, Vor Entscheidungen in Algerien. Das Problem für die Sozialisten. In: *Vorwärts*, 19.10.1956.
143 Jockel Fuchs, Wetterleuchten über Nordafrika. In: *SPD-PD*, 15.10.1958, S. 2. - Den "antinasseristischen Charakter der von Tunis verfochtenen Maghreb-Idee" betont auch Paul Haupt, Maghreb oder Mauretanien. In: *GuT* 16 (1961) 1, S.12. - Zur Diskussion über die Schaffung eines "großen arabischen Maghreb" 1956-1958 vgl. Thomas Oppermann, *Die algerische Frage. Rechtlich-politische Studie*, Stuttgart 1959, S. 171-72; Werner Ruf, *Der Burgibismus und die Außenpolitik des unabhängigen Tunesien*, Bielefeld 1969, S. 112-117. Zu Bourguibas Differenzen mit Nasser s. Ruf, *Burgiba*, a.a.O., S. 10, 37-38. Auch der Gründungsaufruf des algerischen FLN vom 1.11.1954 (Text in: Mohammed Harbi [Hg.], *Les archives de la révolution algérienne*, Paris 1981, S. 101-103, hier: S. 102) erklärte sich für die "unité nord-africaine dans son cadre naturel arabo-musulman".
144 Vgl. *AdG*, 14.10.1958, S. 7344-45. Anlaß war der Schutz, den die VAR dem tunesischen Exilpolitiker Salah Ben Youssef gewährte, der 1956 nach Kairo geflohen war und von dort eine rege Subversionstätigkeit entfaltete.
145 H.E.D., Der Bruch mit Kairo. In: *SPD-PD*, 20.10.1958.
146 Zur Nordafrika-Politik der USA vgl. Charles F. Gallagher, *The United States and North Africa: Morocco, Algeria, and Tunisia*, Cambridge, Mass. 1963, S. 230ff.; Elsenhans, *Algerienkrieg*, a.a.O., S. 50 ff.; Egyah N. Sangmuah, Eisenhower and Containment..., a.a.O., S. 76 ff. - Für den FLN vgl. v.a. Gadant, *Islam et nationalisme*, a.a.O., S. 150ff.
147 René Gallissot, Le socialisme dans le domaine arabe: Syrie, Liban, Irak, Palestine, Egypte, Maghreb. In: J. Droz (Hg.), *Histoire générale du socialisme*, Bd. 3, Paris 1977, S. 545-605, hier: S. 571-591; ders.: Références socialistes dans le monde arabe. In: *Ebenda*, Bd. 4, Paris 1978, S.257-310, hier: S. 265-279; H. Elsenhans, Algerien. In: S. Mielke (Hg.), *Internationales Gewerkschaftshandbuch*, Opladen 1983, S.192-201; W. Ruf, Marokko. In: Ebenda, S. 774-779; ders., Tunesien. In: Ebenda, S. 1119-1125; ferner Jakob Moneta, *Die Kolonialpolitik der französischen KP*, Hannover 1968, bes. Kap. I u. II; Jacques Jurquet, *La révolution algérienne et le Parti communiste français*, 3 Bde, Paris 1973-1979; Emmanuel Sivan, *Communisme et nationalisme en Algérie 1920-1962*, Paris 1976; Albert Ayache, *Le mouvement syndical au Maroc*, T. 1: 1919-1942, Paris 1982; Georges Oved, *La gauche française et le nationalisme marocain 1905-1955*, 2 Bde, Paris 1984; Benjamin Stora, *Nationalistes algériens et révolutionnaires français au temps du Front Populaire*, Paris 1987.
148 Nach tröpfelndem Beginn zwischen 1904 und 1907 setzte die nordafrikanische Masseneinwanderung nach Frankreich während des Ersten Weltkriegs ein. 1954 lebten etwa 250 000 Algerier in Frankreich; am Ende des Algerienkriegs (1962) waren es etwa 400 000 (vgl. Elsenhans, *Algerienkrieg*, a.a.O., S. 110, 698-699). Nach Leggewie stieg die Zahl der Algerier in Europa zwischen 1954 und 1962 von 211 675 auf 350 484 (Claus Leggewie, Historische Vorbedingungen, Strukturmerkmale, Funktion und Wandel der algerischen Arbeitsmigration nach Westeuropa. In: H. Elsenhans [Hg.], *Migration und Wirtschaftsentwicklung*, Frankfurt/M. 1978, S. 70-116, hier: S. 74.)
149 Elsenhans, *Algerien*, a.a.O., S. 194; Ruf, *Marokko*, a.a.O., S. 775; Ruf, *Tunesien*, a.a.O., S. 1121.
150 Werner Plum, *Gewerkschaften im Maghreb: UGTT - UMT - UGTA*, Hannover 1962, S. 23f.; Mustapha Kraïem, *La classe ouvrière tunisienne et la lutte de libération nationale (1939-1952)*, Tunis 1980, S. 378, 403-406, 423-433.
151 Kraïem, *La classe ouvrière tunisienne*, a.a.O., S. 405-406, 427-431.

152 Rolf Reventlow, Die Strukturwandlungen in Französisch-Nordafrika. In: *Aussenpolitik* 3 (1952) 2, S. 125.
153 Vgl. Artur Saternus, Der 5. Weltkongreß des IBFG in Tunis. In: *GM* 8 (1957) 8, S. 498f. Es handelte sich um den *ersten* IBFG-Kongreß außerhalb Europas.
154 Helmut Altner, Tunesien - Zentrum des Fortschritts in Nordafrika. In: *GM* 8 (1957) 7, S. 395-398, hier: S. 395.
155 Plum, *Gewerkschaften im Maghreb*, a.a.O., S. 28, 34-36; Gallissot, *Références socialistes*, a.a.O., S. 274-75; Elsenhans, *Algerien*, a.a.O., S. 193-94.
156 Der Kongreß der Sozialistischen Internationale. In: *NV*, 24.7.1953; *AdG*, 19.7.1953, S. 4081; Jugend-Internationale tagte in London. In: *NV*, 6.11.1953.
157 Rangoon und die Internationale. In: *NV*, 14.11.1952; A. de la Rosa, Nordafrika und die Konferenz von Rangoon. In: *NV*, 30.1.1953; Julius Braunthal, *Geschichte der Internationale*, Bd. 3, a.a.O., S. 428. Zur Teilnahme des Neo-Destour an einer "sozialistischen" Konferenz vgl. den empörten Brief Rolf Reventlows an Erich Ollenhauer vom 19.11.1952 in: *AdsD*, PV-Heine/35/R-Re.
158 The Socialist International. Report on Activities, 20 November, 1953 - 22 January, 1954. In: *SI-Circular*, B/5/54, 22.1.1954, S. 11.
159 Report on Activities (July 1955 - 1 June, 1957) to the Fifth Congress of the Socialist International in Wien, 2-6 July, 1957. In: *SII*, 24-25, 15.6.1957, S. 424. Nach Saul Rose, *Socialism in Southern Asia* [1958], New York 1975, S. 248, handelte es sich um einen Vertreter des FLN-Büros in Indonesien.
160 Anfang der fünfziger Jahre wurde die Zahl der Juden im Maghreb auf ca. 500 000 bzw. 4,35% aller weltweit lebenden Juden (ca. 11,5 Millionen) geschätzt. Davon entfielen auf Marokko 255 000 (= 2,5% der dortigen Gesamtbevölkerung), auf Algerien 140 000 (1,75%) und auf Tunesien 105 000 (3,23%). Vgl. Werner Plum, *Nordafrika: Der Maghreb*, Nürnberg 1961, S. 160. Da führende jüdische Politiker in Frankreich wie Pierre Mendès France und Gilbert Grandval den Unabhängigkeitsbewegungen im Maghreb relativ verständnisvoll begegneten und da der Antisemitismus der europäischen Siedler in Nordafrika in der Regel größer war als der Antizionismus der einheimischen Muslime (Plum, ebd., S. 161), war die Verständigung zwischen Juden und Muslimen im Maghreb leichter als im Mashreq. Dessen ungeachtet bildete v.a. die jüdische Minderheit in Algerien ein wichtiges Reservoir für den israelischen Geheimdienst, um den französischen Behörden Informationen über den FLN zu liefern (vgl. Seymour M. Hersh, *Atommacht Israel: Das geheime Vernichtungspotential im Nahen Osten*, München 1991, S. 42-43).
161 J.-P. Chagnollaud, *Maghreb et Palestine*, Paris 1977, S. 88-89, 94f.
162 Vgl. David Cohen, Les nationalistes nord-africains face au sionisme (1929-1939), *Revue française d'histoire d'Outre-Mer* (1990) 78, S. 5-29.
163 Vgl. den Abschnitt der sog. *Soummam-Plattform* des FLN "vom 20.August 1956" über die jüdische Minderheit in Algerien (Yves Courrière, *La guerre d'Algérie*, Bd. 2, Paris 1969, S. 598-600); "Die FLN und das Problem der europäischen Minderheit in Algerien", *FA* 4 (1961) 1/2, S. 9-11; ferner *AdG*, 6.6.1961, S. 9136-37; Irene L. Gendzier, *Frantz Fanon: A Critical Study*, New York 1973, S. 170-185; Chagnollaud, *Maghreb et Palestine*, Paris 1977, S. 88; Martha Crenshaw Hutchinson, *Revolutionary Terrorism. The FLN in Algeria, 1954-1962*, Stanford, Cal. 1982, S. 99f.; Gadant, *Islam et nationalisme*, a.a.O., S. 141-145.
164 Die vom Orient-Ausschuß des Auswärtigen Amts im Februar 1942 verfaßten Leitsätze hielten ausdrücklich fest, in den "arabisch besiedelten Gebieten westlich von Ägypten" weder "nationalarabische" noch "islamische" Propaganda zu fördern. Deutschland, so argumentierte der damalige Unterstaatssekretär im Auswärtigen Amt, Ernst Woermann, im März 1942, habe "kein Interesse daran, bei den Mohammedanern, die in Nordafrika unter italienischer, spanischer oder französischer Herrschaft stehen, politische Hoffnungen zu erwecken. Unsere

Araberpropaganda macht deshalb an der Westgrenze Ägyptens halt" (zit. nach Peter Longerich, *Propagandisten im Krieg. Die Presseabteilung des Auswärtigen Amtes unter Ribbentrop*, München 1987, S. 96). Zur deutschen Propaganda im Maghreb vgl. v.a. Charles-Robert Ageron, *"L'Algérie algérienne" de Napoléon à de Gaulle*, Paris 1980, S. 167-216. Insbesondere zur deutschen Politik gegenüber den tunesischen Nationalisten 1942-1943 s. Łukasz Hirszowitz, *The Third Reich and the Arab East*, London/Toronto 1966, S. 284-300; Fritz Grobba, *Männer und Mächte im Orient. 25 Jahre diplomatischer Tätigkeit im Orient*, Göttingen u.a. 1967, S.304-314; Bernd Philipp Schröder, *Deutschland und der Mittlere Osten im Zweiten Weltkrieg*, Göttingen u.a. 1975, S. 208-214; Ageron, a.a.O., S. 179-180; Juliette Bessis, *La Méditerranée fasciste. L'Italie mussolinienne et la Tunisie*, Paris 1981, S. 278-283, 329-336. - Auf die (mit wenigen Ausnahmen) geringe Begeisterung der tunesischen Nationalisten für Hitler verweist ausdrücklich: Rolf Reventlow (Algier) an Fritz Heine, 3.2.1953, Bl. 1, *AdsD*, PV/Heine/35/R-Re. Vgl. schon Reventlow, Strukturwandlungen, a.a.O., S. 125. - Für die Motive des Antifaschismus bei Bourguiba vgl. Mohamed Lebjaoui, *Bataille d'Alger ou bataille d'Algérie?* Paris 1972, S. 219-224. -Bourguiba, der nach dem Einmarsch deutscher Truppen nach Tunesien im November 1942 aus französischer Haft befreit und nach Italien überstellt worden war, hatte dort selbst in einer Auslandsrede über den Sender Bari vermieden, sich zu den Achsenmächten zu bekennen und nach dem Einmarsch der Alliierten im Frühjahr 1943 sofort die Parole "Hors de la France point de salut" ausgegeben (Schröder, a.a.O., S. 213-14). Zur vorsichtigen Haltung Bourguibas in der Zeit seines italienischen Exils (1942/43) und nach seiner Rückkehr vgl. Bessis, a.a.O., S. 344-352, 362-363. Hinweise auf arabische Sympathisanten des Dritten Reichs im Maghreb bei Ageron, a.a.O., S. 172, 185, 192-202, 208-210; Bessis, a.a.O., S. 304-306, 359-361.

165 Heiliger Krieg. In: *Der Spiegel* 6 (1952) 52, 24.12.1952, S.14.
166 -f-, "Morgen kann es zu spät sein ...". In: *SPD-PD*, 16.12.1952.
167 Kurt Schumacher an Edith Baade, 1.2.1949, zitiert nach Kurt Klotzbach, *Der Weg zur Staatspartei. Programmatik, praktische Politik und Organisation der deutschen Sozialdemokratie 1945 bis 1965*, Berlin, Bonn 1982, S. 156, FN 137.
168 Als Antwort auf die Bestrebungen der tunesischen Regierung, die innere Autonomie des Landes wiederherzustellen, hatte der französische Generalresident in Tunesien, Jean de Hautecloque, am 18. Januar 1952 zunächst Bourguiba deportieren, den anschließenden Generalstreik blutig niederschlagen, am 26. März Ministerpräsident Chenik mit Teilen seines Kabinetts verhaften und den Belagerungszustand verhängen lassen (Chronology. In: *MEJ* 6 (1952), S. 219, 335). Eine massive Welle von Terror und Gegenterror war die Folge, die erst abklang, nachdem am 31.7.1954 Frankreichs neuer Ministerpräsident, Pierre Mendès France, überraschend die innere Autonomie Tunesiens proklamiert hatte. Zur Eskalation der damaligen Auseinandersetzungen vgl. Ruf, *Burgibismus*, a.a.O., S. 47-60; Gerhard Kiersch, *Parlament und Parlamentarier in der Aussenpolitik der IV. Republik*, Bd. 1, Berlin 1971, S. 382-399; André Raymond/Jean Poncet, *La Tunisie* [1961], Paris 1977, S. 66-70; Kraïem, *La classe ouvrière*, a.a.O., S. 407-436.
169 Karl Mommer (SPD), *1. BT*, Sten. Ber., 205. Sitz., 23.4.1952, S. 8822.
170 Karl Mommer, Krise der französischen Machtpolitik. In: *NV*, 8.2.1952.
171 A.F., Frankreichs Kolonialsorgen. In: *SPD-PD*, 3.3.1948.
172 Max Cohen-Reuß, Frankreich und Marokko. In: *NV*, 23.2.1951.
173 Heinz Abosch, Die politischen Perspektiven Frankreichs. In: *NV*, 15.2.1952; A. de la Rosa, "Ruhe und Ordnung" in Tunesien. In: *NV*, 11.4.1952; G.St., Die "Rote Hand" oder der Terror in Tunesien. In: *SPD-PD*, 9.12.1952; Unrast in Nordafrika. In: *SPD-PD*, 13.12.1952; f., Morgen kann es zu spät sein. In: *SPD-PD*, 16.12.1952.
174 f., Ein schwarzer Tag der Vereinten Nationen. In: *SPD-PD*, 17.4.1952; Heinz Abosch, Nordafrika vor der UNO. In: *NV*, 24.10.1952. - Im Herbst 1951 hatten die arabischen Staa-

ten erstmals (vergeblich) versucht, die Marokkofrage auf die Tagesordnung der VI. UNO-Generalversammlung (6.11.1951-5.2.1952) setzen zu lassen. Die tunesische Regierung rief am 12.1.1952 von sich aus den UNO-Sicherheitsrat an. Unter Berufung auf die bilateralen Protektoratsverträge mit Tunesien (Bardo, 1881) und Marokko (Fes, 1912), die Frankreich darin u.a. die Führung ihrer auswärtigen Beziehungen übertragen hatten, wies die französische Regierung die Zuständigkeit der UNO für Tunesien und Marokko jedoch grundsätzlich zurück. Ein Antrag elf afrikanischer und asiatischer Staaten, den Sicherheitsrat mit der Tunesienfrage zu befassen, scheiterte dort am 14.April 1952. Nachdem die VII. UNO-Generalversammlung (14.10.-22.12.1952, 24.2.-23.4.1953) am 16. Oktober 1952 die Tunesien- und die Marokkofrage auf ihre Tagesordnung gesetzt hatte, erklärte die französische Delegation die UNO am 10. November 1952 erneut für unzuständig und boykottierte anschließend Diskussion und Erörterung der beiden Tagesordnungspunkte. Zur Erörterung der Tunesienfrage in den Vereinten Nationen vgl. *UN-Yearbook 1952*, S. 266-278; *UN-Yearbook 1953*, S. 208-212; *UN-Yearbook 1954*, S. 82-84; zur Marokkofrage s. *UN-Yearbook 1951*, S. 357-359; *UN-Yearbook 1952*, S. 278-285; *UN-Yearbook 1953*, S. 198-209; *UN-Yearbook 1954*, S. 84-86; *UN-Yearbook 1955*, S. 63-65.

175 -f-, Morgen kann es zu spät sein... In: *SPD-PD*, 16.12.1952.
176 Vgl. § 141 StGB v. 15.5.1871: "Wer einen Deutschen zum Militärdienste einer ausländischen Macht anwirbt oder den Werbern der letzteren zuführt, ingleichen wer einen Deutschen Soldaten vorsätzlich zum Desertiren verleitet oder die Desertion desselben vorsätzlich befördert, wird mit Gefängniß bis zu drei Jahren bestraft." - Nachdem der NS-Staat mit der Wiedereinführung der allgemeinen Wehrpflicht am 15.3.1935 begonnen hatte, den Versailler Vertrag de facto schrittweise aufzuheben, waren die entsprechenden Strafbestimmungen im neugeschaffenen § 141a StGB v. 28.6.1935 (*RGBl. I*, 1935, S. 840) drastisch verschärft und auf zehn Jahre Zuchthaus in besonders schweren Fällen erhöht worden.
177 In den fünfziger Jahren wurde der Anteil der Deutschen an den Mannschaften der Fremdenlegion auf 60%, bei den Unteroffizieren sogar auf 80% geschätzt (Edgar O'Ballance, *The Story of the French Foreign Legion*, London 1961, S. 232). Nach Angaben des französischen Hochkommissariats vom 4.1.1953 dienten insgesamt nur 18 000 Deutsche in der Legion (*AdG*, 5.2. 1953, S. 3855). Kurt Birrenbach (CDU) sprach Anfang 1959 noch von mindestens 15 000 (*3. BT*, Sten. Ber., 60. Sitz., 30.1.1959, S. 3264). Die deutsche Botschaft in Paris ging in einem Schreiben an die Redaktion der *Münchner Illustrierten* (9.9.1959) von 12 500 deutschen Legionären aus (*PAAA*, B 24 (204/I A 3), Bd. 322, Bl. 283). - Die in der SPD verwendeten Zahlen lagen jedoch weit höher: Der Berliner *Telegraf* (27.10.1948) sprach von 40 000 deutschen Fremdenlegionären. Im Bundestag ging man von 80 00-100 000 Deutschen aus (Ernst Paul [SPD] in: *1. BT*, Sten. Ber., 248. Sitz., 29.1.1953, S. 11859). Das Zentralsekretariat der Jungsozialisten sprach in seiner 1953 veröffentlichten Broschüre *Menschenschmuggel für die Fremdenlegion (Jagd auf junge Deutsche)*, o.O., o.J., S. 19, von 90 000 Deutschen unter französischem Kommando: allein in Indochina seien von 150 000 Soldaten 80 000 Deutsche. Hans-Jürgen Wischnewski ging 1961 von 20 000 deutschen Legionären aus (*3. BT*, Sten. Ber., 147. Sitz., 8.3.1961, S. 8348).
178 Nach Angaben *Willi Eichlers* waren "bis zum Jahre 1920 etwa 250 000 Deutsche und von 1920 bis 1929 weitere 70 000" in der Fremdenlegion umgekommen (*1. BT*, Sten. Ber., 59. Sitz., 27.4.1950, S. 2186). Der Blutzoll der Nachkriegszeit wurde 1952 im Bundestag auf etwa 16 000 gefallene Deutsche in Indochina beziffert (Heinrich Höfler [CDU], *1. BT*, Sten. Ber., 195. Sitz., 21.2.1952, S. 8404). Der *Neue Vorwärts* (6.2.1953) schätzte, daß der "deutsche Verteidigungsbeitrag" in Indochina "bisher 13 520 Menschenleben gekostet" habe. Noch erschreckendere Zahlen nannte eine Aufklärungsbroschüre, die die Jusos am 3. Juni 1954 unter dem Titel "Die Fremdenlegion ruft Dich!" der Presse vorstellten: Von den

insgesamt 232 500 Deutschen, die seit 1945 für die Legion angeworben worden seien, seien 46 000 gefallen und 33 000 vermißt (*StN*, 4.6.1954).
179 Bei einer Allensbach-Umfrage im Juli 1954 wollten 86% der Befragten die Werbung *für* - und 51% auch den Anschluß *an* die Fremdenlegion bestraft wissen (*Jahrbuch der öffentlichen Meinung 1947-1955*, Allensbach am Bodensee 1956, S. 208).
180 Nach Ermittlungen des Bundestagsausschusses für Auswärtige Angelegenheiten waren 36% der im zweiten Halbjahr 1954 für die Legion geworbenen Deutschen berufslos gewesen; 50% hatten Heimatlosigkeit, 19% Arbeitslosigkeit, 20% zerrüttetete Familienverhältnisse als Motiv für ihren Eintritt in die Legion angegeben; lediglich 8% nannten Abenteuerlust, nur 1% Straffälligkeit als Eintrittsgrund (Herbert Wehner in: *2. BT*, Sten. Ber., 85. Sitz., 8.6.1955, S. 4667).
181 Vgl. vor allem die Anfrage der KPD betr. Söldneranwerbung von Deutschen im Bundesgebiet (*1. BT*, Drs. 489, 1.2.1950); die Anträge der KPD betr. Einstellung der Anwerbung von Deutschen im Bundesgebiet für fremdländischen Militärdienst (*1. BT*, Drs. 687, 8.3.1950 und Drs. 2967, 7.1.1952) sowie die Anträge der KPD betr. Verhaftung und Auslieferung desertierter deutscher Fremdenlegionäre in West-Berlin (*1. BT*, Drs. 2541, 3.9.1950 und Drs. 2851, 22.11.1951).
182 Vgl. den Antrag der DRP betr. Gesetzentwurf über den Verlust der deutschen Staatsangehörigkeit beim Dienst in einer Fremdenlegion (*1. BT*, Drs. 879, 27.4.1950).
183 Vgl. vor allem *1. BT*, Sten. Ber., 59. Sitz., 27.4.1950, S. 2184-89; 92. Sitz., 18.10.1950, S. 3420-22; 119. Sitz., 21.2.1951, S. 4572-75; 195. Sitz., 21.2.1952, S. 8395-405; 247. Sitz., 28.1.1953, S. 11773-74; 248. Sitz., 29.1.1953, S. 11856-63; 249. Sitz., 4.2.1953, S. 11916-17.
184 Vgl. den *Entwurf eines Gesetzes zur Änderung des Strafgesetzbuches* (*1. BT*, Drs. 1307 v. 4.9.1950), S. 7, 31-32, über die Schaffung eines neuen § 83 StGB. Im Unterschied zum alten § 141a sollten dabei die Strafbestimmungen milder gefaßt ("Gefängnis nicht unter drei Monaten"), aber neben dem Wehr- auch der *Rüstungsdienst* für ausländische Mächte einbezogen werden, wobei allerdings "zwischenstaatliche Einrichtungen", denen die Bundesrepublik Hoheitsrechte übertragen habe, ausgenommen bleiben sollten.
185 Vgl. die Reden Eichlers zur Fremdenlegion in: *1. BT*, Sten. Ber., 59. Sitz., 27.4.1950, S. 2186-88; 92. Sitz., 18.10.1950, S. 3420-21.
186 Herbert Wehner (SPD), *1. BT*, Sten. Ber., 195. Sitz., 21.2.1952, S. 8401-04.
187 Keine deutschen Landsknechte - nirgends! In: *SPD-PD*, 4.3.1952. Vgl. den Hinweis Oskar Müllers (KPD), in Hamburg seien Werber für die Heere der *Arabischen Liga* tätig (*1. BT*, Sten. Ber., 195. Sitz., 21.2.1952, S. 8400).
188 Vgl. die Anträge der KPD vom vom 3.9.1950 und 22.11.1951 (*1. BT*, Drs. 2541 und 2851) sowie die daran anschließende Bundestagsdebatte vom 21.2.1952 (Sten. Ber., S. 8395-405).
189 Nach französischem Recht waren Jugendliche bereits mit 18 Jahren volljährig und berechtigt, auch gegen den Willen ihrer Erziehungsberechtigten der Legion beizutreten; nach bundesdeutschem Recht galten sie bis zur Vollendung des 21. Lebensjahres als minderjährig. Vgl. Herbert Wehner in: *1.BT*, Sten. Ber., 195. Sitz., 21.2.1952, S. 8403, sowie die Kleine Anfrage der SPD betr. Unterbindung der Werbung für die Fremdenlegion (*1. BT*, Drs. 3468, 18.6.1952; Antwort der Bundesregierung ebenda, Drs. 3558, 1.7.1952). Zur Rechtslage detailliert der mdl. Bericht des Bundestagsausschusses für Auswärtige Angelegenheiten (Birrenbach [CDU], *3. BT*, Sten. Ber., 60. Sitz., 30.1.1959, bes. S. 3264-66). Nach Birrenbach (ebenda, S. 3264) waren damals etwa 50% der deutschen Legionäre nach bundesdeutschem Recht minderjährig.
190 Zum Hergang vgl. die Erklärung Bundeskanzler Adenauers, *1. BT*, Sten. Ber., 248. Sitz., 29.1.1953, S. 11857-58.

191 Große Anfrage der Fraktion der SPD betr. Grenzzwischenfall Schweigen (*1. BT*, Drs. 3864, 18.11.1952). Einen Tag zuvor hatte die Fraktion der CDU/CSU eine Kleine Anfrage zum gleichen Thema eingebracht (Drs. 3857, 17.11.1952).
192 Otto Niebergall (KPD), *1. BT*, Sten. Ber., 248. Sitz., 29.1.1953, S. 11863.
193 Peter Jacobs (SPD), *1. BT*, Sten. Ber., 248. Sitz., 29.1.1953, S. 11857.
194 Ernst Paul (SPD), *1. BT*, Sten. Ber., 248. Sitz., 29.1.1953, S. 11859-60.
195 *1. BT*, Sten. Ber., 248. Sitz., 29.1.1953, S. 11858.
196 *1.BT*, Sten.Ber., 249.Sitz., 4.2.1953, S. 11916-17.
197 *BGBl. 1*, 1953, S. 42. Der neue § 141 lautete: "Wer im Inland oder als Deutscher im Ausland zugunsten einer ausländischen Macht einen Deutschen zum Wehrdienst in einer militärischen oder militärähnlichen Einrichtung anwirbt oder ihren Werbern oder dem Wehrdienst einer solchen Einrichtung zuführt, wird mit Gefängnis nicht unter drei Monaten bestraft. Der Versuch ist strafbar." - Er wurde im *Vierten Strafrechtsänderungsgesetz* vom 11.6.1957 (*BGBl. 1*, 1957, S.597ff.) für das Bundesgebiet (nicht für Berlin) gestrichen und unverändert als § 109h StGB eingefügt (ebenda, S. 598, 599).
198 sp, Einer großen Nation unwürdig. In: *SPD-PD*, 23.12.1952; Zentralsekretariat der Jungsozialisten (Hg.), *Das Arbeitsjahr 1952*, o.O. [Druck: Mainz], o.J. [1953], S. 78-79.
199 *SPD-Jahrbuch 1952/53*, S. 218; Ihr seid Legionäre, um zu sterben. In: *NV*, 6.2.1953; Heinz Pöhler, Kampf dem Menschenschmuggel. Die Warnkampagne der Jungsozialisten. In: *KK* 1 (1953) 1, Apr. 1953, S. 3-4; Warnkampagne erfolgreich beendet. In: *KK*, ebenda, S. 31; *AdG*, 5.2.1953, S. 3855; Karlheinz Schonauer, *Geschichte und Politik der Jungsozialisten in der SPD 1946-1973. Der Wandel der SPD-Jugendorganisation von der braven Parteijugend zur innerparteilichen Opposition*, Berlin 1980, S. 119-121.
200 Heinz Pöhler, Menschenschmuggel. In: *NV*, 6.2.1953.
201 Zentralsekretariat der Jungsozialisten in der SPD (Hg.), *Menschenschmuggel*, a.a.O., S. 19, 23.
202 Nach Schätzungen Erich Mendes waren bei Dien Bien Phu angeblich etwa 4000 Deutsche gefallen und 3000 gefangengenommen worden (*2. BT*, Sten. Ber., 58. Sitz., 8.12.1954, S. 2960-2961).
203 Vgl. die Kleine Anfrage der SPD betr. *Deutsche Angehörige der französischen Fremdenlegion* (*2. BT*, Drs. 555, 26.5.1954; Antw. AA, ebenda, Drs. 610, 15.6.1954); den Antrag der FDP betr. *Deutsche Fremdenlegionäre* (Drs. 591, 15.6.1954) wie die Große Anfrage der DP und des GB/BHE betr. *Werbung zu Fremdenlegion* (Drs. 606 [neu], 19.6.1954) sowie die daran anschließenden Bundestags-Debatten (*2. BT*, Sten. Ber., 58. Sitz., 8.12.1954, S. 2958-73; 85. Sitz., 8.6.1955, S. 4666-68).
204 Ernste Warnung vor der Fremdenlegion: SPD fordert internationale Untersuchungs-Kommission. In: *SOK*, 4.6.1954; Jockel Fuchs, Die Fremdenlegion - eine Kulturschande der freien Welt. In: *KK* 2 (1954) 6, S. 20-22; ders., Die Fremdenlegion ruft Dich: Starkes Echo in der deutschen Öffentlichkeit. In: *KK* 2 (1953) 7, S. 20. - Zum breiten Echo der Juso-Broschüre im Bundestag vgl. *2. BT*, Sten. Ber., 58. Sitz., 8.12.1954, S. 2960 (Mende, FDP), 2964 (Jacobs, SPD), 2969 (Wacher, CSU) 2973 (Schröder, CDU).
205 Der FLN war erst am 23. Oktober 1954 gegründet worden. Zur Entstehung, Organisation und Geschichte des FLN vgl. neben der in Anm. 25 genannten Literatur v.a.: Jacques C. Duchemin, *Histoire du F.L.N.*, Paris 1962; Charles-Henri Favrod, *Le FLN et l'Algérie*, Paris 1962; Henry F. Jackson, *The FLN in Algeria: Party Development in a Revolutionary Society*, Westport CT 1977, bes. S. 22-86; Mohammed Harbi, *Le F.L.N.: Mirage et réalité des origines à la prise du pouvoir (1945-1962)*, Paris 1980; ders. (Hg.), *Les archives de la révolution algérienne*, Paris 1981. - Insbesondere zur Geschichte des FLN in Frankreich vgl. Ali Haroun, *La 7ᵉ wilaya: La guerre du FLN en France, 1954-1962*, Paris 1986. - Zur Vorgeschichte des FLN vgl. u.a.: Mohammed Harbi, *Aux origines du Front de Libération*

Nationale: La scission du P.P.A.-M.T.L.D.. Contribution à l'histoire du populisme révolutionnaire en Algérie, Paris 1975; Ahmed Mahsas, *Le mouvement révolutionnaire en Algérie de la 1re guerre mondiale à 1954. Essai sur la formation du mouvement nationale*, Paris 1979; Benjamin Stora, *Messali Hadj. Pionnier du nationalisme algérien (1898-1974)*, Paris 1986; László J. Nagy, *La naissance et le développement du mouvement de libération nationale en Algérie (1919-1947)*, Budapest 1989. Nur die Zeit vor dem 2. Weltkrieg schildern Abu al-Qasim Sa'd Allah, *Al-haraka al-wataniyya al-jaza'iriyya* [Die algerische Nationalbewegung], Beirut 1969; Mahfoud Kaddache, *Histoire du nationalisme algérien. Question nationale et politique algérienne 1919-1951*, T. 1, Algier 1980.
206 Vgl. u.a.: Algerische Politik ohne Ziel. In: *SPD-PD*, 18.11.1954; Algerische Reformen in Sicht. In: *SPD-PD*, 21.1.1955; G.S., Der Mohr kann gehen: Warum Mendès-France gestürzt wurde. In: *Vorwärts*, 11.2.1955; Gewalt vor Recht in Algerien. In: *SPD-PD*, 1.4.1955; Juin macht "Oradour". In: *FP*, 23.8.1955; W. Blasig, Frankreichs Niederlage in der UNO. In: *Vorwärts*, 7.10.1955; Kampf um Algerien. In: *WR*, 14.10.1955; "Möchten Sie Algerier sein?". In: *SPD-PD*, 14.10.1955; H. Abosch, Widerstände gegen den Kolonialkrieg. In: *Vorwärts*, 21.10.1955; W. Blasig, Offener Krieg in Algerien. In: *Vorwärts*, 30.12.1955; H. Abosch, Algerien unter dem Joch. In: *Vorwärts*, 27.1.1956.
207 Vgl. den Gründungsaufruf des FLN zum 1.11.1954 (Text in: Harbi, *Archives*, a.a.O., S. 101-103).
208 Zur Entwicklung des rechtlichen Status Algeriens seit 1830 vgl. Thomas Oppermann, *Die algerische Frage. Rechtlich-politische Studie*, Stuttgart 1959, S. 7-11, 44-67; Mohamed Bedjaoui, *La révolution algérienne et le droit*, Brüssel 1961, S. 18-39, 223-242.
209 *Journal officiel de la République Française - Débats parlementaires - Assemblée Nationale* [= *JOAN*], 2e législature, 143e séance, 12.11.1954, S. 4967, 4968.
210 Als die Regierung Mendès France am 5.1.1955 einen Reformplan Mitterands für Algerien vorlegte, ging das Organ der SFIO, *Le Populaire*, am 7.1.1955 darauf in einem Artikel ein, der unter der Schlagzeile *"L'Algérie c'est la France? Oui, mai ..."* die These aufstellte: "L'Algérie, c'est pour nous une autre France". Vgl. Étienne Maquin, *Le Parti Socialiste et la guerre d'Algérie (1954-1958)*, Paris 1990, S. 34. Die dehnbare Formel von Algerien als einem "anderen Frankreich" deckte verschiedenste Denkmöglichkeiten, wie das Verhältnis Algeriens zum Mutterland neu organisiert werden könne, ohne dabei auf obsolete Assimilations- oder Integrationslösungen zurückgreifen zu müssen. Im Kern war sie bereits mit der These von der *"personnalité algérienne"* vereinbar, die der Mollet in seiner Regierungserklärung vom 31.1.1956 vorstellte (*JOAN*, 3e législature, 7e séance, 31.1.1956, S. 135) und später mit der Erläuterung versah, die Eigenart Algeriens werde dadurch geprägt, daß das Land einerseits keine französische Provinz wie alle andern sei, andererseits aber auch keine eigene Nation bilde, sondern ein einzigartiger Ort enger europäisch-muslimischer Koexistenz sei. Vgl. Maquin, *Le Parti Socialiste*, a.a.O., S. 82-83.
211 Mitterrand, der politisch damals der *Union Démocratique et Socialiste de Résistance* (UDSR) angehörte, hatte hinzugefügt: "Des Flandres jusqu'au Congo, ... partout la loi s'impose et cette loi est la loi française; ... il n'y a qu'un seul Parlement et qu'une seule nation dans les territoires d'outre-mer comme dans les départements d'Algerie comme dans la métropole. ... L'Algérie, c'est la France. Et qui d'entre vous, mesdames, messieurs, hésiterait à employer tous les moyens pour préserver la France?" (*JOAN*, 2e législature, 143e séance, 12.11.1954, S. 4967-68.)
212 Guy Mollet in: *JOAN*, 3e législature, 14e séance, 16.2.1956, S. 326. Vgl. ähnlich schon Mollets Regierungserklärung vom 31. Januar 1956, *ebenda*, 7e séance, 31.1.1956, S. 135.
213 Vgl. *UN-Yearbook 1955*, S. 65-68; *UN-Yearbook 1956*, S. 117-119. Rechtsproblem war die Konkurrenz zwischen Art. 1, Abs. 2 UN-Charta, der die *Selbstbestimmung* der Völker zum Ziel der VN erklärt und Art. 2, Abs. 7, der den VN die *Einmischung in die inneren Angele-*

genheiten ihrer Mitgliedstaaten untersagt. Diese Bedenken wurden anfänglich sogar von vielen *arabischen Staaten* geteilt. Noch 1957 klagte der New Yorker FLN-Vertreter *M'hammed Yazid*: "La délégation extérieure [du FLN] rencontra au Caire une grande réticence de la part des pays arabes pour engager d'autre action que celle des déclarations et communiqués 'prudents'. Le gros obstacle, aussi étonnant que cela puissse paraître, était l'aspect juridique de la question algérienne. Seule l'Arabie Saoudite nous accorda son soutien et après de longues discussions ce fut elle seule qui signa, le 5 janvier 1955, la lettre addressée au président du Conseil de sécurité, lettre attirant l'attention du Conseil sur la situation en Algérie mais ne demandant pas de réunion" (zit. nach Harbi, *Archives*, a.a.O., S. 172).

214   1 029 000 Europäern (10,85%) standen 8 451 000 algerische Muslime gegenüber. In Tunesien stellten die 255 324 Europäer 1956 nur 6,8% einer Gesamtbevölkerung von 3 755 000 Einwohnern; in Marokko lag ihr Anteil mit 410 000 an einer Gesamtbevölkerung von 8 085 000 nur bei 5% (Daten nach Chagnollaud, *Maghreb et Palestine*, Paris 1977, S. 30-32).

215   Vgl. Gerhard Kiersch, *Parlament und Parlamentarier in der Aussenpolitik der IV.Republik*, Diss., FU Berlin 1971, Bd. 2, S. 614-619.

216   Marcel-Edmond Naegelen (SFIO) in: *JOAN*, 2ᵉ législature, 184ᵉ séance, 10.12.1954, S. 6096-97: "Perdre l'Afrique du Nord, ... ce serait, à bref delai, perdre toute l'Afrique. L'Afrique noire, par une sorte d'enchaînement fatal, ne tarderait pas aussi à sortir de l'orbite française. Ce serait perdre, avant peu, toute l'Union française et, pour la France, tomber au rang de puissance secondaire et même - je le dis comme je le pense - de puissance vassale. Ce n'est pas seulement notre prestige qui est en jeu, c'est notre indépendance nationale elle-même."

217   Zum folgenden vgl. Guy Pervillé, La SFIO, Guy Mollet et l'Algérie de 1945 à 1955. In: in: B. Ménager u.a. (Hg.), *Guy Mollet. Un camarade en république*, Lille 1987, S. 445-462, hier: S. 446ff.

218   Naegelen hat in seinem autobiographischen Erlebnisbericht *Mission en Algérie* (Paris 1962, hier: S. 63-70) nachträglich jede Verantwortung für die Wahlfälschungen bei den Wahlen zur *Assemblée Algérienne* von 1948 zurückgewiesen. Festzuhalten ist allerdings, daß er, nachdem es im März 1949 bei den algerischen Kantonalwahlen erneut zu Fälschungen gekommen war, vor der SFIO-Fraktion der französischen Nationalversammlung am 6.7.1949 die Politik der administrativen Wahlfälschung zu Lasten algerischer Nationalisten zugab und mit sozialistischen Argumenten zu rechtfertigen suchte: "Nous avons quelquefois fait voter parce que nous ne voulions pas que d'autres fassent voter en sens contraire. *On ne donne pas la liberté aux hommes en leur donnant un bulletin de vote, mais en les arrachant à l'ignorance, à l'emprise de la maladie, de la faim, de la soif*" (zit. in: Pervillé, La SFIO ..., a.a.O., S. 455, meine Hervorhebung T.S.).

219   Aus den Wahlen vom 2.1.1956 waren die Parteien des maßgeblich von Pierre Mendès France inspirierten *Front Républicain* (SFIO, Radikalsozialisten, UDSR) als Sieger hervorgegangen und hatten am 31.1.1956 eine von den Kommunisten mitgetragene Minderheitsregierung unter Guy Mollet gebildet, die am 21.5.1957 gestürzt wurde und mit knapp 16 Monaten Amtszeit die langlebigste Regierung der IV. Republik war. - Zur Algerienpolitik der SFIO vgl. Daniel Ligou, *Histoire du socialisme en France (1871-1961)*, Paris 1962, S. 607-635; Tony Smith, *The French Stake in Algeria, 1945-1962*, Ithaca-London 1978, S. 77ff., 128ff., 144ff.

220   Vgl. Alfred Grosser, *Frankreich und seine Außenpolitik 1944 bis heute* [1984], München 1989, S. 164-165; Maquin, *Le Parti Socialiste et la guerre d'Algérie*, a.a.O., S. 78-80. Vgl. auch Mollets Algerien-Erklärung nach seiner Rückkehr aus Algier. In: *JOAN*, 3ᵉ législature, 14ᵉ séance, 16.2.1956, S. 323 und 325. Nur etwa 17 000 (1,7%) der Algerienfranzosen

waren 1954 selbständige Landwirte, und nur knapp 15 000 der pieds noirs (1,5%) galten als "wohlhabend". Der Rest gehörte überwiegend den städtischen Mittel- und Unterschichten an (vgl. Jacques Soustelle, *Aimée et souffrante Algérie*, Paris 1956, S. 56-57; Günter Schütze, Das Algerienproblem in wirtschaftlicher und sozialer Sicht. In: *EA* 13 (1958) 5-6, S. 10576-82, bes. S. 10577-79; Elsenhans, *Algerienkrieg*, a.a.O., S. 111-114.

221 General *Georges Catroux* (1877-1969), 1943-1944 Generalgouverneur von Algerien, seit 1954 Großkanzler der Ehrenlegion, hatte im September 1955 die von den marokkanischen Nationalisten geforderte Rückkehr des von Frankreich zwangsexilierten Königs Mohammed V. nach Marokko (16.11.1955) ausgehandelt und galt den colons seither als Araberfreund.

222 Zur Algerienpolitik der Französischen Kommunistischen Partei vgl. Jakob Moneta, *Die Kolonialpolitik der französischen KP*, Hannover 1968; Emmanuel Sivan, *Communisme et nationalisme en Algérie 1920-1962*, Paris 1976; Irwin M. Wall, The French Communists and the Algerian War. In: *Journal of Contemporary History* 12 (1977) 3, S. 521-543. Zahlreiche Informationen auch bei Henri Alleg u.a., *La Guerre d'Algérie*, 3 Bde, Paris 1981. Jacques Jurquet, *La révolution nationale algérienne et le Parti communiste français*, 3 Bde., Paris 1973-1979, behandelt lediglich den Zeitraum 1830-1945.

223 Daten nach Soustelle, *Algérie*, a.a.O., S. 7, 114; *AdG*, 9.5.1956, S. 5766; Elsenhans, *Algerienkrieg*, a.a.O., S. 391-396. Mit 396 000 Mann erreichte der französische Truppenbestand im Sommer 1957 seine Höchststärke und wurde danach schrittweise auf 370 000 reduziert (Elsenhans, ebenda, S. 396).

224 Elsenhans, *Algerienkrieg*, a.a.O., S. 379.

225 Jean-Paul Benoit, Chronologie de la guerre d'Algérie. In: *La Nef* 19 (1962/1963) 12-13, S. 5-18, hier: S. 14-15.

226 KKB, Algerische Krise bedroht Frankreichs Regierung. In: *Vorwärts*, 10.2.1956.

227 R. Reventlow, Mohammed Lacoste hat einen schweren Start. In: *Vorwärts*, 17.2.1956; "Frankreichs Sorgen steigen", *Telegraf*, 9.3.1956.

228 NATO-Krieg gegen Algerien? Ein großes Blutbad steht bevor. In: *FP*, 22.3.1956.

229 Sylvia K. Crosbie, *A Tacit Alliance. France and Israel from Suez to the Six Day War*, Princeton, NJ 1974, S. 46f., 58ff.; vgl. auch Soustelle, *Algérie*, a.a.O., S. 16-22, 97, 113.

230 Fritz Heine an Jay Lovestone, 13.3.1956. In: *AdsD*, PV-Heine/16/Free Trade Union Committee.

231 Rede Erich Ollenhauers auf der gemeinsamen Sitzung von PV und PA am 10.3.1956 in Bergneustadt. In: *AdsD*, PV-Ollenhauer/103/Reden usw., Bl. 16. Er wisse nicht, fügte Ollenhauer hinzu, "ob in dieser Sache überhaupt noch etwas zu retten ist" (ebenda).

232 Ollenhauer, a.a.O., Bl. 16.

233 Ebenda, Bl. 17.

234 Der MNA unter Führung von *Messali Hadj* (1898-1974) ging 1955 aus dem *Mouvement pour le Triomphe des Libertés Démocratiques* (MTLD, *1946) hervor, einer Nachfolgeorganisation des *Parti Populaire Algérien* (PPA, *1937, ab 1939 illegal), der seinerseits den 1926 gegründeten *Étoile Nord Africaine* abgelöst hatte (ENA, 1929 aufgelöst; ab 1933 *Glorieuse Étoile Nord Africaine* [GENA, 1935 und 1937 verboten]). - Der *FLN* ging 1954 aus einer Spaltung des MTLD hervor, dessen militanter Geheimorganisation, der 1947 geschaffenen *Organisation Spéciale* (OS) die meisten seiner Gründungsmitglieder angehört hatten. Nachdem sich 1956 die meisten Angehörigen der UDMA, der PCA und der Association des Oulémas dem FLN angeschlossen hatten, blieb der MNA wichtigster inneralgerischer Rivale des FLN, mit dem er sich in Algerien und Frankreich blutige Kämpfe lieferte. Ab 1959 zerfiel der MNA zunehmend in rivalisierende Faktionen. Vgl. Stora, *Dictionnaire*, a.a.O., S. 60-64; ders., *Messali Hadj*, a.a.O.; vgl. auch Haroun, *7ᵉ Wilaya*, a.a.O., S. 251-277.

235 Die liberale UDMA unter Führung von *Ferhat Abbas* (1899-1985) ging 1946 aus den *Amis du Manifeste Algérien* hervor, einer 1945 verbotenen Dachorganisation von PPA, Association des Oulémas und algerischen Liberalen, die Abbas 1944 um das von ihm 1943 veröffentlichten *Manifeste du Peuple Algérien* geschart hatte. Die UDMA war im algerischen Parlament vertreten, strebte eine autonome algerische Republik im Rahmen der "Französischen Union" an und kritisierte zunächst den Aufstandsversuch des FLN. Noch im April 1955 nahm sie an den algerischen Kantonalwahlen teil. Gegen die polarisierenden Folgen des Bürgerkriegs war sie machtlos. Ihre Parlamentsabgeordneten traten im Dezember 1955 zurück. Ferhat Abbas schloß sich im April 1956 in Kairo öffentlich dem FLN an und war 1958-1961 Ministerpräsident der vom FLN ausgerufenen provisorischen Exilregierung (Oppermann, *Algerische Frage*, a.a.O., S. 39-40; Harbi, *F.L.N.*, a.a.O., S. 132-134; Harbi, *Archives*, a.a.O., S. 553).

236 Die 1931 gegründete islamisch-modernistische *Association des Oulémas d'Algérie* verstand sich nicht als politische Partei im engen Sinn, sondern erstrebte eine religiös-nationale Breitenerziehung der algerischen Muslime. Die von ihrem Gründer *Abd al-Hamid Ibn Badis* (1889-1940) geprägte Losung "Der Islam ist mein Glaube, Arabisch meine Muttersprache, Algerien mein Vaterland" hatte großen Anteil an der islamischen Prägung des algerischen Nationalismus. Die brutale Gewaltpolitik des FLN wurde von den *Oulémas* zunächst kritsiert und z.T. als unislamisch verurteilt (Harbi, *F.L.N.*, a.a.O., S. 136-137). Erst im Januar 1956 rang sich die *Association* zu einer öffentlichen Solidarisierung mit dem Unabhängigkeitskampf durch (Harbi, *Archives*, a.a.O., S. 109-10). Ihr Generalsekretär, *Ahmed Taufiq al-Madani (1899-1983)*, schloß sich im April 1956 in Kairo öffentlich dem FLN an (Stora, *Dictionnaire*, a.a.O., S. 348). Die Organisation selbst wurde während des Algerienkriegs jedoch nie verboten (Harbi, *Archives*, a.a.O., S. 109).

237 Die Algerische Kommunistische Partei (*Parti Communiste Algérien*, PCA) war 1936 aus der formal seit 1920, faktisch ab 1924 bestehenden algerischen Sektion der Französischen Kommunistischen Partei hervorgegangen und verfügte vor allem in der algerischen Gewerkschaftsbewegung bis 1955 über starken Einfluß. Der PCA hatte den Aufstand des FLN zunächst als individuelles Abenteurertum verurteilt und (ebenso wie die UDMA) noch im April 1955 an den algerischen Kantonalwahlen teilgenommen. Erst im Juni 1955 beschloß das ZK, die Partei am bewaffneten Kampf zu beteiligen, und schuf im März 1956 die *Combattants de la libération*. Nach längeren Verhandlungen mit dem FLN wurden die *Combattants* am 1.7.1956 der Armee des FLN eingegliedert. Vgl. Wolfgang Berner, Arabische Länder. In: C.D. Kernig (Hg.), *Die Kommunistischen Parteien der Welt*, Freiburg u.a. 1969, Sp. 59-74; Sivan, *Communisme*, a.a.O., S. 227-241; Harbi, *F.L.N.*, a.a.O., S. 137-40; Harbi, *Archives*, a.a.O., S. 111-115, 548-555; Alleg u.a., *La Guerre d'Algérie*, Bd. 2, Paris 1981, S. 189-195.

238 Vgl. vor allem Martha Crenshaw Hutchinson, *Revolutionary Terrorism. The FLN in Algeria, 1954-1962*, Stanford, CA 1978, S. 40-60, 62-68; Elsenhans, *Algerienkrieg*, a.a.O., S. 383-385. Le Mire, *Histoire militaire*, a.a.O., S. 386, schätzt die Zahl der vom FLN zwischen 1954 und 1962 getöteten Muslime auf 219 500. Gegen Ende des Krieges kooperierten noch etwa 10% der muslimischen Bevölkerung mit den französischen Behörden (Hutchinson, a.a.O., S. 65).

239 Zum Hergang vgl. *Protokoll der Verhandlungen des Parteitages der Sozialdemokratischen Partei Deutschlands vom 18. bis 23. Mai 1958 in Stuttgart*, Hannover-Bonn o.J., S. 86-87.

240 Vgl. ebenda, S. 83.

241 J. Hubert, Alarmsignal Melusa: Totaler Krieg oder Frieden. In: *Vorwärts*, 7.6.1957; ders., Um Algeriens Zukunft. In: *Vorwärts*, 14.6.1957; Algerier führen in Europa Krieg. In: *WdA*, 7.6.1957. - Zur Irritation der französischen Linken über die Rivalitäten zwischen FLN und MNA vgl. Daniel Guérin, *Ci-gît le colonialisme: Algérie, Inde, Indochine, Madagascar,*

Maroc, Palestine, Polynésie, Tunisie. Témoignage militant, La Haye-Paris 1973, S. 103-115; Hamon/Rotman, *Les porteurs de valises*, a.a.O., S. 80f.; Benjamin Stora, La gauche et les minorités anticoloniales françaises devant les divisions du nationalisme algérien (1954-1958). In: J.-P. Rioux (Hg.), *La guerre d'Algérie et les français (1954-1958)*, Paris 1990, S. 63-78, 633-635.

242   Am 16.2.1956 hatte Mollet vor der Nationalversammlung feierlich erklärt, daß Frankreich die *"personnalité algérienne"* anerkenne und respektiere. Mollet hatte in diesem Zusammenhang betont, daß der Inhalt der 'algerischen Persönlichkeit' auf keinen Fall einseitig bestimmt werden solle, sondern über Diskussionen mit den authentischen Vertretern der Bevölkerung. Die Regierung werde ihre Gesprächspartner ("interlocuteurs") nicht wählen. Diese würden vielmehr aus, baldmöglichst abzuhaltenden, allgemeinen Wahlen hervorgehen (*JOAN*, 3ᵉ législature, 14ᵉ séance, 16.2.1956, S. 326). - Am 28.2.1956 schlug Mollet dann drei Schritte (das später sogenannte *"Triptychon"*) zum Frieden vor: (1) zunächst Waffenstillstand, dann (2) freie Wahlen in Algerien und im Anschluß daran (3) freie Diskussionen mit den gewählten algerischen Gesprächspartnern. Vgl. Münchhausen, *Kolonialismus und Demokratie*, a.a.O., S. 183-184. - Gerüchte über Geheimkontakte zwischen französischer Regierung und FLN sowie wiederholte Vermittlungsangebote Tunesiens und Marokkos verstärkten im Sommer und Herbst 1956 auch in der Presse der SPD die Spekulationen über eine mögliche Verhandlungslösung des Konflikts. Vgl. R. Reventlow, Neue Phase im Kampf um Algerien. In: *Vorwärts*, 29.6.1956; W. B., Ein verantwortungsbewußter Parteitag. In: *Vorwärts*, 6.7.1956; Neuer Wind. In: *HE*, 8.9.1956; Algerien-Konflikt vor der Lösung?. In: *WR*, 10.9.1956; Algerienlösung auf neuen Wegen. In: *WR*, 15.10.1956; R. Reventlow, Vor Entscheidungen in Algerien. In: *Vorwärts*, 19.10.1956.

243   Geheimgespräche zwischen Vertretern der Regierung Mollet und des FLN fanden am 12.4., vom 20.-21.4. und vom 30.4.- 1.5.1956 in Kairo, am 21.9.1956 in Belgrad, vom 2.-3.9.1956 in Rom und am 22.9.1956 in Belgrad statt. - Zur Geschichte der Geheimverhandlungen vgl. Courrière, *La Guerre d'Algérie*, Bd. 2, Paris 1969, S. 408-409; Charles-Henri Favrod, L'histoire des "négociations secrètes". In: *La Nef* 19 (1962) 12-13, S. 105-115, hier: S. 106-107; ders., La Suisse des négociations secrètes. In: J.-P. Rioux (Hg.), *La guerre d'Algérie et les français*, Paris 1990, S. 397-408, hier: S. 398-399; Elsenhans, *Algerienkrieg*, a.a.O., S. 786-824, bes. S. 790-803; Münchhausen, *Kolonialismus und Demokratie*, a.a.O., S. 189-191; Harbi, *F.L.N.*, a.a.O., S. 197; Mohamed Fathi Al Dib, *Abdel Nasser et la révolution algérienne*, Paris 1985, S. 133-137; Joseph Beggara, [Diskussionsbemerkung]. In: B. Ménager u.a. (Hg.), *Guy Mollet. Un camarade en république*, Lille 1987, S. 521-522; Maquin, *Le Parti Socialiste et la guerre d'Algerie*, a.a.O., S. 89-92.

244   Der Chefredakteur des SFIO-Organs, Le Populaire, Paul Parpain, stellte im April 1956 die Aufnahme von "Kontakten" mit den Aufständischen als logische Konsequenz des 'Triptychons' der Regierung Mollet dar: "Pour négocier, donc, il faut des interlocuteurs, pour avoir des interlocuteurs, il faut des élections, pour avoir des élections, il faut généraliser la sécurité, pour généraliser la sécurité, il faut que les armes se taisent, pour qu'elles se taisent, il faut prendre contact - pas 'négocier', 'prendre contact' - avec ceux contre qui on se bat. Ces prises de contact sont autorisées par le gouvernement qui souhaite, plus que tout, le 'cessez-le-feu'" (Paul Parpain, Buts de paix. In: *Le Populaire*, 16.4.1956, zit. in: Maquin, *Parti Socialiste*, a.a.O., S. 89).

245   Carlo Schmid (SPD), 2. BT, Sten. Ber., 155. Sitz., 28.7.1956, S. 8476-77.

246   Carlo Schmid an Hans-Jörg Koch, Garmisch-Partenkirchen, 12.6.1956, in: *AdsD*, NL Carlo Schmid, 657. Vgl. im gleichen Sinne: Ein Vorschlag Carlo Schmid' [sic] zum Algerierproblem. In: *SPD-PD*, 7.6.1956.

247   An einer anderen Stelle seines Vortrags in Bad Neuenahr hatte Schmid sogar angedeutet, daß eine kontrollierte Dekolonisierung letztlich im wohlerwogenen europäischen Eigeninteresse

liege: "Was einmal die Stärke Europas war, der Griff nach Asien und Afrika, ist heute seine Schwäche. Denn die Reste des alten kolonialen Imperialismus bringen ihm nichts an Macht zu, sondern hängen sich wie Bleigewichte an seine Schritte. Ich glaube, Europa wird stärker sein und überhaupt erst wieder eine Potenz sein, wenn es diese 'boulets de plomb' von sich abgestreift hat. Ich glaube, daß man dem Problems ins Auge sehen muß, daß sich in Nordafrika, im Orient - im Vorderen und im Ferneren - etwas vollzieht, das sich bei uns in Europa 1789 und, partiell, 1917 vollzogen hat, d.h. die Emanzipation von Völkern und von Klassen (entschuldigen Sie diesen Ausdruck), die sich bisher als unter Fremdherrschaft fühlen mußten. Was dort geschieht, ist nichts anderes als die Form, in der diese Völker nachholen, was wir 1789 schon und später uns in Europa selber geschenkt haben. Es ist die Form, in der sie die industrielle Revolution vollziehen, die wir vor hundert Jahren schon vollzogen haben. Wenn wir uns hier falsch verhalten, dann wird es unausweichlich sein, daß diese Völker - ich möchte sie grosso modo die 'Bandung-Völker' nennen - der Meinung werden, ihr einziger Freund auf der Erde sei die Sowjetunion. Und wenn sie dieser Meinung werden sollten, dann braucht die Sowjetunion keinen einzigen Soldaten marschieren lassen, und wir hier: in Europa sind mattgesetzt, auch ökonomisch mattgesetzt. Wir werden ersticken an uns selber, weil wir keine Rohstoffe und keine Märkte mehr haben werden." (Carlo Schmid: Wir müssen zusammenarbeiten [Vortrag auf der 3. deutsch-französischen Konferenz in Bad Neuenahr]. In: *Das Parlament*, 17.10.1956.)

248 Carlo Schmid: "Wir müssen zusammenarbeiten, a.a.O.
249 Carlo Schmid an Hans-Jörg Koch, Garmisch-Partenkirchen, 12.6.1956, in: AdsD, NL Carlo Schmid, 657.
250 Schmid, Wir müssen zusammenarbeiten, a.a.O.
251 R. Küstermeier, Mit Gewalt ist in Algerien nichts zu machen. In: *NRZ*, 12.5.1956.
252 H. Drugis, Der fröhliche Elefant. In: *Vorwärts*, 13.4.1956; W. Blasig, Auf keinen Fall Machtlösung. In: *Vorwärts*, 20.4.1956.
253 *Pierre Mendès France* (1907-1982), Symbolfigur der französischen Dekolonialisierung, hatte das Kabinett Mollet am 23.5.1956 mit der Begründung verlassen, es vernachlässige die Reformpolitik in Algerien zugunsten einer militärischen Lösung (*AdG*, 23.5.1956, S. 5785-86).
254 W. Blasig, Nach dem Rücktritt von Mendès-France. In: *Vorwärts*, 1.6.1956; W.B., SFIO billigt Algerien-Politik. In: *Vorwärts*, 15.6.1956; W. B., Ein verantwortungsbewußter Parteitag. In: *Vorwärts*, 6.7.1956.
255 Algerien will seine Selbständigkeit. In: *WR*, 28.4.1956; R. Küstermeier, Mit Gewalt ist in Algerien nichts zu machen. In: *NRZ*, 12.5.1956; R. Reventlow, Nordafrikanische Schicksalsstunden. In: *Vorwärts*, 18.5.1956; R. Reventlow, Neue Phase im Kampf um Algerien. In: *Vorwärts*, 29.6.1956.
256 Rolf Reventlow, Schwarze Schatten über Afrika. In: *NV*, 23.9.1952; ders., Vom Protektorat zur Nation. Unaufhaltsame Entwicklung in Nordafrika. In: *Vorwärts*, 16.9.1955; ders., Nordafrikanische Schicksalsstunden. In: *Vorwärts*, 18.5.1956. Vgl. auch Reventlows Rede in: *Prot. SPD-Parteitag 1958*, a.a.O., S. 52-53.
257 Am 7.1.1956 bekannten sich der Präsident der *Association des Oulémas*, *Larbi Tebessi*, und der Generalsekretär der Vereinigung, *Ahmed Taufiq al-Madani*, in einem Manifest zu den Zielen des bewaffneten Befreiungskampfes. Die Führung der UDMA beschloß am 30.1. den Beitritt zum FLN. Am 21.4. trafen Madani und der Vorsitzende der UDMA, *Ferhat Abbas*, mit weiteren Führungsmitgliedern ihrer Organisationen in Kairo ein, um auf einer internationalen Pressekonferenz ihren Anschluß an den FLN öffentlich bekanntzugeben. Die PCA forderte seine Kämpfer am 1.7. auf, dem FLN beizutreten. Vgl. Harbi, *F.L.N.*, a.a.O., S. 131-140; Harbi, *Archives*, a.a.O., S. 109-115; Notes on the Nationalist Uprising in Algeria, collated by the Secretary, *SI-Circular*, IX/57, 15.11.1957, S. 6.

258 Einer der ersten detaillierten Berichte in der Bundesrepublik, der zu diesem Thema auf authentische FLN-Informationen zurückgriff, war: Werner Plum, Die Organisation des Widerstandes. In: *Frankfurter Hefte* 12 (1957) 2, S. 117-119.
259 Auf der Konferenz im Soummam-Tal (20.8.-10.9.1956) legte der FNL seinen militärischen und politischen Aufbau fest und formulierte ein strategisches Programm, das er bis zum Ende des Kriegs nicht mehr zu revidieren brauchte. Zu den wichtigsten Errungenschaften zählten die Schaffung einer Legislative, des *Conseil National de la Révolution Algérienne* (CNRA) und einer Exekutive, des *Comité de Coordination et d'Exécution* (CCE), sowie die systematische Unterscheidung von politischer (FLN) und militärischer Organisation (*Armée de Libération Nationale* = ALN). Text des Protokolls der Konferenz in: Harbi, *Archives*, a.a.O., S. 160-167. Zum Verlauf vgl. auch Courrière, *Guerre d'Algérie*, Bd. 2, Paris 1969, S. 376-379. Text der Soummam-Plattform in der vom FLN veröffentlichten Fassung in: Courrière, a.a.O., S. 578-604. (engl. Übers. in: Muhammad Khalil (Hg.), *The Arab States and the Arab League: A Documentary Record*, Bd. 2, Beirut 1962, S. 443-468). Die oft fälschlich auf den 20.8. datierte Plattform wurde am 5.9.1956 fertiggestellt (Courrière, *Guerre d'Algérie*, a.a.O., S. 376).
260 Um die Stellung der Nationalen Befreiungsfront international weiter zu festigen, hatte die Inlandsführung des FLN im Herbst 1956 beschlossen, den Aufstand vom Land in die Metropole zu tragen und während der für Februar 1957 vorgesehenen Algeriendebatte der XI. UNO-Generalversammlung (12.11.1956 - 8.3.1957 und 10.-14.9.1957, Algeriendebatte vom 4.-13.2.1957; vgl. *UN-Yearbook 1956*, S. 117-121) einen Generalstreik in Algier durchzusetzen. Am 30.9.1956 begann der FLN, französische Gewalttaten in Algier mit Bombenanschlägen auf zivile Ziele zu vergelten, um sich als wirksamen Schutzherrn der städtischen muslimischen Zivilbevölkerung zu profilieren. Zwar endete die *Bataille d'Alger* schließlich mit der vollständigen Niederlage des FLN, aber die flächendeckende Folterkampagne, mit der die 10. Fallschirmjäger-Division unter General Massu von Januar bis Oktober 1957 das Netzwerk der Rebellen vollständig vernichtete, verwandelte das militärische Desaster in einen symbolischen Erfolg. Für Darstellungen aus französischer Sicht vgl. Jacques Massu, *La vraie Bataille d'Alger*, Paris 1971; Yves Godard, *Les Paras dans la ville*, Paris 1972; Le Mire, *Histoire militaire*, a.a.O., S. 97-123; aus algerischer Sicht: Yacef Saadi, *Souvenirs de la bataille d'Alger. Décembre 1956 - Septembre 1957*, Paris 1962; ders., *La bataille d'Alger*, T. 1: L'embrasement, Paris 1986; Harbi, *F.L.N.*, a.a.O., S. 197ff. Zur Rolle der Folter im Algerienkrieg vgl. Elsenhans, *Algerienkrieg*, a.a.O., S. 449-470; Rita Maran, *Torture: The Role of Ideology in the French-Algerian War*, New York u.a. 1989.
261 Harbi, *F.L.N.*, a.a.O., S. 141; ders., *Archives*, a.a.O., S. 154-158, 554; Gadant, *Islam et nationalisme*, a.a.O., S. 99-113. Vgl. auch: Werner Plum, Gewerkschaftsbewegung in Algerien. In: *GM 8* (1957) 7, S. 401-402.
262 Am 31.5.1956 protestierte IBFG-Generalsekretär J.H. Oldenbroek gegen die Verhaftung algerischer Gewerkschafter. Am 10.9.1956 verlangte der IBFG eine Untersuchung ihrer Haftbedingungen. Am 6.12.1956 appellierte der IBFG an die XI. Generalversammlung der UNO, sich für "direkte Verhandlungen zwischen der französischen Regierung und den genuinen Vertretern des algerischen Volkes" einzusetzen. Am 15.2.1957 legte der IBFG bei der Internationalen Arbeitsorganisation (ILO) eine offizielle Beschwerde wegen Verletzung der Gewerkschaftsfreiheit in Algerien ein (Notes on the Nationalist Uprising in Algeria, *SI-Circular*, IX/57, 15.11.1957, S. 12-13). Als Aissat Idir im Juli 1959 an den Folgen schwerer Folterungen starb, rief der IBFG die Menschenrechtskommission der Vereinten Nationen und die ILO an und forderte eine unparteiische Untersuchung (*AdG*, 5.8.1959, S. 7871). Zur Algerienpolitik des IBFG vgl. auch Plum, *Gewerkschaften im Maghreb: UGTT - UMT - UGTA*, Hannover 1962, S. 36-37.
263 Text der Erklärung in: *WdA*, 26.7.1957.

264 Da die Staaten der Arabischen Liga, trotz großzügiger Hilfsversprechen, den FLN finanziell nur in geringem Maß unterstützten, war die Front vor allem auf die Spenden algerischer Emigranten angewiesen. Anfang der sechziger Jahre bezog die Organisation ca. 80% ihrer Einkünfte aus der algerischen Diaspora (Haroun, 7 wilaya, a.a.O., S. 307). Von den rund 250 000 Algeriern, die in Frankreich registriert waren, hatte die Front nach eigenen Angaben bis März 1961 135 202 organisiert und - bei durchschnittlichen Monatslöhnen von 60 000-70 000 FF - die Mitgliedsbeiträge pro Kopf und Monat zwischen 1957 und 1961 von 1000 auf 3000 alte FF gesteigert (ebenda, S. 63-64, 307-308). Zusammen mit weiteren Einkünften nahm die Fédération de France des FLN von Juni 1958 bis Dezember 1960 insgesamt 13,855 Md. FF ein (ebenda, S. 311).

265 In Algerien weitgehend zurückgedrängt, durch das Massaker von Melusa (28.5.1957) traumatisiert und durch den Übergang des MNA-Kommandeurs Bellounis zu den Franzosen (6.11.1957) diskreditiert, fand sich der MNA zunehmend auf die alte Ausgangsbasis des Messalismus zurückgeworfen: die algerischen Gastarbeiter in Europa, unter denen er 1956 noch in Belgien, Nordfrankreich, Paris, Lyon, Marseille und den Ardennen erheblichen Einfluß genoß. Vgl. Stora, *Messali Hadj*, a.a.O., S. 264-283; Guérin, *Ci-gît le colonialisme*, a.a.O., S. 110).

266 Zu unterscheiden ist dabei zwischen der Kritik am französischen Algerienkrieg, wie sie in einigen Zeitungen und Zeitschriften (*Le Monde, France-Observateur, L'Express, Témoignage Chrétien, Les Temps Modernes, La Nef*) und Kleinparteien (PSA, PSU) geübt wurde einerseits, und der aktiven Kriegshilfe für den FLN andererseits. Letztere war zumeist Angelegenheit kleiner Randgruppen und Einzelpersönlichkeiten: moralisch betroffener Katholiken, dissidenter Kommunisten, Trotzkisten, Anarchisten und Angehörigen der Neuen Linken. Die wichtigsten Gruppen waren das im September 1957 gegründete Netz (*réseau*) der "Kofferträger" *porteurs de valises*) um Francis Jeanson, der trotzkistische *Parti Communiste International* (IV. Internationale) um Michel Raptis ("Pablo"), die im Mai 1959 gegründete Bewegung *Jeune Résistance* um Jacques Berthelet und der im Juli 1960 gegründete *Mouvement Anticolonialiste Français* (MAF) um Henri Curiel. Zur Geschichte dieser Kleingruppen vgl. die fesselnde Darstellung bei Hamon/Rotman, *Les porteurs de valises. La résistance française à la guerre d'Algérie*, Paris 1979; Gilles Perrault, *Curiel* [1984], Wien 1991, S. 302-372; ferner Paul Clay Sorum, *Intellectuals and Decolonization in France*, Chapel Hill, NC 1977.

267 Jean-Jacques Servan-Schreiber, *Lieutenant en Algérie*, Paris 1957; Pierre-Henri Simon, *Contre la torture*, Paris 1957. Vgl. auch Henri Alleg, *La Question*, Paris 1958. Zum intellektuellen Umfeld dieser und anderer kritischer französischer Veröffentlichungen über Menschenrechtsverletzungen im Algerienkrieg vgl. Maran, *Torture*, a.a.O., S. 78-83, 137-185; Anne Simonin, Les Éditions de Minuit et les Éditions du Seuil. Deux stratégies éditoriales face à la guerre d'Algérie. In: in: J.-P. Rioux (Hg.), *La guerre d'Algérie et les intellectuels français*, Brüssel 1991, S. 219-245.

268 *AdG*, 20.3.1957, S. 6328; 29.3.1957, S. 6356-57. Für eine Darstellung der innerfranzösischen Proteste gegen die Folter im Algerienkrieg vgl. Münchhausen, *Kolonialismus und Demokratie*, a.a.O., S. 221ff.; Sorum, *Intellectuals and Decolonization*, a.a.O., S. 113ff.; Hamon/Rotman, *Porteurs de valises*, a.a.O., S. 66ff.; Maran, *Torture*, a.a.O., S. 147ff., 161ff., 169ff.

269 M. Sorge, Armee rebelliert in Algerien gegen Paris. In: *NRZ*, 9.1.1957; Komplotte in Algier. In: *Vorwärts*, 8.3.1957; S. D., Sieg in Algerien durch Terror?. In: *Vorwärts*, 29.3.1957; sp, Aufstand des Gewissens. In: *SPD-PD*, 29.3.1957; M. Sorge, Paris erhebt Anklage gegen den schmutzigen Krieg. In: *NRZ*, 30.3.1957; J. Hubert, Frankreichs Gewissen. In: *Vorwärts*, 5.4.1957; So wird Algerien nicht befriedet. In: *WR*, 5.4.1957; A. Lang, Der widerwärtige Krieg. In: *HP*, 11.4.1957; J. Hubert, Faschistischer Vorstoß in Paris. In: *Vorwärts*, 12.4.1957; J.R. Kaim, Was geht in Algerien vor?. In: *WdA*, 12.4.1957.

270 Nach einer Schätzung von *Le Monde* vom 20.3.1962 (zit. in Charles-Robert Ageron, Les français devant la guerre civile algérienne. In: J.-P. Rioux, *La guerre d'Algérie et les français*, Paris 1990, S. 53-62, 630-633, hier: S. 55) wurden von 1954 bis 1962 bei algerischen Gewalttaten in Frankreich 4300 Menschen (darunter 4055 algerische Muslime, 152 französische Zivilisten, 53 französische Polizisten und 24 muslimische Hilfssoldaten) getötet und etwa 9000 verletzt. - Die Zahl der algerischen Anschläge in Frankreich stieg von 1730 (1956) auf 4802 (1957) und erreichte 1958 11 420 (Elsenhans, *Algerienkrieg*, a.a.O., S. 701). Zu den Kämpfen zwischen FLN und MNA in Europa vgl. Duchemin, *Histoire*, a.a.O., S. 314-22; Guérin, *Ci-gît le colonialisme*, a.a.O., S. 110-115; Haroun, *7 wilaya*, a.a.O., S. 251-277; Ageron, Les français devant la guerre civile algérienne, a.a.O.
271 Harbi, *Archives*, a.a.O., S. 556; Duchemin, *Histoire*, a.a.O., S. 305.
272 Interview mit Werner Plum, 14.8.1986. Für die Tätigkeit ihres Bonner Büros gab die Front zwischen 1958 und 30.6.1961 insgesamt 1 154 526 DM, 1 005 000 SF, 2 713 230 BF und 17 463 000 FF aus (Haroun, *7 wilaya*, a.a.O., S. 315). Bis 1960 hatte der FLN in Stuttgart, München, Frankfurt, Köln, Düsseldorf, Hamburg und Essen sowie im Saargebiet eigene Zellen aufgebaut (ebenda, S. 312). In Heidelberg bestand eine Filiale der 1958 gegründeten *Section universitaire* des FLN (ebenda, S. 76).
273 Verantwortung Deutschlands im Algerienkrieg?. In: *FR*, 10.5.1957; Die Deutschen sind an allem schuld. In: *HP*, 27.8.1957; W. Dobritz, Algerien auch ein deutsches Problem. In: *KK* 5(1957)10, S. 16-17.
274 Das Gesetz Nr. 24 der Alliierten Hohen Kommission (AHK) vom 30.3.1950 (*Amtsblatt der AHK*, S. 251), das das Kontrollratsgesetz Nr. 43 und den Kontrollratsbefehl Nr. 2 ablöste und in den AHK-Gesetzen Nr. 61 vom 19.7.1951 (ebenda, S. 1047) und Nr. 78 vom 28.7.1952 (ebenda, S. 1830) neu gefaßt worden war, hatte Herstellung, Erzeugung, Einfuhr, Ausfuhr, Beförderung, Lagerung, Verwendung und Besitz sämtlicher Waffen grundsätzlich verboten. Durch das AHK-Gesetz Nr. A-38 vom 5.5.1955 (ebenda, S. 3271) war es aufgehoben worden. Zur damaligen Rechtslage vgl. die Begründung des BMJ zum Entwurf eines Kriegswaffengesetzes (*3. BT*, Drs. 1589, 3.2.1960, S. 12) und Gerhard Potrykus, *Gesetz über die Kontrolle von Kriegswaffen. Ausführungsgesetz zu Artikel 26 Abs. 2 des Grundgesetzes. Kommentar*, Köln u.a. 1962, S. 3-5.
275 Artikel 26, Abs. 2, Satz 1 GG, der die Ausfuhr zur Kriegführung bestimmter Waffen von einer Genehmigung der Bundesregierung abhängig machte, blieb bis 1961 ohne das in Satz 2 angekündigte Ausführungsgesetz.
276 Vgl. *Bundesanzeiger*, Nr. 92, 13.5.1955, S. 6; Nr. 233, 4.12.1957, S. 1; Nr. 40, 27.2.1958, S. 2; Nr. 64, 4.4.1959, S. 2.
277 Zur Entwicklung des deutsch-algerischen Waffenhandels seit 1956 vgl. Horne, *Savage War of Peace*, a.a.O., S. 262-263; Haroun, *7 wilaya*, a.a.O., S. 206-219, 321.
278 Außenminister *von Brentano* in: *3. BT*, Sten. Ber., 134. Sitz., 7.12.1960, S. 7617. Zur Aufbringung der *Las Palmas* durch französische Kriegsschiffe im September 1960 vgl. auch die Kleine Anfrage der FDP (*3. BT*, Drs. 2102, 5.10.1960; Antw. BMAusw. ebenda, Drs. 2153, 17.10.1960).
279 Rettung aus der Hölle Algeriens. In: *Der Mittag*, 11.5.1957; Algerier schmuggeln deutsche Legionäre. In: *GA*, 16.11.1957.
280 Harbi, *F.L.N.*, a.a.O., S. 230.
281 Vgl. Müller, Die Bundesrepublik Deutschland ..., a.a.O., S. 616ff., 630ff.; vgl. auch Soell, *Fritz Erler*, Bd. 1, a.a.O., S. 346f.
282 Wirtschaftlich sollte das Saarland gemäß Saar-Abkommen vom 27.10.1956 bis längstens 31.12.1959 mit Frankreich verbunden bleiben. Dieser Zeitrahmen wurde nicht ausgeschöpft. Die wirtschaftliche Eingliederung in die Bundesrepublik erfolgte am 5.7.1959.

283 Adenauer, *Erinnerungen 1955-1959*, a.a.O., S. 398; vgl. ebenda, S. 228, 342; vgl. auch Schwarz, *Adenauer: Der Staatsmann*, a.a.O., S. 238ff., 464f.
284 Zur Geschichte dieser Parole vgl. Konrad Repgen, Finis Germaniae: Untergang Deutschlands durch einen SPD-Wahlsieg 1957?. In: D. Blumenwitz u.a. (Hg.), *Konrad Adenauer und seine Zeit. Politik und Persönlichkeit des ersten Bundeskanzlers*, Bd. 2, Stuttgart 1976, S. 294-315, bes. S. 296ff.
285 Bereits im Dezember 1956 hatte der spätere *Falken*-Vorsitzende Karl-Heinz ("Kalli") Prall öffentlich über einen Ausschluß der SFIO aus der Sozialistischen Internationale nachgedacht (K. Prall, Wird UNO-Polizei genügen?. In: *JG* 8 (1956) 12, S. 1). Im Vorfeld des 5. Kongresses der Sozialistischen Internationale (Wien, 2.-6.6.1957) forderte Herta Gotthelf 1957 im Parteivorstand, keinen französischen Vizepräsidenten der SI zu wählen, solange die SFIO keine "internationale sozialistische Politik" betreibe (Sitzung des Parteivorstandes am 14. und 15.6.1957 in Dortmund", *AdsD*, PV-Protokoll, 12, 1957, Bl. 4. Dort auch die Antwort Fritz Heines, Mollet habe "für seine Algerienpolitik leider die Mehrheit der SFIO hinter sich".).
286 Vgl. Werner Gregor an Fritz Heine, 31.5.1957; Gregor an Heinz Putzrath, 12.11.1957; Putzrath an Gregor, 26.11.1957; Gregor an Putzrath, 11.12.1957 (alle in: *AdsD*, PV-II/ Abt.Int.Bez./2858/Ausland, F-J 1957).
287 J.W. Brügel, Der Generalrat der Sozialistischen Internationale zur Weltsituation. In: *EA*, 12(1957)1, S. 9528.
288 SPD gegen Verwässerung von EURATOM. In: *PPP*, 30.1.1957. In der außenpolitischen Debatte des Bundestags wies Wehner tags darauf ausdrücklich auf die Gefahr hin, über die kommende westeuropäische Wirtschafts- und Atomgemeinschaft "in eine im Konkurs befindliche französische Nordafrika-Politik einbezogen zu werden" (*2. BT*, Sten. Ber., 188. Sitz., 31.1.1957, S. 10707).
289 G. M[arkscheffel], In die Wüste!. In: *SPD-PD*, 20.-24.1.1957. - Zum Dementi dieser Meldung durch das Bundesverteidigungsministerium vgl. Bundesverteidigungsminister Strauß und die Wüste. In: *SPD-PD*, 22.-26.1.1957, S. 5-6. Strauß hatte bei seinen Gesprächen in Algerien in Sidi-bel-Abbès den ersten Vertrag über waffentechnische Zusammenarbeit zwischen Frankreich und der Bundesrepublik unterzeichnet, allerdings, wie er betonte, ohne nukleare Komponente (vgl. Franz Josef Strauß, *Die Erinnerungen*, Berlin 1989, S. 311-313).
290 Heinrich Deist (SPD), *3.BT*, Sten. Ber., 200. Sitz., 21.3.1957, S. 11341-42. Mit ähnlicher Stoßrichtung Ludwig Metzger (SPD), ebenda, 224. Sitz., 5.7.1957, S. 13343-46. - Der erste französische Atombombenversuch in der Sahara erfolgte am 17.2.1960 und führte zu heftigen Protesten der arabischen und schwarzafrikanischen Staaten (*AdG*, 13.2.1960, S. 8213; 15.2.1960, S. 8218). Dessenungeachtet fanden am 1.4. und 27.12.1960 weitere Versuche statt (*AdG*, 1.4.1960, S. 8310; 27.12.1960, S. 8840).
291 Vgl. dazu die Begründung des norwegischen Delegierten Finn Moe auf dem 5. SI-Kongreß in: *SII* 7 (1957) 35, S. 601-604.
292 Text der Hauptreferate in: Fifth Congress of the Socialist International, Vienna, 2-6 July, 1957. The Problem of Algeria: In: *SII* 7 (1957) 35, S. 601-618.
293 Text in: *SII* 7 (1957) 28, S. 490 (dt. in: *SPD-Jahrbuch 1956/57*, S. 364-365).
294 Fact-Finding-Mission to Algeria, *SI-Circular* 69/57, 29.11.1957. Kommissionsmitglieder waren: John Sanness (Norwegische Arbeiterpartei, Vorsitzender), Jules Bary (Belgische Sozialistische Partei) und Sam Watson (Labour Party). John Clark (Labour Party) begleitete die Kommission als Sekretär. Vgl. Socialist International Fact-Finding Mission to Algeria. In: *SII* 7 (1957) 49, S. 831.
295 Report of the Fact-Finding Mission to Algeria (28 November - 12 December, 1957), *SI-Circular* B/1/58, 17.1.1958, S. 1-33. Die individuellen Stellungnahmen Watsons, Sanness' und Barys in: *SI-Circular* B/13/58, 10.2.1958, S. 1-2.
296 Report of the Fact-Finding Mission to Algeria, a.a.O., S. 22-23.

297 Nach tunesischen Angaben waren 72 Personen getötet und 87 verletzt worden. Zum Verlauf der Ereignisse vgl. *AdG*, 8.2.1958, S. 6887; *15.2.1958*, S. 6894-97; *21.2.1958*, S. 6908-09.
298 Vgl. Jacques Fauvet, *La IVe République*, Paris 1960, S. 340-342; Werner Ruf, *Der Burgibismus und die Außenpolitik des unabhängigen Tunesien*, Bielefeld 1969, S. 117-121; Münchhausen, *Kolonialismus und Demokratie*, a.a.O., S. 266-277; Grosser, *Frankreich und seine Außenpolitik*, a.a.O., S. 173-174.
299 ler., Ein Schlag gegen den Westen. In: *SPD-PD*, 10.2.1958. Vgl. auch: sp., Zwischenbilanz der "Affäre Sakiet". In: *SPD-PD*, 14.2.1958.
300 Frankreichs Akt der Barbarei. In: *Vorwärts*, 14.2.1958.
301 Die Politik der Generale. In: *Vorwärts*, 21.2.1958.
302 Willi Eichler, Wohin treibt der Westen? Zu dem Massaker in Sakiet Sidi Jussef. In: *GuT* 13 (1958) 3, S. 66 68.
303 Ursula Schaar-Nothtroff, Dem anderen Frankreich. In: *JG* 10 (1958) 4, S. 3.
304 SPD greift Bombenüberfall auf Sakiet auf. In: *PPP*, 15.2.1958 (Nachtrag zu PPP, 18.2.1958); SPD wünscht Beileidserklärung. In: *FAZ*, 17.2.1958. Zur parlamentarischen Behandlung der mdl. Anfragen vgl. *3. BT*, Drs. 252; Sten. Ber., 16. Sitz., 12.3.1958, S. 731-732.
305 Brutale Gewalt. In: *HE*, 10.2.1958; Schlag gegen den Westen. In: *LFP*, 11.2.1958; Schwerste Krise seit Suez. In: *HP*, 12.2.1958; Man darf nicht schweigen. In: *WR*, 12.2.1958; Bomben gegen den Westen. In: *Die Freiheit*, 12.2.1958.
306 Text in: *SII* 8 (1958) 8, S. 114 (unaut. dt. Fassung in: *Standpunkt*, (1959)1-2, S. 13).
307 Bureau Meeting of the Socialist International. In: *SII* 8 (1958) 8, S. 113; Bureau Meeting of the Socialist International. In: *SII* 8 (1958) 18, S. 284.
308 Vgl. hierzu die Schreiben Fritz Heines an SI-Sekretär Albert Carthy vom 21.2.1958 und 28.3.1958 (*AdsD*, PV-II/Abt. Int. Bez./2862/Internationale, 1956/57/58).
309 Die anderen Mitglieder waren Morgan Phillips (Großbritannien), Frans Tielemans (Belgien) und Alfred Mozer (Niederlande). Vgl. Bureau Meeting of the Socialist International. In: *SII* 8 (1958) 8, S. 113.
310 Text in: *SII* 8 (1958) 18, S. 283.
311 Bureau Meeting of the Socialist International. In: *SII* 8 (1958) 18, S. 283.
312 Council Conference of the Socialist International. In: *SII*, 8 (1958) 25, S. 380-81; vgl. auch *AdG*, 14.6.1958, S. 7126; dt. Text in: *SPD-Jahrbuch 1958/59*, S. 418.
313 Heinz Abosch, Die SPD und der Kolonialismus. In: *Sozialistische Politik* 5 (1958) 3, S. 2-3; Gerhard Schoenberner, Die Krankheit der Internationale. In: *GuT*, 13 (1958) 9, S. 278 281; ders., Der Krieg in Algerien und die Sozialdemokratie. In: *Standpunkt* (1959)1-2, S. 11-14. Vgl. auch: Heinz Putzrath an Gerhard Schoenberner, 8.9.1958, 12.9.1958, 14.10.1958, *AdsD*, PV-II/Abt. Int. Bez./2849/Inland, S-Z, 1958.
314 Peter Blachstein, Schweigen macht mitschuldig. In: *Vorwärts*, 4.4.1958.
315 *Peter Blachstein* (1911-1977): 1929 SPD, 1931 SAPD, 1933-1934 Haft wegen illegaler Widerstandsarbeit. 1935-1947 Exil: 1935 Tschechoslowakei, Danzig, Norwegen; 1936 Frankreich, 1936-1938 Spanien, 1938-1943 Norwegen, 1943-1947 Schweden. 1947 SPD, MdB 1949-1968, seit 1957 Mitglied des SPD-Fraktionsvorstands, 1955-1968 Mitglied des Verwaltungsrats des NDR, 1968-1969 Botschafter der Bundesrepublik in Jugoslawien (*BHdE*, Bd. 1, S. 67-68).
316 *Rolf Reventlow* (1897-1981), 1919 SPD, 1933 SAPD, 1936-1938 Freiwilliger im spanischen Bürgerkrieg (Bataillonskommandeur, zeitweilig Leiter der internationalen Abteilung des Militärsekretariats des Partido Socialista Obrero), 1939 Flucht nach Algerien, 1943-1944 Freiwilliger im britischen Pionierkorps in Nordafrika, 1943 SFIO (Algerien), 1945-1947 außenpolitischer Redakteur *Alger-Soir* (Algier), 1953 Rückkehr nach Deutschland, Journalist,

bis 1962 Unterbezirkssekretär und (1961-1964) stellvertretender Vorsitzender der SPD München (*BHdE*, Bd.1, S. 601; *PPP*, 13.1.1981, S. 3).

317 *Hellmut Kalbitzer* (*1913), ab 1929 ISK, 1936-1938 wegen Vorbereitung zum Hochverrat inhaftiert, illegale Arbeit und Auslandskontakte für den ISK; ab 1945 Beteiligung am Aufbau von SPD und Gewerkschaften in Hamburg, 1946-1949 und 1978-1982 Mitglied der Hamburgischen Bürgerschaft, 1949-1965 MdB/SPD, 1960-1962 Vizepräsident des Europaparlaments (*MA/IBA*, 42/88; Albrecht (Hg.), *Kurt Schumacher*, a.a.O., S. 343). Erinnerungen: Hellmut Kalbitzer, *Widerstehen oder Mitmachen. Eigensinnige Ansichten und sehr persönliche Erinnerungen*, Hamburg 1987.

318 *Georg Jungclas* (1902-1975), seit 1946 hauptamtlicher Sekretär der IV. Internationale in der Bundesrepublik und (bis 1967) Mitglied ihres Exekutivkomitees, 1953 SPD, 1957 Vorsitzender des SPD-Ortsvereins Köln-Nippes; als Hauptverfasser des "Manifests der Kölner Jungsozialisten" (1954) und maßgeblicher Gestalter der Zeitschrift *Freies Algerien* (1958-1962) früher Einfluß auf den späteren Nahost-Experten der SPD, H.-J. Wischnewski; 1960-1961 beteiligt am trotzkistischen Projekt einer Waffenfabrik für den FLN in Marokko. Vgl. Leggewie, *Kofferträger*, a.a.O., S. 104-123.

319 Kontakte zwischen den sozialdemokratischen Jugendverbänden der Bundesrepublik nach Jugoslawien bestanden spätestens seit 1953, als die Sozialistische Jugendinternationale (IUSY) gemeinsam mit der jugoslawischen "Volksjugend" ein internationales Sommerlager bei Zadar durchführte (25.7.-6.8.1953), an dem u.a. auch Mitglieder des SDS und der "Falken" teilnahmen. Auch in den folgenden Jahren rissen die gegenseitigen Kontakte nicht ab. Vgl. Willy Albrecht, *Der Sozialistische Deutsche Studentenbund (SDS). Vom parteikonformen Studentenverband zum Repräsentanten der Neuen Linken*, Bonn 1994, S. 290-294, 100-101, 134-135, 279-280, 299; Heinz Westphal, *Jugend braucht Demokratie. Demokratie braucht Jugend. Mein jugendpolitisches Engagement 1945-1974. Erinnerungen*, Rostock 1994, S. 128.

320 *Hans-Jürgen Wischnewski* (*1922), 1946 SPD und IG Metall, 1953-1959 Gewerkschaftssekretär der IGM Köln, 1957-1968 Vorsitzender der SPD Köln, 1957-1990 MdB/SPD, 1959-1961 Bundesvorsitzender der Jungsozialisten, 1961-1965 MdEP, 1966-1968 Bundesminister für wirtschaftliche Zusammenarbeit, 1968-1972 Bundesgeschäftsführer der SPD, 1974-1976 Parlamentarischer Staatssekretär und Staatsminister im AA; 1976-1979, 1982 Staatsminister im Bundeskanzleramt, 1979-1982 stellvertretender Parteivorsitzender, 1980-1981 stellvertretender Vorsitzender der SPD-Bundestagsfraktion, 1984-85 Schatzmeister der SPD. Autobiographie: Hans-Jürgen Wischnewski, *Mit Leidenschaft und Augenmaß. In Mogadischu und anderswo. Politische Memoiren*, München 1989. Vgl. auch *MA/IBA* 52/88; *Wer ist wer? 1990/91*, Lübeck 1990, S. 1487.

321 *Jockel Fuchs* (*1919), als Vertreter der Jungsozialisten auf der asiatisch-europäischen Jugendkonferenz von Bombay (11.-18.11.1956), dort Mitglied des Konferenzpräsidiums (*KK*, 9:12, Dez. 1961, S. 21), 1958-1965 Chefredakteur der Mainzer *Freiheit* (SPD), 1955-1974 MdL/ SPD Rheinland-Pfalz, 1966-1969 Vorsitzender der SPD Rheinland-Pfalz, 1962-1973 Mitglied des SPD-Bundesvorstandes, 1965-1987 Oberbürgermeister von Mainz. Vgl. *Wer ist wer? 1993/94*, Lübeck 1993, S. 376. Autobiographische Erinnerungen: Jockel Fuchs, *Mainzer Jahre - schöne Jahre. Erinnerungen 1945-1987*, Mainz 1993.

322 Die *International Union of Socialist Youth* (IUSY) wurde 1946 in Paris als Dachorganisation sozialistischer Jugendverbände gegründet. Die Jusos, die Falken und der SDS waren 1948 in die IUSY aufgenommen worden. Zur Frühgeschichte der Organisation vgl. Heinz Westphal, Was ist die IUSY?. In: *JG*, 2 (1950) 6, S. 8-9.

323 *Werner Plum* (*1925), nach Kriegsende linkskatholisches Engagement, Organisator der "deutsch-französischen Arbeitertreffen", Mitglied der CDU in der SBZ/DDR, 1950 Bruch mit dem Kommunismus, zahlreiche Reisen durch Nordafrika und Kontakte zu nordafrikani-

schen Widerstandsbewegungen, journalistische Arbeit für NDR und SPD-Parteipresse, bis 1986 parteiloser Mitarbeiter der Friedrich-Ebert-Stiftung. Vgl. Leggewie, *Koffertrdger*, a.a.O., S. 39-41.

324 *Erich Ollenhauer* (1901-1963): 1918 SPD, seit 1920 Vorstandsmitglied des Verbands der Arbeiter-Jugend-Vereine Deutschlands, seit 1921 Geschäftsführer der Arbeiter-Jugend-Internationale, 1923-1946 1. Sekretär der Sozialistischen Jugend-Internationale, 1928-1933 Vorsitzender des Verbands der Sozialistischen Arbeiterjugend Deutschlands, seit 1933 Mitglied des PV, Aufbau des treuhänderischen Exil-PV der SPD (*Sopade*), 1933-1946 Exil (Tschechoslowakei, Frankreich, Portugal, Großbritannien), 1946-1952 stellvertretender Vorsitzender der SPD, 1949-1963 MdB (bis 1952 stellvertretender Vorsitzender der SPD-Bundestagsfraktion), 1952-1963 stellvertretender SI-Vorsitzender, 1952-1963 Vorsitzender der SPD und der SPD-Bundestagsfraktion, 1963 SI-Vorsitzender (*BHdE*, Bd. 1, S. 540-541; zur Biographie vgl. Brigitte Seebacher-Brandt, *Biedermann und Patriot. Erich Ollenhauer - ein sozialdemokratisches Leben*, Berlin 1984).

325 *Fritz Heine* (*1904): 1922 SPD, ab 1925 hauptamtlicher Mitarbeiter im PV, 1933-1946 Exil, 1933-1938 Mitarbeiter des Prager Exil-PV, 1938 Kooptation in den Pariser Exil-PV, 1940-1941 in Südfrankreich Organisation der Flucht tausender antifaschistischer Flüchtlinge, seit 1941 Mitglied des Londoner Exil-PV, 1946-1958 besoldetes Mitglied im geschäftsführenden PV der SPD (bis 1957 Pressesprecher der SPD), 1958-1974 Geschäftsführer des SPD-Verlagsverbunds *Konzentration* GmbH, Vorstandsmitglied und Schatzmeister der FESt. Vgl. *AdsD*, Slg. Personalia; *BHdE*, Bd. 1, S. 280-281.

326 Zur Kritik an Heine vgl. Kurt Klotzbach, *Der Weg zur Staatspartei. Programmatik, praktische Politik und Organisation der deutschen Sozialdemokratie 1945 bis 1965*, Berlin-Bonn 1982, S. 414-417, 423-424.

327 Gespräch des Verf. mit *Werner Plum*, 14.8.1986.

328 *AdG*, 7.3.1958, 6930-31; *AdG*, 20.3.1958, S. 6950. Gedacht war an ein Verteidigungsbündnis, das Frankreich, Italien, Spanien, Marokko und Tunesien einbeziehen und ggf. Libyen, Großbritannien und die USA beteiligen sollte. Zum Gaillard-Plan auch Elsenhans, *Algerienkrieg*, a.a.O., S. 61. Zu dem bereits im Februar 1957 von Marokko und Tunesien lancierten Projekt einer Mittelmeerallianz vgl. Werner Ruf, *Der Burgibismus und die Außenpolitik des unabhängigen Tunesien*, Bielefeld 1969, S. 102f.

329 H.E. Schult, Die Vergeltung, *NRZ*, 10.2.1958.

330 H.B., Bundeswehr nach Nordafrika? In: *SPD-PD*, 2.5.1958.

331 Fritz Erler (SPD), *3. BT*, Sten. Ber., 24. Sitz., 23.4.1958, S. 1358.

332 Appell der Algerier an Bonn. In: *Die Welt*, 9.4.1958; Algier-Rebellen beschuldigen Bonn, *Der Mittag*, 9.4.1958. Der Brief ging am 10.4.1958 beim Parteivorstand ein (vgl. Protokoll der Sitzung des Partei- und Fraktionsvorstandes am 10.4.1958 in Bonn, *AdsD*, PV-Protokoll, 13, 1958, Bl. 8). - In einem weiteren Schreiben warf der FLN der *Bundesregierung* vor, durch große Kapitalvorschüsse an Frankreich den Krieg gegen die algerische Zivilbevölkerung zu finanzieren, eine erstaunliche Ohnmacht gegenüber den französischen Werbern für die Fremdenlegion an den Tag zu legen und auf ihrem Boden die Stationierungskosten für französische Truppen zu übernehmen, aus denen die Kolonialarmee in Algerien aufgefüllt werde (*Der Mittag*, 9.4.1958).

333 Jungsozialisten verurteilen französische Algerienpolitik, Presseinformation der Jungsozialisten der Sozialdemokratischen Partei Deutschlands, 20.4.1958. In: *AdsD*, Dep. Werner Plum, 29, Algerien; Jungsozialisten gegen französische Algerienpolitik. In: *PPP*, 21.4.1958.

334 [Protokoll der] Sitzung des Parteivorstandes am 2. und 3.5.1958 in Berlin, *AdsD*, PV-Protokoll, 13, 1958, Bl. 1-2.

335 Sitzung des Parteivorstandes, Parteiausschusses und der Kontrollkommission am 3. und 4.5.1958 in Berlin, *AdsD*, PV-Protokoll, 13, 1958, Bl. 4.

336 SPD: Worte der Sympathie für Frankreichs Volk. In: *PPP*, 14.5.1958.
337 Sitzung des Parteivorstandes am 16.5.1958 in Stuttgart, *AdsD*, PV-Protokoll, 13, 1958, Bl. 6-7.
338 Der von dem Liberalen Ahmed Boumendjel (CNRA) geleiteten FLN-Delegation auf dem Stuttgarter SPD-Parteitag gehörten u.a. der Leiter der Bonner FLN-Vertretung, Hafid Keramane, sein Stellvertreter Mouloud Kassem und der Vertreter der UGTA in der Bundesrepublik, Ahmed Mostefaoui, an (schriftliche Mitteilung *Werner Plum*, 20.8.1986). Die Fédération de France des FLN war durch Aziz Benmiloud, Belkassem Benyahia, Hadj Cherchalli, Mohammed Harbi und Ali Haroun vertreten (Haroun, 7ʳ *wilaya*, a.a.O., S. 134). Rechtzeitig zum Parteitag hatte der FLN einen Aufruf an das deutsche Volk herausgegeben (abgedruckt in "Algerien hofft auf seinen Sieg". In: *Die Andere Zeitung*, 22.5.1958, S. 1), der mit den Worten schloß: "Deutsches Volk! Algerien braucht dich! Mit deiner Hilfe, deiner aktiven Solidarität kann das algerische Volk die Ketten der Unterdrückung brechen und frei und unabhängig leben und arbeiten."
339 Vgl. dazu die Kritik Hans-Jürgen Wischnewskis in: *Protokoll der Verhandlungen des Parteitages der Sozialdemokratischen Partei Deutschlands vom 18. bis 23. Mai 1958 in Stuttgart*, Hannover-Bonn o.J., S. 69.
340 Erich Ollenhauer, Frieden und Freiheit durch sozialistische Politik. In: *ebenda*, S. 44-45.
341 Text in: ebenda, S. 86, 498-499.
342 Das im Dezember 1936 vorgelegte *Blum-Viollette-Projekt* der ersten französischen Volksfrontregierung, das auf den früheren Generalgouverneur von Algerien und nunmehrigen Staatsminister des Kabinetts Blum, Maurice Viollette, zurückging, hatte lediglich vorgesehen, rund 20 000 algerischen Muslimen die französische Staatsbürgerschaft zuzuerkennen, ohne damit einen Wechsel ihres muslimischen Personalstatus zu verbinden. Das Projekt stieß auf starken Widerstand der *colons* und der französischen Rechten und wurde deshalb von der Volksfrontregierung schubladisiert. Es kam nie zur parlamentarischen Beratung.
343 Peter Blachstein in: *Prot. SPD-Parteitag 1958*, a.a.O., S. 64; Rolf Reventlow, ebenda, S. 52; Hans-Jürgen Wischnewski, ebenda, S. 69.
344 Vgl. die Reden Rolf Reventlows (ebenda, S. 52-53) und Hans-Jürgen Wischnewskis (ebenda, S. 69).
345 Peter Blachstein, ebenda, S. 66.
346 Erich Ollenhauer, ebenda, S. 83-85. Gemeint war der sozialdemokratische Entschließungsantrag betr. *Europäische Wirtschaftsgemeinschaft und Euratom* (2. *BT*, Drs. 3311) vom 20.3.1957, der die europäische Zusammenarbeit begrüßte, aber u.a. mit der vorsichtigen Erwartung verknüpfte, "daß jede Belastung durch die Kolonialpolitik abgelehnt, die Selbstbestimmung der überseeischen Gebiete im Sinne der Satzung der UNO gefördert und die Hilfe für die Entwicklungsländer der übrigen Welt nicht beeinträchtigt werden". Allerdings hatten diese Bedenken die SPD nicht davon abgehalten, dem EWG-Vertrag am 5.7.1957 letztlich zuzustimmen. Zu den Motiven vgl. Jürgen Bellers, *Reformpolitik und EWG-Strategie der SPD. Die innen- und außenpolitischen Faktoren der europapolitischen Integrationswilligkeit einer Oppositionspartei (1957-63)*, München 1979, S. 78-91.
347 "Die deutsche Sozialdemokratie wendet sich in aller Schärfe gegen die von beiden Seiten begangenen Terrorhandlungen. Die im Algerienkrieg verübten Gewalttaten französischer militärischer Stellen und die Unterdrückung von Bürgerrechten haben bei den afrikanischen und asiatischen Völkern die Bereitschaft erschüttert, mit den westlichen Demokratien zusammenzuarbeiten ebenso wie die Gewalttaten der algerischen Aufstandsbewegung die Möglichkeiten einer friedlichen Verständigung aufs schwerste gefährdet haben" (*Prot. SPD-Parteitag 1958*, a.a.O., S. 86).
348 Peter Blachstein, ebenda, S. 65.
349 Zur Abstimmung vgl. ebenda, S. 86-87.

350 Bei den Wahlen zum Parteivorstand erzielte Heine mit 186 (190) von 375 gültigen Stimmen das zweitschlechteste Ergebnis von allen Kandidaten und schied aus dem Parteivorstand aus (PPP, 3.6.1958).
351 *Protokoll der Verhandlungen des Außerordentlichen Parteitages der Sozialdemokratischen Partei Deutschlands vom 13.-15. November 1959 in Bad Godesberg*, Hannover-Bonn o.J., S. 66.
352 *Protokoll der Verhandlungen und Anträge vom Parteitag der Sozialdemokratischen Partei Deutschlands in Hannover 21. bis 25. November 1960*, Hannover-Bonn o.J., S. 195.
353 Ebenda, S. 698.
354 Ebenda, S. 116.
355 Antrag 14 (Landesorganisation Hamburg, Bezirk Hamburg-Nordwest). In: *Protokoll der Verhandlungen und Anträge vom Parteitag der Sozialdemokratischen Partei Deutschlands in Köln 26. bis 30. Mai 1962*, Hannover-Bonn o.J., S. 588.
356 Interview mit *Werner Plum*, 14.8.1986. Vgl. auch die Darstellung bei Haroun, *7 wilaya*, a.a.O., S. 134ff.
357 Auf die Allensbach-Frage "Haben Sie die Nachrichten über die Vorgänge in Algerien verfolgt, oder hat Sie das nicht so interessiert?" antworteten im Mai 1958 52% der Befragten mit "Nicht so interessiert". Das *Desinteresse* der befragten SPD-Anhänger lag dabei zwar mit 42% um zehn Prozent unter dem Bundesdurchschnitt, war aber ausgeprägter als bei den FDP/DVP-Anhängern (36%). Als Allensbach im Februar 1960 fragte, ob die Franzosen oder die Algerier den Aufstand (der pieds noirs) im Januar 1960 gemacht hätten, vermochten nur 38% der Befragten zutreffende Antworten zu geben (*Jahrbuch der Öffentlichen Meinung 1958-1964*, Allensbach-Bonn 1965, S. 563, 564).
358 In einem Interview für die Pariser Wochenzeitschrift *L'Express* hatte Bourguiba am 22.6.1957 vorgeschlagen, die Souveränität Algeriens mit der Bildung einer französisch-nordafrikanischen Staatengemeinschaft zu verbinden. Bourguiba hatte dann ausgeführt: "Ich glaube, daß General De Gaulle die letzte Chance sein könnte, um die französische öffentliche Meinung zu einem Verständnis und einer Akzeptierung dieser großen Umgestaltung ohne ein Gefühl zu bewegen, beraubt oder erniedrigt zu sein. Ich bin überzeugt, daß General De Gaulle Frankreich in diesem kritischen Augenblick unserer Geschichte dienen könnte und daß er Frankreich damit einen ebenso großen Dienst leisten könnte wie am 18. Juni 1940" (*AdG*, 25.6.1957, S. 6510).
359 Otto Leichter [Rom] an Heinz Putzrath, 19.7.1957, *AdsD*, PV-II/Abt.Int.Bez./2856/Ausland K-N 1957 (Durchschlag eines vertraulichen Berichts für Bruno Kreisky, ? Bl.).
360 *AdG*, 25.5.1958, S. 7082.
361 Sitzung des Parteivorstandes am 9. Juni 1958 in Bonn, *AdsD*, PV-Protokoll, 13, 1958, Bl. 7.
362 Das parlamentarische Zwiegespräch, *Südwestfunk* (Baden-Baden), 6.6.1958, Rundfunkgespräch zwischen Fritz Erler und Kurt-Georg Kiesinger zum Thema Die Algerienfrage und das Verhältnis Deutschland-Frankreich, BPA. Vgl. auch: SPD: Gute Wünsche für Algier-Lösung. Keine Solidarität mit überlebtem Kolonialismus. In: *PPP*, 6.6.1958.
363 Auf der Brüsseler Sitzung des Generalrats der SI (12.-14.6.1958) stimmte die SFIO gemeinsam mit den niederländischen Sozialisten gegen jene Teile einer Entschließung zur internationalen Lage, die ein Disengagement in Mittel- und Osteuropa befürworteten (*SPD-Jahrbuch 1958/59*, S. 416-417). Mollet war grundsätzlich für eine allfällige Bewaffnung der Bundeswehr mit Atomwaffen (vgl. noch den Bericht Ollenhauers über ein Gespräch mit Mollet in: Sitzung des Parteivorstandes am 4. und 5.12.1959 in Bonn, *AdsD*, PV-Protokoll, 14, 1959, Bl. 2).
364 Am 31.5.1958 fand sich Mollet bereit, an einer Regierung de Gaulles mitzuwirken. Am 1.6. stimmten in der französischen Nationalversammlung 42 SFIO-Abgeordnete für und 49 gegen

die Investitur des Generals als Ministerpräsident. De Gaulles erstem Kabinett traten am 1.Juli neben Mollet noch zwei weitere SFIO-Vertreter (Max Lejeune und Eugène Thomas) bei. Zu den damaligen Auseinandersetzungen in der SFIO vgl. Daniel Ligou, *Histoire du socialisme en France (1871-1961)*, Paris 1962, S. 621-626; George A. Codding Jr./William Safran, *Ideology and Politics: The Socialist Party of France*, Boulder, Col. 1979, S. 147-150. - Die Unterordnung unter die Politik de Gaulles zahlte sich für die Rest-SFIO nicht aus: Bei den Neuwahlen zur Nationalversammlung (23. und 30.11.1958) sank, des neuen Mehrheitswahlrechts wegen, die Zahl ihrer Mandate von 88 (1956) auf 40 (*AdG*, 1.12.1958, S. 7425). Zum 8.1.1959 schieden Mollet und Thomas aus der Regierung aus (*AdG*, 6.1.1959, S. 7482).

365 Sitzung des Parteivorstandes am 9. Juni 1958 in Bonn, *AdsD*, PV-Protokoll 13, 1958, Bl. 7.
366 Willi Eichler, Sozialisten vor der Entscheidung. In: *GuT* 13 (1958) 10, S. 291). Zur Korrektur dieser Vorstellung durch Fritz Erler vgl. Soell, *Fritz Erler*, Bd. 1, a.a.O., S. 441-444. - Zu den Befürchtungen im SPD-Parteivorstand, ein Triumph de Gaulles könne ähnlichen Bestrebungen in der Bundesrepublik Auftrieb geben, vgl. die Rede *Ollenhauers* auf der Parteiratssitzung vom 11.6.1958, *AdsD*, PV-Protokoll, 13, 1958, Bl. 30-31.
367 Prot. der Fraktionssitzung vom 10.6.1958, in: *Die SPD-Fraktion im Deutschen Bundestag. Sitzungsprotokolle 1957-1961*, bearb. von Wolfgang Hölscher, Düsseldorf 1993, S. 43.
368 Insbesondere der frühere Frankreich-Korrespondent des *Vorwärts*, *Heinz Abosch*, brachte in mehreren beißenden Polemiken der linkssozialistischen Monatsschrift *Funken* die Mitwirkung der SFIO am Untergang der Republik in Zusammenhang mit den damaligen Reformdiskussionen der SPD: Der Werdegang Mollets zeige, "wohin der Weg geht, wenn man sozialistische Prinzipien durch ein biegsames Anpassen an die Bourgeoisie ersetzt: ... Man beginnt beim Amerikanismus der 'freien Welt' und endet ganz natürlich in der Gemeinschaft der ungeschminkten Reaktionäre... Die Diskussion in der SPD bringt Losungen hervor, deren Früchte man in Frankreich reifen sieht." (Heinz Abosch, Guy Mollet. In: *Funken* 9 (1958) 5, S. 55, 56). Die "Giftblüte des Molletismus steht uns auch anderwärts und nicht zuletzt in der Bundesrepublik bevor". (Frankreich und die Sozialdemokratie. In: *Funken* 9 (1958) 11, S. 171). Vgl. auch: ders., Der Zusammenbruch der vierten Republik. In: *Funken* 9 (1958) 7, S. 102-06.
369 Sitzung des Parteivorstandes am 9. Juni 1958 in Bonn, *AdsD*, PV-Protokoll, 13, 1958, Bl. 8.
370 Am 14. September 1958 spaltete sich eine bedeutende Gruppe innerparteilicher Kritiker von der SFIO ab und gründete den *Parti Socialiste Autonome*.
371 Günter Markscheffel, Der Parteitag der französischen Sozialisten. In: *SPD-PD*, 15.9.1958; Georg Scheuer, Vor der Sammlung der demokratischen Linken?. In: *SPD-PD*, 19.9.1958; G.M., Ein Anfang?. In: *SPD-PD*, 22.9.1958; Willi Eichler, Sozialisten vor der Entscheidung. In: *GuT* 13 (1958) 10, S. 289-291; Georg Scheuer, Frankreichs Linke und der Krieg in Algerien. In: *SPD-PD*, 11.8.1960. Für einen übersichtlichen Abriß der Meinungsverschiedenheiten innerhalb der SFIO zur Algerienfrage (1956-1958) vgl. Guy Nania, *Un parti de la gauche: le PSU*. Préface d'Édouard Depreux, Paris 1966, S. 22-42.
372 Sitzung des Parteivorstandes am 9. Juni 1958 in Bonn, *AdsD*, PV-Protokoll 13, 1958, Bl. 7.
373 Erich Ollenhauer, Rede vor dem SPD-Parteirat, 11.6.1958, *AdsD*, PV-Protokoll, 13, 1958, Bl. 29.
374 André Philip, Der Selbstmord Frankreichs. In: *KK* 6 (1958) 5, S. 10-12; Werner Plum, Verräter Sozialismus oder gefährdete Demokratie? Bemerkungen zu einem Buch von André Philip. In: *GuT* 13 (1958) 7, S. 195-199. - Zur Bedeutung Philips für die innersozialistische Kritik an der Algerienpolitik Mollets vgl. Ligou, *Histoire du socialisme*, a.a.O., S. 616-618.
375 Die *Union de la Gauche Socialiste* (UGS) ging am 7./8.Dezember 1957 aus der Vereinigung fünf linkskatholischer bzw. -sozialistischer Gruppierungen hervor: des *Mouvement de*

Libération du Peuple (MLP) von 1951, der 1954 formierten Nouvelle Gauche, den 1956 entstandenen Gruppen Action Socialiste und Unité Socialiste sowie großer Teile der 1912 gegründeten Jeune République. Vgl. Nania, Un parti de la gauche, a.a.O., S. 16-19, 43-46.
376 Der Parti Socialiste Autonome (PSA) wurde am 14.9.1958 von einer Minderheit prominenter SFIO-Politiker um Édouard Depreux, Robert Verdier, Alain Savary und Oreste Rosenfeld gegründet, nachdem der 50. Parteitag der SFIO (11.-14.9.1958) mit 2687 gegen 1176 Stimmen die Ja-Parole für das bevorstehende Verfassungsreferendum de Gaulles (28.9.1958) beschloß und mit 3370:611 für die Fortsetzung der Militärpolitik in Algerien stimmte. Im Herbst 1959 trat auch Pierre Mendès France mit seinen Anhängern dem PSA bei. Am 3.4.1960 schloß sich der PSA mit der UGS und der KP-dissidenten Tribune du Communisme zum Parti Socialiste Unifié (PSU) zusammen. Zu den Einzelheiten grundlegend: Nania, Un parti de la gauche, a.a.O., S. 22-42, 48-52, 57-78.
377 Vgl. Beschlüsse und Vorschläge des Präsidiums ab 2.9.1958, AdsD, PV-Protokoll, 13, 1958, Bl. 2; Vorschläge und Beschlüsse des Präsidiums vom 16.3.-20.4.1959, AdsD, PV-Protokoll, 14, 1959, Bl. 5; Vorschläge und Beschlüsse des Präsidiums vom 14.3.-28.3.1960, AdsD, PV-Protokoll, 15, 1960, Bl. 1.
378 Obwohl die Regierung Gaillard am 13.11.1957 gedroht hatte, aus der NATO auszuziehen oder die kommende Dezembertagung des NATO-Rats zu boykottieren, falls die USA Bourguibas Bitte um amerikanische Waffen erfüllten, erhielt Tunesien im November 1957 auf gemeinsamen britisch-amerikanischen Beschluß mehrere hundert Maschinenpistolen, Gewehre und Munition (Sangmuah, Eisenhower and Containment ..., a.a.O., S. 84-86).
379 Documents on International Affairs 1958, London u.a. 1962, S. 400; AdG, 21.2.1958, S. 6908-9; Fauvet, La IV° République, a.a.O., S. 341f.; Sangmuah, Eisenhower and Containment in North Africa ..., a.a.O., S. 87-90.
380 Der Gedanke eines Mittelmeerpakts, dem neben Marokko, Algerien und Tunesien auch Frankreich, Spanien und Italien angehören sollten, war zuerst im Februar 1957 von König Mohammed V. von Marokko lanciert und dann von Habib Bourguiba aufgegriffen worden, um Frankreich einen Anreiz zu bieten, seine Truppen aus Nordafrika abzuziehen (Ruf, Burgibismus, a.a.O., S. 102f.).
381 An der "conférence de l'unité du Maghreb arabe" (Tanger, 27.-30.4.1958) nahmen die tunesische Néo-Destour- und die marokkanische Istiqlal-Partei sowie der FLN teil. Gegen tunesischen Widerstand (Ruf, Burgibismus, a.a.O., S. 115-116) setzte der FLN dabei eine Algerien-Resolution durch (Text in: Documents on International Affairs 1958, London u.a. 1962, S. 581-582), die empfahl, nach Konsultationen mit den Regierungen Tunesiens und Marokkos eine algerische Regierung zu bilden.
382 In einem schonungslosen Geheim-Memorandum vom 8.7.1958 (Text in: Harbi, Archives, a.a.O., S. 189-193) hatte der damalige Rüstungsbeauftragte des FLN, Omar Ouamrane, ein deprimierendes Bild der militärischen Lage der Front entworfen und auf schnelle diplomatisch-militärische Vorstöße außerhalb Algeriens gedrängt. Tatsächlich hatte der seit Juni 1957 errichtete französische Sperrgürtel entlang der tunesischen und marokkanischen Grenze, die "Ligne Morice", die Nachschublinien der Front schon im Frühjahr 1958 weitgehend abgeschnürt. Bei Versuchen, sie zu durchbrechen, hatten tausende von Guerillas ihr Leben verloren (Le Mire, Histoire militaire, a.a.O., S. 195-218, bes. 217f.; Horne, Savage War of Peace, a.a.O., S. 263-265, 321-322).
383 Harbi, F.L.N., a.a.O., S. 221ff. Die logistische Planung der "zweiten Front" erfolgte im Juli 1958 auf einer einwöchigen Geheimsitzung der europäischen FLN-Führung in einem Kölner Falken-Heim (Haroun, 7° wilaya, a.a.O., S. 90-91).
384 Zur Zusammensetzung und zum diplomatischem Status der provisorischen Regierung vgl. AdG, 19.9.1958, S. 7297-98; Bedjaoui, La révolution algérienne et le droit, a.a.O., S. 78-83, 99-103; Alleg u.a., La Guerre d'Algérie, Bd. 3, a.a.O., S. 571-572.

385 Nach Angaben Werner Plums hatten 1960 von den rund 3000 Algeriern, die in der Bundesrepublik lebten, rund 38% (um 600 im Saarland, 200 in Stuttgart, 150 in Hamburg, 75 in Nürnberg und je 60 in Essen und Bonn) feste Wohnsitze und Arbeitsplätze gefunden (Werner Plum, Algerische Arbeiter in der Bundesrepublik. In: *GM* 11 (1960) 8, S. 469-470, hier: S. 469; ders., *Nordafrika: Der Maghreb*, Nürnberg 1961, S. 179). 60% der in der Bundesrepublik lebenden Algerier waren Hilfsarbeiter, 39% angelernte Arbeiter, 1% Studenten (*ebenda*, S. 180). Vgl. auch "Die Algerier in Deutschland und das Asylrecht. In: *FA* 1 (1958) 4, S. 3-4.

386 Kurzprotokoll der Sitzung des Außenpolitischen Ausschusses vom 27.November 1958, *AdsD*, PV-II/Abt. Int. Bez./2837/Außenpol. Ausschuß [usw.], Bl. 6.

387 Fritz Henker, Algerische Arbeiter in der Bundesrepublik. In: *ZfK* 20 (1970) 2, S. 233-236, hier: S. 233.

388 Geheime algerische Exilregierung. In: *GA*, 3.9.1958; Algerier hoffen auf Verständnis. In: *WR*, 4.9.1958; Der Ertrinkende klammert sich an alles. In: *FT*, 4.9.1958.

389 Jungsozialisten in Nordafrika. In: *PPP*, 19.9.1958. Zu Vorgeschichte und Verlauf der Tunis-Reise vgl. auch die autobiographischen Erinnerungen von Jockel Fuchs, *Mainzer Jahre - schöne Jahre*, a.a.O., S. 45-47 (Kap. "Mit 'Ben Wisch' in Nordafrika").

390 Jungsozialisten in Nordafrika. In: *PPP*, 19.9.1958.

391 Vgl. Botschaft der Bundesrepublik Deutschland, Tunis, an AA, Bonn, 25. September 1958, Pol 204-83, betr.: Besuch von deutschen Jungsozialisten in Tunis, Abschrift in: *AdsD*, Dep. Wischnewski, 8: Korrespond. mit deutschen Botschaften.

392 Vgl. Jungsozialisten in Nordafrika. In: *PPP*, 19.9.1958, sowie den Bericht des deutschen Botschafters in Tunis, Dr. Werner Gregor, vom 25.9.1958, *AdsD*, PV-II/Abt. Int. Bez./ 2837/Außenpol. Ausschuß usw., Bl. 1-4.

393 Telegramm (verschlüsselt) aus Tunis an Auswärtig Bonn 25.9.1958, *Betr.*: Aufnahme dipl. Beziehungen FLN und SBZ [Abschrift von Abschrift]. In: *AdsD*, Dep. Wischnewski, 8:Korrespondenz mit deutschen Botschaften.

394 [Dr. Werner] Gregor, Botschaft der Bundesrepublik Deutschland, Tunis, 3. Oktober 1958, an AA, Bonn, Pol 205-83, Betr.: Besuch von deutschen Jungsozialisten in Tunis [Abschrift von Abschrift]. In: *AdsD*, Dep. Wischnewski, 8: Korrespond. mit deutschen Botschaften.

395 [Dr. Werner] Gregor, Botschaft der Bundesrepublik Deutschland, Tunis, 3. Oktober 1958, an AA, Bonn, Pol 205-83, Betr.: Besuch von deutschen Jungsozialisten in Tunis [Abschrift von Abschrift]. In: *AdsD*, Dep. Wischnewski, 8: Korrespond. mit deutschen Botschaften.

396 Jockel Fuchs, Wetterleuchten über Nordafrika. In: *SPD-PD*, 15.10.1958, S. 1-12 (abgedruckt u.a. in: *KK* 6 (1958) 10, S. 10-15), Zitat S. 12.

397 Hans-Jürgen Wischnewski, Wir besuchten das algerische Volk. Der Bundestagsabgeordnete Kollege Hans-Jürgen Wischnewski über seine Reise nach Nordafrika. In: *Metall* (1958) 21. Vgl. ähnlich auch: SPD-Abgeordneter: Ich war bei der Befreiungsarmee. In: *Die Welt*, 18.10.1958; Kölner Abgeordneter traf in Nordafrika Legionäre. Hans-Jürgen Wischnewski (MdB) berichtet über seine Reise nach Algerien. In: *NRZ*, 30.10.1958; Hans-Jürgen Wischnewski, Augenzeuge in Algerien. In: *FA* 1 (1958) 4, S. 1-2.

398 Reiches Material hierzu in: *AdsD*, Dep. Wischnewski, 102: Zeitungsausschnitte über 1957/ 1962.

399 Bundestagsabgeordneter schlich über Tunesiens Grenze ins Kampfgebiet. In: *Westdeutsches Tageblatt*, 2.12.1958; Illegaler Besuch bei algerischen Aufständischen. In: *Cannstatter Zeitung*, 2.12.1958; Illegal nach Algerien. In: *Rheinische Post*, 2.12.1958; Illegal nach Algerien. In: *Neuß-Grevenbroicher Zeitung*, 2.12.1958; Illegaler Besuch bei algerischen Aufständischen. In: *Untertürkheimer Zeitung*, 2.12.1958; SPD-Abgeordneter illegal in Algerien. In: *Schweinfurter Tagblatt*, 2.12.1958.

400 Augenzeuge in Algerien. Die Rebellen haben eine reguläre Armee. In: *KStA*, 25.10.1958; Algerier haben 125 000 Mann unter Waffen. In: *Pfälzische Volkszeitung*, 1.12.1958; 125000 bewaffnete Algerier. In: *Altenaer Kreisblatt*, 2.12.1958; "Algerier haben 125 000 Mann unter Waffen". In: *Bayerische Rundschau*, 2.12.1958; Die Algerier sind gut gerüstet. In: *Telegraf*, 2.12.1958; "125 000 Mann unter Waffen". SPD-Bundestagsabgeordneter besuchte algerische Rebellen. In: *Ostfriesen-Zeitung*, 2.12.1958; 125 000 Algerier kämpfen gegen 700 000 Mann. In: *Neustädter Kreis-Anzeiger*, 2.12.1958.

401 Aufständische Algerier in amerikanischen Uniformen. In: *Marktbreiter Anzeiger*, 2.12.1958; Aufständische Algerier in amerikanischen Uniformen. In: *Rhön- und Streubote*, 2.12.1958.

402 Kölner Abgeordneter traf in Nordafrika Legionäre. In: *NRZ*, 30.10.1958; Algerier brachten 3000 Deutsche heim. In: *Westfälische Rundschau*, 2.12.1958; Kein Deutscher mehr in die Legion! 3000 wurden bisher von Algeriern zurückgeführt. In: *HE*, 2.12.1958; FLN schickt Fremdenlegionäre heim. In: *Northeimer Neueste Nachrichten*, 2.12.1958.

403 "Freies Algerien" erschien bis April/Mai 1962 mit insgesamt 23 Nummern und einer Auflage von jeweils 3000-6000 Stück. Zum Profil der Zeitschrift vgl. Leggewie, *Kofferträger. Das Algerien-Projekt ...*, a.a.O., S. 173-174. Die ersten Nummern wurden - bei einer Startauflage von 5000 Exemplaren - von der Fédération de France des FLN jeweils mit 2000 DM bezuschußt (Haroun, *7e wilaya*, a.a.O., S. 135).

404 Berichte Erlers und Ollenhauers in: Kurzprotokoll der Sitzung des Außenpolitischen Ausschusses vom 31. Oktober 1958, *AdsD*, PV-II/Abt.Int.Bez./2837/Außenpol. Ausschuß usw. 1958, Bl. 10.

405 Vorschläge und Beschlüsse des Präsidiums vom 22.10.-24.11.58, *AdsD*, PV-Protokoll, 13, 1958, Bl. 5.

406 Kurzprotokoll der Sitzung des Außenpolitischen Ausschusses vom 27. November 1958, *AdsD*, PV-II/Abt. Int. Bez./2837/Außenpol. Ausschuß [usw.], Bl. 4-6. Hieraus auch die folgenden Zitate.

407 Kurzprotokoll der Sitzung des Außenpolitischen Ausschusses vom 27. November 1958, a.a.O., Bl. 6-7.

408 Leggewie, *Kofferträger*, a.a.O., S. 148-157; Wischnewski, *Leidenschaft und Augenmaß*, a.a.O., S. 107-117.

409 Wischnewski, *Leidenschaft und Augenmaß*, a.a.O., S. 20.

410 Sitzung des Parteivorstandes am 5.7.1959, *AdsD*, PV-Protokoll, 14, 1959, Bl. 12.

411 Vgl. Theo Pirker, *Die SPD nach Hitler. Die Geschichte der Sozialdemokratischen Partei Deutschlands 1945-1964* [1965], Berlin 1977, S. 264f.

412 Zu Hintergründen und Anfängen der "gemeinsamen Außenpolitik" vgl. Pirker, *SPD nach Hitler*, a.a.O., S. 288ff.; Soell, *Fritz Erler*, Bd.1, a.a.O., S. 385ff., 409ff.; Klotzbach, *Staatspartei*, a.a.O., S. 497ff.; Beatrix W. Bouvier, *Zwischen Godesberg und Großer Koalition. Der Weg der SPD in die Regierungsverantwortung*, Bonn 1990, S. 36ff., 52ff., 69ff., 76ff., 91ff.

413 Vgl. Müller, Die Bundesrepublik Deutschland ..., a.a.O., S. 620ff. - Eine solche Gefahr war im Fall des GPRA besonders hoch, da er sich um rasche internationale Anerkennung bemühen mußte. Die chinesisch-sowjetische Rivalität um Einfluß in der Dritten Welt, die seit 1958 immer deutlicher zutage trat, kam ihm im Ostblock zusätzlich zugute. Am 22.9.1958 wurde er von der Volksrepublik China, am 25.9. von Nordkorea, am 26.9. von Nordvietnam *de jure* anerkannt (*AdG*, 26.9.1958, S. 7312; vgl. auch Bedjaoui, *La Révolution algérienne et le droit*, a.a.O., S. 118-120). Schon im Dezember 1958 empfing Mao Tse-Tung in Peking die erste FLN-Delegation (Charles-Henri Favrod, *La révolution algérienne*, Paris 1959, S. 233). Am 7.10.1960 anerkannte die UdSSR den GPRA *de facto* (Bedjaoui, a.a.O., S. 117).

414 Am 23.10.1958 bot de Gaulle erstmals öffentlich einen "Frieden der Tapferen" (paix des braves) in Algerien an. Am 16.9.1959 bekannte er sich zum Recht der Algerier auf Selbstbestimmung (autodétermination). Am 10.11.1959 lud er den FLN zu Vorgesprächen nach Frankreich ein und wiederholte dieses Angebot am 14.6.1960. Schon zuvor hatte er auf einer Inspektionsreise durch Algerien (3.-5.3.1960) die Idee eines "algerischen Algerien" lanciert. Obwohl die ersten Vorgespräche mit dem FLN (Melun, 25.-29.6.1960) scheiterten, kündigte de Gaulle am 4.11.1960 eine "algerische Republik" an, die "eines Tages" existieren werde.

415 Zu den Kontakten der USA mit dem FLN ab Januar 1958 vgl. Elsenhans, *Algerienkrieg*, a.a.O., S. 52ff. Als die UNO-Generalversammlung am 12.12.1959 darüber abstimmte, das Selbstbestimmungsrecht des algerischen Volkes anzuerkennen und den Beginn von Vorverhandlungen auf dieser Grundlage zu fordern, enthielten sich, im Gegensatz zu Frankreich, das die Abstimmung boykottierte, die USA und fünf weitere NATO-Staaten (Dänemark, Griechenland, Island, Norwegen, Türkei) immerhin bereits demonstrativ der Stimme (*UN-Yearbook 1959*, S. 55-56). Im Mai 1961 begannen offizielle Gespräche des amerikanischen Botschafters in Tunis mit dem FLN (Elsenhans, a.a.O., S. 53).

416 Zu den Minimalzielen, die de Gaulle gegenüber dem FLN erreichen wollte, gehörten (1) die wirtschaftliche und politische Sicherung der europäischen Minderheit in Algerien, einschließlich ihres Rechts auf doppelte Staatsbürgerschaft; (2) der französische Zugriff auf die Bodenschätze und atomaren Versuchsanlagen der Sahara und (3) die Nutzung des Hafens Mers el-Kebir durch die französische Kriegsmarine (Horne, *Savage War of Peace*, a.a.O., S. 514). Bis 1960 hielt de Gaulle den FLN dazu unter hohem militärischen Druck. Unter General Challe begann im Februar 1959 eine neue Offensive, die bis zum Frühjahr 1960 nahezu die Hälfte der regulären Inlandstruppen der ALN aufgerieben hatte (Elsenhans, *Algerienkrieg*, a.a.O., S. 525-531; Horne, a.a.O., S. 330-340). Mit der Abberufung Challes am 23.4.1960 begann das militärische Engagement Frankreichs in Algerien unglaubwürdig zu werden. Keines der Minimalziele konnte schließlich durchgesetzt werden.

417 Heinrich Triepel, Die auswärtige Politik der Privatpersonen, *Zeitschrift für ausländisches öffentliches Recht und Völkerrecht* 9 (1939) 1, April 1939, S. 1-30, hier: S. 6, 8, 16ff. - Eine aktualisierende, kritische Würdigung von Triepels Ansatz findet sich bei Markus Heintzen, *Auswärtige Beziehungen privater Verbände. Eine staatsrechtliche, insbesondere grundrechtskollisionsrechtliche Untersuchung*, Berlin 1988, S. 34-38; ders., *Private Außenpolitik. Eine Typologie der grenzüberschreitenden Aktivitäten gesellschaftlicher Kräfte und ihres Verhältnisses zur staatlichen Außenpolitik*, Baden-Baden 1988, S. 13, 17, 19-22.

418 Vgl. Plum, Algerische Arbeiter in der Bundesrepublik. In: *GM* 11 (1960) 8, S. 469-470; Duchemin, *Histoire du F.L.N.*, a.a.O., S. 306-307; Henker, Algerische Arbeiter in der Bundesrepublik. In: *ZfK* 20 (1970) 2, S. 234; Balsen/Rössel, *Internationale Solidarität*, a.a.O., S. 84-85.

419 Wischnewski, *Leidenschaft und Augenmaß*, a.a.O., S. 114f., betont insbesondere die Hilfsbereitschaft der beiden Staatssekretäre im AA, Hilger van Scherpenberg und Karl Carstens, sowie des damaligen Frankreichreferenten im AA, Paul Frank. Zu Franks Engagement für die Algerier in der Bundesrepublik vgl. auch dessen Memoiren (Paul Frank, *Entschlüsselte Botschaft. Ein Diplomat macht Inventur*, Stuttgart 1981, S. 171-172). Vgl. auch Leggewie, *Kofferträger*, a.a.O., S. 152ff.; Müller, Die Bundesrepublik Deutschland ..., a.a.O., S. 628-640.

420 Nach Leggewie, *Kofferträger*, a.a.O., S. 151.

421 Vgl. ebenda, S. 111-113.

422 Am 26.1.1959 beschloß das SPD-Präsidium, Wischnewski nahezulegen, nicht mehr im Impressum der Zeitschrift *Freies Algerien* verantwortlich zu zeichnen (Vorschläge und Beschlüsse des Präsidiums vom 21.1.-9.2. 1959. In: *AdsD*, PV-Protokoll, 14, 1959, Bl. 1). Seit Februar 1959 zeichnete statt Wischnewski der Kölner Juso-Vorsitzende Willi Glomb (*FA*

1 (1959) 5, S. 12). Ihm folgte ab Herbst 1959 der Kölner SPD-Stadtrat Wilhelm Pertz (vgl. Leggewie, Kofferträger. Das Algerienprojekt ..., a.a.O., S. 173).
423 Vgl. *Protokoll der Verhandlungen des Außerordentlichen Parteitages der Sozialdemokratischen Partei Deutschlands vom 13.-15. November 1959 in Bad Godesberg*, Hannover-Bonn o.J., S. 302.
424 Ebenda, S. 606 (Antrag 244, Ortsverein Darmstadt).
425 Vgl. in diesem Sinne die Parteitagsrede Hellmut Kalbitzers. In: ebenda, S. 294.
426 Prot. der Fraktionssitzung vom 9.2.1960, in: in: *Die SPD-Fraktion im Deutschen Bundestag. Sitzungsprotokolle 1957-1961*, a.a.O., S. 389. - Gegenstand der Bundestagsdebatte war die Große Anfrage der Fraktion der FDP betr. *die Deutsche Einheit* (Drs. 3/1383 vom 12.11. 1959). Zum Verlauf der Debatte vgl. *3. BT*, Sten.Ber., 99. Sitz., 10.2.1960, S.5379-5422.
427 Vgl. die Anträge der SPD betr. *Junge Deutsche in der Fremdenlegion* (*3. BT*, Drs. 288, 19.3.1958; Drs. 1463, 8.12.1959), die zugehörigen mündlichen Anfragen der Abgeordneten Mommer (Drs. 252, 7.2.1958), Wischnewski und Blachstein (Drs. 1265, 8.10.1959) sowie den Bericht des Bundestagsausschusses für auswärtige Angelegenheiten (Drs. 641, 6.11.1958). Zur parlamentarischen Behandlung vgl. *3. BT*, Sten. Ber., 16. Sitz., 12.3.1958, S. 740-41; 28. Sitz., 8.5.1958, S. 1571; 60. Sitz., 30.1.1959, S. 3263-66; 81. Sitz., 14.10.1959, S. 4394-95, 4399-400.
428 Kl. Anfr. der SPD betr. *Zeitungsberichte über Hinrichtung von Deutschen in der Fremdenlegion* (*3. BT*, Drs. 291, 19.3.1958; Antw. BMAusw., Drs. 320, 2.4.1958); mdl. Anfr. Bauer (Drs. 854, 12.2.1959), Blachstein (ebenda, Drs. 1265, 8.10.1959), Kalbitzer (Drs. 2077, 23.9.1960). Zur parlamentarischen Behandlung vgl. *3. BT*, Sten.Ber., 64. Sitz., 25.2.1959; S. 3473 D; 81. Sitz., 14.10.1959, S. 4399-400; 124. Sitz., 28.9.1960, S. 7165-66.
429 Wischnewski, *Leidenschaft und Augenmaß*, a.a.O., S. 108-109. Die Forderungen der Jungsozialisten kreisten im wesentlichen um sechs Punkte: (1) verstärkte Demarchen der Bundesregierung in Frankreich, "um die Tätigkeit der Legion überhaupt zum Erliegen zu bringen", (2) umfassende Aufklärung der deutschen Jugend über "die wirklichen Verhältnisse" in der Legion; (3) "freiwilliger Verzicht der Presse- und Filmproduzenten, die Legion als eine romantische Angelegenheit zu schildern"; (4) "Auffangheime der freien Verbände, in denen aufgegriffene Legionswillige zunächst ein Zuhause finden"; (5) energischeres Vorgehen der Behörden gegen Einrichtungen, die "in mehr oder weniger versteckter Form" der Anwerbung von Legionären dienten; (6) verstärkte praktische Anwendung des § 141 StGB. Vgl. Jockel Fuchs, Das traurige Kapitel Fremdenlegion. In: *NB* (1959) 3, S. 41. - Zur Aufklärungsarbeit der Jusos über die Fremdenlegion vgl. auch: Das deutsche Afrikacorps. In: *KK* 9(1960)8, S. 17; Abenteuerlust schnell vergangen. In: *KK* 9 (1960) 12, S. 10-11.
430 So der Leiter des "Rückführungsdienstes für geflüchtete Fremdenlegionäre" der ALN in Marokko, *Si Mustapha* (d.i. Winfried Müller) am 14.9.1959 auf einer Pressekonferenz in Aachen (*DZWZ*, 16.9.1959; *AN*, 15.9.1959). Der stellvertretende Leiter der Bonner FLN-Delegation, *Mouloud Kassem*, hatte auf einer Veranstaltung der Jungsozialisten im Juni 1958 sogar von 80% gesprochen (*PPP*, 13.6.1958).
431 W. Dobritz, Algerien - auch ein deutsches Problem. In: *KK* 5 (1957) 10, S. 16-17; Deutsches Ansehen in Afrika bedroht. In: *PPP*, 13.6.1958; G.P., Immer noch junge Deutsche für die Fremdenlegion. In: *SPD-PD*, 27.11.1958; Fremdenlegion: MP-Salve von hinten. In: *KK*, 7 (1959) 10, S. 14-15; Hans-Jürgen Wischnewski, Ohne Verhandlungen geht es nicht. In: *SPD-PD*, 2.10.1959, S. 3; Ludwig Henze, Deutschland in Algerien. In: *GuT*, 15 (1960) 2, S. 54-56; Das deutsche Afrikacorps. In: *KK*, 8 (1960) 8, S. 17.
432 Nach Jockel Fuchs und Hans-Jürgen Wischnewski hatte der FLN bis Herbst 1958 mindestens 3000 deutschen Legionären die Rückkehr ermöglicht (*SPD-PD*, 27.11.1958, S. 4-5; *PPP*, 1.12.1958, S. 1-2). Die Angaben des Rückführungsdienstes selbst waren bescheidener: Als

er am 24.9.1962 aufgelöst wurde, hatte er nach eigenem Bekunden insgesamt 4111 Legionäre, darunter 2783 Deutsche, zurückgeführt (*AdG*, 29.9.1962, S. 10132).
433 Hans-Jürgen Wischnewski, Ohne Verhandlungen geht es nicht. In: *SPD-PD*, 2.10.1959 (abgedruckt u.a. in: *Die Freiheit*, 7.10.1959; *HE*, 12.10.1959).
434 Vgl. hierzu die vierteilige Serie "Der Tod kommt mit der Post". In: *Der Spiegel*, 14 (1960) 10, S. 38-50; 14 (1960) 11, S. 34-48; 14 (1960) 12, S. 39-49, 14 (1960) 13, S. 55-62. Unterlagen zur Tätigkeit französischer Geheimorganisationen in der Bundesrepublik auch in *PAAA*, B 24 (204/IA3), Bd. 280, Bl. 240-246, 346-358; Bd. 287, Bl. 81-88.
435 Der Leiter der Bonner FLN-Delegation, Ait Ahcène, war am 5.11.1958 vor der tunesischen Botschaft in Bad Godesberg niedergeschossen und lebensgefährlich verletzt worden (*Spiegel*, 19.11.1958). Am 7.12.1958 aus der Bundesrepublik ausgeflogen (*FA*, 15.12.1958), erlag er seinen Verletzungen am 24.4.1959 in Tunis (*Abendpost*, 25.4.1959).
436 Der deutsche Waffenhändler Georg Puchert war am 3.3.1959 in Frankfurt am Main von einer Autobombe zerissen worden. Sein Hamburger Kollege Otto Schlüter war am 28.9.1956 und 3.6.1957 Sprengstoffanschlägen nur knapp entgangen (AN, 30.4.1959; *Der Spiegel*, 14 (1960) 10, S. 39-48).
437 Vgl. die mdl. Anfragen der Abgeordneten Kalbitzer (*3. BT*, Drs. 961, 2.4.1959; Drs. 1159, 11.6.1959) und Menzel (Drs. 1430, 26.11.1959) sowie die Kleinen Anfragen der SPD betr. *Ausländische Geheimdienste in der Bundesrepublik* (Drs. 1023, 22.4.1959; Antw. BMI, Drs. 1088, 5.5.1959) und betr. *Rechtssicherheit* (Drs. 1440, 1.12.1959; Antw. BMAusw., Drs. 1494, 15.12.1959). Zur Behandlung im Bundestag vgl. *3. BT*, Sten. Ber., 68. Sitz., 8.4.1959, S. 3584-85; 77. Sitz., 19.6.1959, S. 4225; 91. Sitz., 2.12.1959, S. 4930-31.
438 Schon Anfang Juli 1959 spekulierte Hellmut Kalbitzer über eine stillschweigende Übereinkunft zwischen deutschen und französischen Sicherheitsbehörden, Anschläge gegen Algerier auf deutschem Boden künftig zu unterlassen (Jetzt Attentate beim anderen Nachbarn. In: *Der Mittag*, 2.7.1959). Die Vertreter der sozialdemokratischen Algeriensolidarität suchten ihrerseits den FLN zu beeinflussen, keine Gewalttaten in der Bundesrepublik zu begehen (Leggewie, *Kofferträger*, a.a.O., S. 150; Wischnewski, *Leidenschaft und Augenmaß*, a.a.O., S. 107-108; Interview *Werner Plum*, 14.8.1986). Zu Gewalttaten des MNA auf deutschem Boden vgl. Haroun, *7 wilaya*, a.a.O., S. 266-267, 271-272.
439 Reiches Material hierzu in: *PAAA*, B 24 (204/IA3), Bd. 349 und 350. Nach Unterlagen des AA wurden zwischen 1957 und 1961 mindestens 19 bundesdeutsche Handelsschiffe von französischen Kriegsschiffen angehalten und durchsucht ("Helga Böge" 18.10.1957, "Bilbao" 4.11.1959, "Valencia" 20.11.1959, "Soneck" 9.1.1960, "Ruhr" 25.2.1960, "Lindenfels" 26.2.1960, "Las Palmas" 10.9.1960, "Phönizien" 27.10.1960, "Levante" 25.11.1960, "Morsum" 4.12.1960, "R.C. Rickmers" 4.12.1960, "Erika" 5.12.1960, "Weiße See" 7.12.1960, "Alcyone" 9.12.1960, "Syrte" 15.12.1960, "Archsum" 15.12.1960, "Paul Rickmers", 21.12.1960, "Ravensberg" 24.4.1961, "Keitum" 28.8.1961). Die Fälle häuften sich insbesondere im Herbst und Winter 1960. Ein weiteres Schiff, die "Atlas", wurde am 1.10.1958 durch eine Sprengladung im Hamburger Hafen schwer beschädigt (*Der Spiegel*, 14 (1960) 10, S. 40-41). Der Bremer SPD-Bundestagsabgeordnete Hermann Hansing ging Mitte Dezember 1960 noch von insgesamt 13 aufgebrachten deutschen Schiffen aus (Hansing [SPD], *3. BT*, Sten. Ber., 136. Sitz., 14.12.1960, S. 7754). Vgl. auch: Frankreichs Piraterie im Mittelmeer. In: *FA* (1960) 11-12, S. 8.
440 Kl. Anfr. der SPD betr. *Rechtssicherheit* (3. BT, Drs. 1440, 1.12.1959; Antw. BMAusw., Drs. 1494, 15.12.1959); Kl. Anfr. der FDP betr. *Aufbringung des Frachters Las Palmas* (3. BT, Drs. 2102, 5.10.1960; Antw. BMAusw., Drs. 2153, 17.10.1960). Mdl. Anfragen: Bucher (FDP) (Drs. 1430, 26.11.1959; Drs. 2301, 9.12.1960); Bauer (SPD) (Drs. 2266, 2.12.1960); Schneider (DP) (Drs. 2311, 13.12.1960; Drs. 2593, 10.3.1961), Hansing (SPD) (Drs. 2311, 13.12.1960). Zur Behandlung im Bundestag s. 3. BT, Sten. Ber., 91. Sitz.,

2.12.1959, S. 4930; 134. Sitz., 7.12.1960, S. 7617; 136. Sitz., 14.12.1960, S. 7753-55; 151. Sitz., 15.3.1961, S. 8577.
441 *AdG*, 10.11.1959, S. 8050; *AdG*, 17.9.1960, S. 8631; *AdG*, 9.12.1960, S. 8808; *AdG*, 22.12.1960, S. 8832-33.
442 Zumindest im Fall der am 10.9.1960 vor der portugiesischen Küste aufgebrachten "Las Palmas" mußte zugegeben werden, daß das Schiff tatsächlich nach 'Marokko' bestimmte Waffen an Bord gehabt hatte (*3. BT*, Sten. Ber., 134. Sitz., 7.12.1960, S. 7617; *AdG*, 9.12.1960, S. 8808).
443 Antwort auf die Übergriffe im Mittelmeer. Französische Kriegsschiffe in Hamburg unerwünscht. In: *Bild*, 20.12.1960.
444 Das "Ausführungsgesetz zu Artikel 26 Abs.2 des Grundgesetzes (Gesetz über die Kontrolle von Kriegswaffen)" vom 20.4.1961 (RGBl. I, S. 444-52) wurde vom Bundestag am 22.2.1961 bei einer Enthaltung ohne Gegenstimmen angenommen (*3. BT*, Sten. Ber., 144. Sitz., S. 8162) und vom Bundesrat (229. Sitz.) am 3.3.1961 bestätigt. Zu den Einzelheiten der seit Ende 1959 andauernden Beratungen in Bundesrat und Bundestag vgl. den Entwurf der Bundesregierung samt Anlagen (*3. BT*, Drs. 1589, 3.2.1960) und den Bericht des Wirtschaftsausschusses des Bundestags (Drs. 2433, 23.1.1961) sowie Potrykus, *Gesetz über die Kontrolle von Kriegswaffen*, a.a.O., S. 5f.
445 Zum Zusammenhang der deutschen Waffenlieferungen nach Algerien mit der Entstehung des Kriegswaffenkontrollgesetzes vgl. die Ankündigung Außenminister v. Brentanos über entsprechende Verhandlungen mit Frankreich (*3. BT*, Drs. 2153, 17.10.1960) sowie die Erklärungen v.Brentanos (*3. BT*, Sten. Ber., 134. Sitz., 7.12.1960, S. 7617) und AA-Staatssekretärs Karl Carstens (ebenda, 136. Sitz., 14.12.1960, S. 7753-55). Vgl. auch: *AdG*, 22.12.1960, S. 8832-33; Gerhard Potrykus, Zur rechtlichen Würdigung der Tätigkeit deutscher Waffenfachleute in Ägypten. In: *Neue Juristische Wochenschrift* 16 (1963) 21, S. 941-943, hier: S. 942.
446 So wurde die Eröffnung der "zweiten Front" des FLN in Frankreich (25.8.1958) in einem Kölner Falken-Heim vorbereitet (Haroun, *7 wilaya*, a.a.O., S. 90-91). Der erste Kongreß der französischen Deserteurs- und Kriegsdienstverweigerer-Organisation *Jeune Résistance* (29.7.1960) in einem Falken-Heim bei Darmstadt (Hamon/Rotman, *Porteurs de valises*, a.a.O., S. 270ff.). Führende Mitglieder der baden-württembergischen Falken sorgten für die Unterbringung französischer Deserteure in deutschen Familien und organisierten in Tübingen, Reutlingen, Freiburg und Konstanz die Verbreitung von Desertionsaufrufen der *Jeune Résistance* in den örtlichen französischen Kasernen (Haroun, *7 wilaya*, S. 136-137). Ebenfalls mit Unterstützung der Falken konnte der FLN während des Krieges bei Köln, Hagen und Stuttgart organisationsinterne Kaderschulungen durchführen (Haroun, *7 wilaya*, S. 315). Das geheime erste Treffen des europäischen FLN-Vertreter mit dem Außenminister des GPRA fand in den Räumen der Kölner SPD statt (Wischnewski, *Leidenschaft und Augenmaß*, a.a.O., S. 108). Wischnewski stellte auch sein Privatkonto 1961 vorübergehend für Überweisungen des FLN zur Verfügung (ebenda, S. 110-112). Werner Plums Hamburger Wohnung diente immer wieder als Anlaufstelle für durchreisende FLN-Funktionäre (Interview mit Werner Plum, 14.8.1986). Weitere Einzelbeispiele bei Leggewie, *Kofferträger*, passim.
447 Peter Blachstein, Hamburg, an Dr. Heinrich Weitz, Bonn, 18.2.1958. In: *AdsD*, NL Carlo Schmid, 1215; Blachstein an Carlo Schmid, 18.2.1958. In: ebenda; Blachstein an Carlo Schmid, 1.3.1958, in: ebenda; Dr. Walter Menzel an Dr. Heinrich Weitz, 13.11.1958. In: *ebd.* - Wie Blachsteins Vorstoß ergab, hatte das DRK bereits im September 1957 dem Internationalen Komitee vom Roten Kreuz vorläufig 100 000 DM zur Unterstützung algerischer Flüchtlinge in Tunesien und Marokko gezahlt, allerdings aus Mitteln, die dem DRK für andere Zwecke zur Verfügung gestellt worden waren. Wiederholte schriftliche Bitten des DRK an die

Bundesregierung (2.10.1957, 30.11.1957, 24.2.1958), den Fehlbetrag auszugleichen, waren vom AA bis zum Februar 1958 nicht beantwortet worden. Vgl. Weitz an Blachstein, 25.2.1958; Weitz an den BMAusw. [Dr. Heinrich v. Brentano], 24.2.1958 (beide in: *ebd.*).
448 Vorschläge und Beschlüsse des Präsidiums vom 16.3.-20.4.1959, *AdsD*, PV-Protokoll, 14, 1959, Bl. 1.
449 Vor allem Fritz Henker, Fritz Lamm, Louis Pilz und Karl Schwab (vgl. Leggewie, *Kofferträger*, a.a.O., S. 170ff.; Haroun, *7 wilaya*, a.a.O., S. 135).
450 Verwirklichte Solidarität: Aus der Arbeit eines Hilfskomitees für algerische Flüchtlinge in der Bundesrepublik. In: *FA* (1961) 1-2, S. 8.
451 Nach Angaben Fritz Henkers (Algerische Arbeiter in der Bundesrepublik, a.a.O., S. 234) bestanden solche Komitees über längere Zeit vor allem in Hamburg, Hannover, Dortmund, Essen, Köln, Frankfurt/Main, Saarbrücken, Mannheim/Heidelberg, Karlsruhe, Stuttgart, Ludwigsburg, Esslingen, Singen, Ulm und Nürnberg.
452 Vgl. Werner Plum, *Gewerkschaften im Maghreb: UGTT - UMT - UGTA*, Hannover 1962, S. 71. Die Organisation des Büros war seit 1959 von *Ahmed Mostefaoui* vorbereitet worden. Es unterhielt Vertretungen in Hamburg, Essen, Düsseldorf, Dortmund, Bonn, Köln, Koblenz, Stuttgart, Mannheim und Saarbrücken. Plum zufolge bestand die Aufgabe des Kölner Büros darin, die lokalen Zweigstellen zu beraten und zu koordinieren, die algerischen Flüchtlinge auf verschiedene Städte im Bundesgebiet zu verteilen, mit den Arbeitsämtern und der Fremdenpolizei zusammenzuarbeiten, Verbindung zu deutschen sozialpolitischen Organisationen zu halten, den Flüchtlingen Wohnungen sowie Sprach-, Gewerkschafts-, Berufsbildungs- und Fortbildungskurse zu vermitteln und die algerischen Stipendiaten des DGB, der Einzelgewerkschaften, der konfessionellen Verbände und der Unternehmer zu betreuen.
453 Henker, Algerische Arbeiter in der Bundesrepublik, a.a.O., S. 234.
454 Auf Vorschlag des Exekutivkomitees des *United Nations Refugee Fund* (UNREF) vom 26.9.1958 hatte die UNO-Generalversammlung am 5.12.1958 beschlossen, von Juni 1959 bis Juni 1960 ein "Weltflüchtlingsjahr" zu begehen (Res. 1285 (XIII); vgl. *UN-Yearbook 1958*, S. 240-244). Die Bundesregierung hatte sich diesem Vorhaben durch Kabinettsbeschluß vom 21.1.1959 angeschlossen (Weltflüchtlingsjahr In: *NB* (1959) 4, S. 59).
455 Spende für die algerischen Flüchtlinge. In: *NB* (1959) 7, S. 109; Hilfe für Algerische Flüchtlinge. In: *NB* (1959) 9, S. 140. Im Winter 1961/62 ließ die AW über lokale tunesische Firmen Winterkleidung für 15 000 algerische Kinder produzieren (Arbeiterwohlfahrt kleidet 15 000 algerische Flüchtlingskinder. In: *NB* (1961) 10, S. 156). Nach *Die Arbeiterwohlfahrt. Jahrbuch 1961*, S. 130, wurden im Winter 1961 17 000 *cashabias* an algerische Kinder verteilt. - Nach Angaben Werner Plums (*Nordafrika: Der Maghreb*, Nürnberg 1961, S. 183) waren seit Kriegsbeginn etwa 60 000-80 000 Algerier nach Marokko und rund 110.000 nach Tunesien geflüchtet. Von ihnen seien 50% Kinder, 35% Frauen und 15% alte Männer gewesen. Die algerischen Angaben für 1960 lagen bei 300 000 Flüchtlingen in Marokko und Tunesien (Plum, *Nordafrika*, a.a.O., S. 186).
456 Heim für algerische Flüchtlingskinder. In: *NB* (1960) 4, S. 61; Flüchtlingskinderheim der AW in Tunesien, *NB* (1960) 8, S. 124.
457 Internationales Arbeiterhilfswerk tagte in Bonn. In: *NB* (1961) 10, S. 156.
458 Vgl. Plum, *Gewerkschaften im Maghreb*, a.a.O., S. 94-96: Die UGTA hatte aus den ersten Kontakten mit dem DGB 1958 den Eindruck gewonnen, daß dessen Bundesvorstand von Algerien vor Aufnahme ernsthafter Gespräche zunächst ein antikommunistisches Bekenntnis erwarte. Wenig später intensivierte die UGTA ihre Kontakte mit den Ostblockstaaten und nahm im Herbst 1958 eine Einladung des FDGB an. Plum zufolge (*ebenda*, S. 94, FN 1 und 3) hätten "die Deutschen damals eine charismatische Stunde versäumt". Die "wirklichen Ursachen der Spannungen und Mißverständnisse" zwischen DGB und UGTA hätten allerdings nicht in ideologischen oder strategischen Gegensätzen gelegen, sondern "im Unter-

schied der politischen Temperamente": Während die Algerier auf die DGB-Vertreter "sprunghaft" und "launisch" gewirkt hätten, sei auf algerischer Seite der Eindruck entstanden, daß der DGB sich durch "Formalismus" und "Bürokratie" einer Entscheidung für die algerische Sache entziehe.

459 Elsenhans, Algerienkrieg, a.a.O., S. 71f.
460 Text in: Dokumente zur Außenpolitik der Regierung der Deutschen Demokratischen Republik, Bd. 6, Berlin (DDR) 1959, S. 117-118.
461 Nach dem Mordanschlag auf den FLN-Diplomaten Ait Ahcène am 5.11.1958 in Bonn liefen gegen die in der Bundesrepublik lebenden Algerier umfangreiche behördliche Kontrollmaßnahmen an (Der Spiegel, 14 (1960) 10, 2.3.1960, S. 44), die 1959 durch mehrere politische Mordfälle zusätzlich angeheizt wurden und die arabischen Staaten schließlich veranlaßten, sich im November 1959 beim Auswärtigen Amt über die Diskriminierung der algerischen Flüchtlinge zu beschweren (AdG, 30.11.1959, S. 8081). Mit dem Versuch der Bundesregierung, die tunesische Regierung 1960 dazu zu bewegen, das Bonner Büro des FLN aus den Räumen der tunesischen Botschaft zu entfernen, erreichten die bundesdeutschen Maßnahmen ihren Höhepunkt (vgl. AdG, 14.3.1960, S. 8278-79; für weitere Vorstöße des AA im Juni 1960 vgl. "Aufzeichnung. Betr.: FLN-Büro der tunesischen Botschaft", Bonn, 10.6.1960 (205-82.03/90.32), in: PAAA, Abt. VII, Ref.708 (205/IB4), Bd. 1187; "Aufzeichnung. Betr.: FLN-Büro in der tunesischen Botschaft", Bonn, 13.6.1960 (Konzept, Ref. 204/205, 205-82.03/90.38), in: ebenda).
462 In einem detaillierten Bericht des Juso-Organs Klarer Kurs wurden im Mai 1959 Angaben der UGTA zitiert, wonach der FDGB der UGTA bisher eine einmalige Materialhilfe im Wert von 150 000 DM-Ost zur Verfügung gestellt, monatlich weitere 20 000 DM-Ost gespendet, 26 algerische Verwundete auf unbestimmte Zeit in seinen Sanatorien aufgenommen, 29 Studienstipendien gestiftet und 18 Algeriern eine 18-monatige Gewerkschafts- und Berufsausbildung in der SBZ ermöglicht habe. Auch die tschechoslowakischen und jugoslawischen Gewerkschaften sowie der WGB würden die UGTA mit großzügigen Sach-, Geld- und Ausbildungshilfen unterstützen. Der westliche Beitrag hingegen beschränke sich bis dato auf 60 000 $ des IBFG, von denen nur die erste Hälfte überwiesen, die zweite hingegen blockiert worden sei. - Solche Zahlen, hieß es weiter, seien zwar tendenziös und würden der wesentlich umfangreicheren westlichen Hilfe nicht gerecht. Man könne ihre Wirkung in der algerischen Gewerkschaftsbewegung aber nur korrigieren, wenn man der eigenen Hilfe größere Publizität verleihe und möglichst häufig algerische Delegationen und Einzelpersönlichkeiten nach Deutschland einlade (Werner Plum, Bundesrepublik - Ostzone - Algerien In: KK 7 (1959) 5, S. 6-9).
463 Die im Januar 1957 in Cotonou gegründete UGTAN vertrat etwa 85% der Gewerkschafter Französisch-Westafrikas (George R. Martens, Industrial Relations and Trade Unionism in French-Speaking West Africa. In: U.G. Damachi/H.D. Seibel/L. Trachtman (Hg.), Industrial Relations in Africa, London-Basingstoke 1979, S. 16-72, hier: S. 35-37). Auf Initiative ihres Generalsekretärs, des Staatspräsidenten von Guinea, Sékou Touré, rief ihr erster Kongreß (Conakry, 15.-18.1.1959) die Landesverbände der UGTAN auf, die bestehenden internationalen Dachverbände (IBFG, WGB, IBCG) zu verlassen (Werner Plum, "Bundesrepublik - Ostzone - Algerien. In: KK 7 (1959) 5, S. 8). Ziel war die Gründung eines rein afrikanischen Dachverbandes. Die enge Anlehnung der UGTAN an die Staatspolitik Guineas führte sie jedoch rasch in die Isolation. Auf einer Konferenz in Tunis (7.-12.11.1960) beschlossen Gewerkschaften aus 30 afrikanischen Ländern, maßgeblich auf tunesisches Betreiben, sich als autonome Regionalorganisation des IBFG zu konstituieren (KCA, 1960, S. 17797). Dem maßgeblich von den Gewerkschaften der VAR, Ghanas, Guineas, Malis und Marokkos getragenen Versuch, in Casablanca (25.-30.5.1961) einen all-afrikanischen Gewerkschaftsbund zu errichten, dessen Mitglieder binnen 10 Monaten aus allen anderen

Dachverbänden austreten sollten, begegneten die prowestlichen und christlichen Gewerkschaften Afrikas mit der Gründung eines autonomen afrikanischen Gewerkschaftsbunds (Dakar, 9.-14.1.1962), der seinen Mitgliedern die individuelle Zugehörigkeit auch zu anderen Dachverbänden freistellte (*KCA*, 1962, S. 18580).

464 Werner Plum, Bundesrepublik - Ostzone - Algerien In: *KK* 7 (1959) 5, S. 8.
465 *Aissat Idir* (1919-1959), seit Mai 1956 in Haft, war am 13.1.1959 von einem französischen Gericht freigesprochen, von den Militärbehörden aber nicht freigelassen worden. Am 28.7.1959 gaben diese bekannt, Aissat Idir sei am 26.7. an den Folgen eines 'Selbstmordversuchs' gestorben. Da viele Indizien für einen Foltertod sprachen, rief der IBFG am 5.8.1959 die Menschenrechtskommission der UNO an (*AdG*, 5.8.1959, S. 7871). Vgl. Trotz Freispruch: Algeriens Gewerkschaftsführer in Haft. In: *WdA*, 10.7.1959; Karlheinz Böhm, Unrecht bleibt Unrecht. In: *FP*, 18.8.1959; Gewerkschaftsbund fordert Untersuchung. In: *Die Welt*, 1.8.1959; Wurde Aissat Idir gefoltert? In: *KStA*, 26.8.1959; Gewerkschafter in Gefahr. In: *WdA*, 4.9.1959; Plum, *Gewerkschaften im Maghreb*, a.a.O., S. 35.
466 Der Delegation gehörten der UGTA-Sekretär Abdelkader Maachou, das AGTA-Büromitglied Ahmed Mostefaoui, der AGTA-Funktionär Saïd Slyemi und der stellvertretende Leiter des Bonner FLN-Büros, Mouloud Kassem, an (Haroun, 7° wilaya, a.a.O., S. 136).
467 Vgl. Deutscher Gewerkschaftsbund, *Protokoll 5. Ordentlicher Bundeskongress Stuttgart 7. bis 12. September 1959*, Düsseldorf o.J., Redebeiträge von Josef Diederich (IGM Düsseldorf), S. 135-136; Karl Schwab (IGM Stuttgart), S. 136-138; Willi Richter (DGB-Vorsitzender), S. 143. In einer kämpferischen Resolution, die den Tod Aissat Idirs "an den Folgen furchtbarer Folterungen" beklagte, stellte sich der Kongreß auf Antrag der IGM hinter den Appell der UGTA, die algerischen Gewerkschafter, die "in französischen Konzentrationslagern in Lebensgefahr schweben", unverzüglich freizulassen, protestierte "mit aller Schärfe und Eindringlichkeit gegen die brutale Unterdrückung der algerischen Gewerkschaftsbewegung und des algerischen Volkes" und forderte die französische Regierung auf, "ihre überholte Kolonialpolitik in Algerien zu beenden, alle politischen Häftlinge freizugeben und dem algerischen Volk sein Recht auf Selbstbestimmung zu gewähren" (*Protokoll*, a.a.O., Antr. 388, S. 1017).
468 *Protokoll 5. Ordentlicher Bundeskongress Stuttgart 7. bis 12. September 1959*, a.a.O., S. 143.
469 Text in: ebenda, Antr. 43, S. 736-737.
470 Plum, *Gewerkschaften im Maghreb*, a.a.O., S. 94.
471 *AdG*, 30.11.1959, S. 8081. Vgl. auch: Algerier: Sie liefern uns aus. In: *NRZ*, 11.9.1959.
472 Vgl. die Algerien-Entschließung des Parteitags: "Die SPD setzt sich in der Bundesrepublik für die Gewährung des Asylrechts für algerische Flüchtlinge ein und fordert die Aufhebung der Diskriminierung für Algerier. Die Partei wird wie bisher den algerischen Flüchtlingen bei der Einordnung in die deutschen Verhältnisse solidarisch beistehen und bemüht sein, für algerische Flüchtlinge Berufsausbildungsplätze und Studienmöglichkeiten zu schaffen" (*Protokoll der Verhandlungen und Anträge vom Parteitag der Sozialdemokratischen Partei Deutschlands in Hannover 21. bis 25. November 1960*, S. 698).
473 Am 4.11.1960 hatte de Gaulle in einer Rundfunkansprache seinen Kurs auf ein selbstbestimmtes "Algerisches Algerien" bekräftigt, dem die Möglichkeit offenstehe, mit oder gegen Frankreich errichtet zu werden. Am 16.11. kündigte der französische Ministerrat eine Volksabstimmung über ein Gesetz zur provisorischen Organisation der öffentlichen Gewalten Algeriens bis zur Selbstbestimmung an. Das (vom FLN boykottierte) Referendum fand vom 6.-8.1.1961 statt: Im Mutterland stimmten 56,14 %, in Algerien 39,58 der eingetragenen Wähler (75,39% bzw. 69,08% der abgegebenen Stimmen) dafür. Vgl. *AdG*, 4.11.1960, S. 8741; 16.11.1960, S. 8759-60; 23.11.1960, S. 8772; 8.1.1961, S. 8854; 11.1.1961, S. 8857-70.

474 Henker, Algerische Arbeiter in der Bundesrepublik, a.a.O., S. 234.
475 Verwirklichte Solidarität: Aus der Arbeit eines Hilfskomitees für algerische Flüchtlinge in der Bundesrepublik, a.a.O., S. 12.
476 Volles Asylrecht für algerische Flüchtlinge. SPD-Abg. Wischnewski: Schwierigkeiten jetzt weitgehend behoben. In: *PPP*, 10.1.1961. Vgl. auch: Ein bunter Abend mit algerischen Rebellen. Der Kölner Abgeordnete Wischnewski lud 120 Algerier zu Filetsteak und Gesangsdarbietungen ein. In: *SZ*, 11.1.1961; Eher schüchtern als unheimlich. Hans-Jürgen Wischnewski lud 130 Algerier zu sich ein. In: *Vorwärts*, 13.1.1961; Ein Bundestagsabgeordneter lädt Rebellen ein. 4000 Algerier arbeiten in der Bundesrepublik In: *StN*, 13.1.1961.
477 Nach diskreten Vorklärungen im Februar und März 1961 hatten französische Regierung und GPRA am 15. bzw. 16.3.1961 erklärt, sie seien zu offiziellen Verhandlungen bereit und am 10.5. deren Beginn für den 20.5. in Evian (Haute-Savoie) am Genfer See angekündigt (*AdG*, 16.3.1961, S. 8981; 10.5.1961, S. 9078). Die erste Runde der Evian-Verhandlungen (20.5.-28.6.1961) endete ergebnislos (vgl. *AdG*, 26.5.1961, S. 9111-12; 6.6.1961, S.9136-37; 15.6.1961, S.9155-56; 28.7.1961, S.9248-49). Nach weiteren Vorgesprächen (Dezember 1961-Februar 1962) begann am 7.3.1962 die zweite, die am 18.3. mit dem Abschluß der "Accords d'Évian" endete, eines Pakets von neun Dokumenten, darunter eines Abkommens über die Einstellung der Kampfhandlungen zum 19.3. und mehrerer Erklärungen über die Herstellung der Unabhängigkeit Algeriens und seiner künftigen Zusammenarbeit mit Frankreich. Zum Verlauf und zu den Ergebnissen der Verhandlungen vgl. Jérôme Hélie, *Les Accords d'Evian: histoire secrète de la paix en Algérie*, Paris 1992; Guy Pervillé, *1962, la paix en Algérie*, Paris 1992; für einen kurzen Überblick über die Abmachungen: *AdG*, 26.3.1962, S. 9767-73.
478 SPD sucht Kontakt mit algerischer Exilregierung. In: *Tsp*, 24.5.1961; Algerische Mißverständnisse ausgeräumt. Abg. Wischnewski berichtet über die Genf-Verhandlungen. In: *PPP*, 26.5.1961; wischnewski (spd): algerier wünschen gute beziehungen zu bonn, *dpa* 260 id, 26.5.1961. Zum Hergang (ohne präzise Datierung) Wischnewski, *Leidenschaft und Augenmaß*, a.a.O., S. 115-17; Leggewie, *Kofferträger*, a.a.O., S. 153-157. Für die rechtliche Vertretung der beiden wichtigsten Verhafteten, Hafid Keramane und Mouloud Kassem, hatte Wischnewski Gustav Heinemann und Dieter Posser gewonnen.
479 UGEMA = Union Générale des Étudiants Musulmans Algériens (am 8.7.1955 aus der 1912 gegründeten Association des Étudiants Musulmans d'Afrique du Nord hervorgegangen). Die UGEMA wurde am 28.1.1958 von den französischen Behörden verboten und setzte ihre Arbeit seither über Exilbüros in Tunis und Lausanne fort. Ab 1958 war die UGEMA allerdings kaum mehr als eine äußere 'Adresse' der Section Universitaire du FLN (gegr. 1958) im Verkehr mit internationalen Studentenorganisationen (Haroun, *7ᵉ wilaya*, a.a.O., S. 76-77). - Als Reaktion auf das Verbot der UGEMA hatte die Dachorganisation der westlichen nationalen Studentenverbände, die *International Student Conference*, ihre erste außerordentliche Tagung (London, 17.-18.4.1958) einberufen und umfangreiche Hilfsmaßnahmen für die algerischen Studenten und ihren Verband beschlossen. Vgl. Die Lage der algerischen Studenten In: *FA*, Dokumentarbeilage zu Nr. 5, Mai 1960, S. II.
480 Hilfe für algerische Studenten. In: *Die Welt*, 18.8.1958; sp, Unkluge Zurückhaltung. In: *SPD-PD*, 21.8.1958; Algerische Studenten geraten in die Hände der Kommunisten. In: *PPP*, 29.8.1958. Nach Angaben des SPD-Pressediensts vom 21.8.1958 studierten im Sommer 1958 14 algerische Studenten in der DDR.
481 Algerier hoffen auf Verständnis. In: *WR*, 4.9.1958; Der Ertrinkende klammert sich an alles. In: *FT*, 4.9.1958.
482 sp, Unkluge Zurückhaltung. In: *SPD-PD*, 21.8.1958; Der Ertrinkende klammert sich an alles. In: *FT*, 4.9.1958.

483 Zit. nach: Tilman Fichter, *SDS und SPD. Parteilichkeit jenseits der Partei*, Opladen 1988, S. 271. - Schon im Oktober 1956 hatte die Delegiertenkonferenz des SDS mit Mehrheit eine "Entschließung zur französischen Nordafrikapolitik" angenommen, die die französischen Sozialisten beschuldigte, in Nordafrika "unverzichtbare sozialistische Prinzipien" verraten zu haben (vgl. Willy Albrecht, *Der Sozialistische Deutsche Studentenbund*, a.a.O., S. 301). Der SDS-Bundesvorstand hatte auf seiner Sitzung vom 8.-9.März 1958 die Bombardierung von Sakiet Sidi Youssef zum Anlaß für eine Resolution genommen, in der es hieß, "daß beim Problem Algerien weit mehr auf dem Spiel steht als das französische Prestige, nämlich die Beurteilung des demokratischen Europas durch die farbige Welt." (vgl. Albrecht, *ebenda*, S. 302-303).

484 Die Lage der Algerischen Studenten. In: *FA*, Dokumentarbeilage zu Nr. 5, Mai 1960, S. IV. Fünf weitere Studenten wurden von privaten Förderkreisen unterstützt (ebd.).

485 Mdl. Mitteilung v. Prof. Dr. *Friedemann Büttner* (*1938, 1960-1961 AStA-Vorsitzender Göttingen, 1961-1962 stellvertrender VDS-Vorsitzender), 25.3.1991. Die Vergabe der Stipendien erfolgte mit wohlwollender Rückendeckung der zuständigen Beamten im Auswärtigen Amt. Nach Schätzungen Büttners wurden bis Kriegsende etwa 70 Stipendien an algerische Studenten vermittelt: 35 über studentische Stipendien, etwa ebensoviele für algerische 'SBZ-Flüchtlinge'. Wischnewski sprach 1962 von ca. 100 (Algier wird Ostberlin nicht anerkennen. In: *PPP*, 7.9.1962).

486 Im Juli 1959 hatte die konservative *Deutsche Zeitung* unter Berufung auf französische Quellen gemeldet, daß in der SBZ 150-300 algerische Studenten politisch geschult würden (Algerier in der Sowjetzone: Kommunisten bilden politische Reserve für Nordafrika aus. In: *DZ*, 28.7.1959). Im Gegenzug berichtete das Juso-Organ *Klarer Kurs*, die algerischen Studenten und Praktikanten in der SBZ klagten "immer häufiger und dringender" über die dortige weltanschauliche Indoktrination: "Sie halten den kommunistischen Gesinnungsterror nicht mehr aus und wollen nach Westdeutschland, auch wenn sie hier kein Stipendium bekommen" (Wie eine Hölle. In: *KK*, 7 (1959) 10, S. 4). Nach Angaben des VDS studierten Anfang 1960 180 Algerier als Stipendiaten in Ostblockstaaten, davon 106 in der DDR (Die Lage der algerischen Studenten. In: *FA*, Dokumentarbeilage zu Nr. 5, Mai 1960, S. III). Die Furcht des FLN, seine Studenten könnten in der DDR kommunistisch indoktriniert werden, betont Wischnewski, *Leidenschaft und Augenmaß*, a.a.O., S. 113f.

487 Für eine Darstellung der sozialdemokratischen Vorstellungen zur Entwicklungspolitik vgl. Kurt Thomas Schmitz, Entwicklungshilfe und Entwicklungspolitik. Überblick über die Vorstellungen und Aktivitäten der SPD in den Jahren 1956-1966. In: *Archiv für Sozialgeschichte*, 13 (1973), S. 191-206; Lenz, *Zwischen nationalem Interesse und internationaler Solidarität*, a.a.O. - Zur Entstehung des Bundesministeriums für wirtschaftliche Zusammenarbeit: Jürgen Dennert, *Entwicklungshilfe geplant oder verwaltet? Entstehung und Konzeption des Bundesministeriums für wirtschaftliche Zusammenarbeit*, Bielefeld 1968. - Übersehen wird oft die aufschlußreiche Tatsache, daß die Forderung des Hannoveraner Parteitags der SPD (21.-25. 11.1960), neben dem Auswärtigen Amt ein eigenes Entwicklungsministerium zu schaffen, vom Parteivorstand *gegen* den Widerstand der eigentlichen Dritte-Welt-Aktivisten um Kalbitzer und Wischnewski durchgesetzt wurde. Diese hatten vor einem "Karitasministerium" (Wischnewski, *Prot. SPD-Parteitag 1960*, a.a.O., S. 597) gewarnt und statt dessen ein Bundesamt für Entwicklungspartnerschaft im Kompetenzbereich des *Auswärtigen Amtes* gefordert (Kalbitzer, *ebenda*, S. 269; Wischnewski, *ebenda*, S. 598). - Maßgebend für die Entscheidung des PV waren weniger 'sachliche' Gesichtspunkte der Entwicklungspolitik selbst gewesen, als vielmehr der Wunsch, die SPD im kommenden Wahlkampf innen- wie außenpolitisch als die 'atlantischere' Partei gegenüber der CDU zu profilieren: Kurz vor Beginn des Parteitags waren Alex Möller und Klaus Schütz von einer Reise durch die *Vereinigten Staaten* zurückgekehrt und hatten im Präsidium des PV berichtet, führende

Berater des kommenden Präsidenten Kennedy hätten der Bundesregierung in ungewöhnlich scharfer Form vorgeworfen, entwicklungspolitisch versagt zu haben (vgl. Möller, *ebenda*, 1960, S. 271-274; ders., *Genosse Generaldirektor*, München/Zürich 1978, S. 186-190). Ohne Rücksprache mit den entwicklungspolitischen Experten der Partei arbeitete das Präsidium daraufhin auf Vorschlag Wehners eine neue Entschließung zur Entwicklungspolitik aus, die in der symbolträchtigen Forderung gipfelte, in der Bundesrepublik ein "Ministerium für die Zusammenarbeit mit den Entwicklungsländern" (*Prot. SPD-Parteitag 1960*, S. 704, 705) zu errichten. Vgl. dazu die Debatten auf dem Hannoveraner Parteitag, *ebenda*, S. 268-285, 595-598.

488 *Prot. SPD-Parteitag 1960*, a.a.O., S. 107-108. Vgl. in diesem Sinne die Entschließung des Parteitags "Partnerschaft und Hilfe für die Entwicklungsländer" (ebenda, S. 706-07) und die Entschließung des Arbeitskreises III: Junge Generation und Entwicklungsländer (ebenda, S. 755-766).

489 Vgl. ihre Beiträge auf dem Hannoveraner Parteitag der SPD (*Prot. SPD-Parteitag 1960*, a.a.O., S. 192-193, 268-271, 279, 595-598); sowie die Reden Kalbitzers (*3. BT*, Sten. Ber., 118. Sitz., 22.6.1960, S. 6807-12) und Wischnewskis (ebenda, 147. Sitz., 8.3.1961, S. 8348-51) in den entwicklungspolitischen Debatten des Bundestags. Kalbitzers Buch *Entwicklungsländer und Weltmächte* (Frankfurt/M. 1961) zählte zu den ersten größeren Versuchen in der SPD, das Thema Entwicklungspolitik theoretisch zu fassen. In der Großen Koalition wurde Wischnewski (1966-1968) Minister für wirtschaftliche Zusammenarbeit.

490 Mit Wien als Veranstaltungsort fanden die Weltjugendfestspiele erstmals außerhalb des Ostblocks statt. Zuvor war die publizitätsträchtige Veranstaltung in Prag (1947), Budapest (1949), Ostberlin (1951), Warschau (1955) und Moskau (1957) abgehalten worden. Zur Bewertung der Wiener Weltjugendfestspiele aus jungsozialistischer Sicht vgl. Hans Jürgen Wischnewsky [sic!], Wien war eine Lehre für den Westen. In: *WdA*, 28.8.1959.

491 Vgl. *SPD-Jahrbuch 1958/59*, S. 323, und den Bericht des Juso-Magazins *Klarer Kurs* (Propheten nicht gefragt. In: *KK* 7 (1959) 8, S. 8). - Nach Angaben Wischnewskis in einem tunesischen Pressegespräch umfaßte die Gruppe 15 Marokkaner, 14 Algerier und 21 Tunesier, die er zu einem neuntägigen Aufenthalt in der Bundesrepublik eingeladen und u.a. nach Stuttgart, Bonn und Köln begleitet habe (M. Wischnewski: "Pourquoi ne pas implanter des industries allemandes en Tunisie?", *La Presse* [Tunis], 11.9.1959).

492 Vgl. *SPD-Jahrbuch 1962/63*, S. 365.

493 Wischnewski, der am 3.9.1959 in Tunis eingetroffen war (vgl. *La Dépêche Tunisienne*, 4.9.1959), wurde am 5.9. von Präsident Bourguiba empfangen (*La Presse* [Tunis], 6.9.1959) und traf in den folgenden Tagen mit vielen führenden Politikern zusammen, u.a. mit Tunesiens Außenminister, Sadok Mokkadem, mit dem Gesundheits- und Sozialminister, Ahmed Ben Salah, dem Industrie- und Transportminister, Azzedine El Abbassi, dem Finanzminister, Ahmed Mestiri, dem Direktor des Politbüros der Neo-Destour-Partei, Abdel Majid Chaker, dem Präsidenten der Verfassunggebenden Versammlung, Djellouli Farès, dem Generalsekretär der UGTT, Ahmed Tlili, dem Präsidenten der tunesischen Jugendverbände, Mahmoud Maamouri, dem Generalsekretär der UTAC, Ferdjani Bel Hadj Ammar, und dem Generalsekretär der UGET, Mongi Kooli (vgl. M. Wischnewski: "Pourquoi ne pas implanter des industries allemandes en Tunisie?". In: *La Presse*, 11.9.1959). Zur Bedeutung der genannten Personen vgl. Mounir Charfi, *Les ministres de Bourguiba (1956-1987)*, Paris 1989.

494 Besichtigt wurden u.a. Kairouan, Sousse, Sfax, Gabès und andere Sehenswürdigkeiten Tunesiens. Zur Reise der jungsozialistischen Delegation vgl. 40 Socialistes Allemands visitent la Tunisie. In: *Le Petit Matin* (Tunis), 18.9.1959; Reception à l'Ambassade d'Allemagne en l'honneur de la caravane des Jeunesses Socialistes. In: *ebenda*, 23.9.1959; Réception à l'Ambassade d'Allemagne en l'honneur des quarantes jeunes socialistes allemands qui ont terminé leur séjour en Tunisie. In: *La Dépêche Tunisienne*, 23.9.1959.

495 *SPD-Jahrbuch 1958/59*, S. 321.
496 Tunesien erwartet von Bundesrepublik größere Hilfe. In: *FR*, 17.3.1960.
497 Jungsozialisten in Tunesien. In: *KK* 10 (1962) 11, S. 4; Bundessekretariat der Jungsozialisten (Hg.), *unsere arbeit 1962-1963*, a.a.O., S. 22.
498 Dahomey (Benin), Elfenbeinküste, Gabun, Kamerun, Kongo (Brazzaville), Kongo (Zaire), Madagaskar, Mali, Mauretanien, Niger, Nigeria, Ober-Volta (Burkina Faso), Senegal, Somalia, Togo, Tschad, Zentralafrikanische Republik.
499 In der Ende 1957 einsetzenden Welle *afro-asiatischer und panafrikanischer Kongreßdiplomatie* - v.a. den afro-asiatischen Solidaritätskonferenzen von Kairo (26.12.1957-1.1.1958) und Conakry (11.-15.4.1960); den Konferenzen unabhängiger afrikanischer Staaten (Accra, 15.-22.4.1958; Monrovia, 4.-8.8.1959; Addis Abbeba, 14.-24.6.1960)); den Konferenzen afrikanischer Völker (Accra, 5.-13.12.1958; Tunis, 25.-31.1.1960), der Dringlichkeitskonferenz afrikanischer Staaten und Parteien über eine "positive Aktion" für Frieden und Sicherheit (Accra, 7.-10.4.1960) und der Konferenz der frankophonen Staaten Schwarzafrikas (Brazzaville, 15.-19.12.1960) - hatte die Algerienfrage eine bedeutende Rolle gespielt. Auf der zweiten Konferenz unabhängiger afrikanischer Staaten in Monrovia waren der Provisorischen Regierung der Algerischen Republik 1959 erstmals die vollen Rechte einer Regierungsdelegation zugestanden worden (*KCA*, 1959, S. 17066). Bis Mitte 1961 hatten zehn afrikanische Staaten (Äthiopien, Ghana, Guinea, Liberia, Libyen, Mali, Marokko, Sudan, Tunesien, VAR) den GPRA *de jure* anerkannt (*FA*, Nr. 8/9, Aug./Sept. 1961, S. 3).
500 Kritik an SPD-Abgeordneten. In: *FNP*, 27.1.1960; Taktlosigkeit in Tunis. SPD-Demonstrant in fremder Sache. In: *Die Zeit*, 29.1.1960.
501 Zum Hintergrund der Biserta-Krise vgl. Ruf, *Burgibismus*, a.a.O., S. 143-183; ders., The Bizerta Crisis: A Bourguibist Attempt to Resolve Tunisia's Border Problems. In: *MEJ* 25 (1971) 2, S. 201-211.
502 An der zweiten "All-African Peoples' Conference" (Tunis, 25.-31.1.1960) nahmen Delegationen politischer Parteien, Unabhängigkeitsbewegungen und Gewerkschaften aus 32 Ländern Afrikas teil (Ruf, *Burgibismus*, a.a.O., S. 136f.; Resolutionen in: *Documents on International Affairs 1960*, London u.a. 1964, S. 349-360; dt. in: *FA*, Nr. 3/4, März/ Apr. 1960, S. 6-8). Die erste Konferenz hatte vom 5.-13.12.1958 in Accra stattgefunden (Resolutionen in: *Documents on International Affairs 1958*, London u.a. 1962, S. 583-93).
503 Laut Spiegel sollte er dort - auf Initiative der Deutschen Botschaft in Tunis und des Auswärtigen Amts sowie mit einstimmiger Billigung des SPD-Parteivorstands - "einen möglichen Einfluß Pankows auf die afrikanischen Unabhängigkeitsbestrebungen neutralisieren helfen" (Personalien. In: *Der Spiegel* 14 (1960) 5, 27.1.1960, S. 62). Vgl. auch Wischnewskis Berichte Freiheit und Einheit für Afrika. In: *SPD-PD*, 12.2.1960 (auch in: *KK* 8(1960)2, S. 9-10); Von Accra nach Tunis: In: *GuT* 15 (1960) 3, März 1960, S. 71-73.
504 Franz Barsig, Die Reise des Abgeordneten [parteioffizieller Leserbrief]. In: *Die Zeit*, 4.3.1960.
505 Guinea hatte am 17.11.1958 mit der DDR ein Handels-, ein Kultur- und ein Abkommen über den Austausch von Handelsvertretungen abgeschlossen (*Dokumente zur Außenpolitik der Regierung der Deutschen Demokratischen Republik*, Bd. 6, Berlin [DDR], S. 309-311). Am 5.3.1960 meldete die DDR-Nachrichtenagentur ADN, die DDR und Guinea hätten vereinbart, nunmehr auch Botschafter auszutauschen. Daraufhin berief die Bundesregierung am 7.3. ihren Botschafter aus Conakry ab und ermächtigte am 9.3. den Außenminister, die Beziehungen zur Republik Guinea abzubrechen, falls deren Regierung nicht unmißverständlich erkläre, keine diplomatischen Beziehungen zur DDR aufgenommen zu haben. Nach einer entsprechenden, am 7.4. veröffentlichten Erklärung Sékou Tourés wurde die Krise beigelegt (*AdG*, 10.3.1960, S. 8274-75; eenda, 8.4.1960, S. 8321; vgl. auch die Titel-Geschichte des *Spiegel*, 14 (1960) 12, 16.3.1960, S. 15-23: Guinea: Der Elefant).

506 Hans-Jürgen Wischnewski, Nicht die Flagge streichen - sondern kämpfen! Nach Aufnahme der diplomatischen Beziehungen zwischen Guinea und Pankow. In: *SPD-PD*, 7.3.1960. Vgl. auch: Noch ist Afrika nicht verloren. In: *Vorwärts*, 25.3.1960.
507 Vgl. Siegfried von Nostitz, *Algerisches Tagebuch 1960-1962*, Düsseldorf-Wien 1971, S. 195-196 [Tagebuchnotiz vom 24.8.1962 über ein Gespräch mit Wischnewski in Algier]. Nostitz war 1960-1962 Generalkonsul der Bundesrepublik in Algier.
508 Die Wahlen zur algerischen Nationalversammlung fanden am 20.9.1962 statt. Zu Vorgeschichte und Ergebnissen der Wahlen vgl. *AdG*, 20.9.1962, S. 10115-6.
509 Algier wird Ostberlin nicht anerkennen. Algerien-Experte der SPD fordert westdeutsche Aktivität. In: *PPP*, 7.9.1962.
510 Harbi, *F.L.N.*, a.a.O., S. 423, FN 17.
511 Vgl. Wischnewski, *Leidenschaft und Augenmaß*, a.a.O., S. 79, 131, 125f., 140ff.
512 Das Seminar "Junge Generation in der politischen Verantwortung" stand im Rahmen eines Studienaufenthalts (12.-30.11.1961), den die 1960 gegründete (und von Heinz Putzrath geleitete) *Weltweite Partnerschaft* in Zusammenarbeit mit den Jungsozialisten für Gewerkschafts- und Jugendfunktionäre aus 20 Ländern Afrikas und Asiens organisiert hatte. Er schloß neben dem Besuch des eigentlichen Seminars in der Heimvolkshochschule Bergneustadt der Friedrich-Ebert-Stiftung die Teilnahme am Bundeskongreß der Jungsozialisten und eine anschließende Reise durch Nordrhein-Westfalen und nach Berlin ein. Zum Verlauf vgl. Horst Seefeld, "jungsozialisten-kongreß". In: *KK* 9 (1961) 12, S. 6-9; Peter Corterier, "junge generation in der politischen verantwortung". In: Ebenda, S. 9-10.
513 Zit. in: Franz Osterroth/Dieter Schuster, *Chronik der deutschen Sozialdemokratie*, Bd.3, 2.Aufl., Berlin-Bonn 1978, S. 268-269; vgl. auch *SPD-Jahrbuch 1960/61*, S. 341; Bundessekretariat der Jungsozialisten (Hg.), *unsere arbeit 1962-1963*, Bonn o.J., S. 6. Wischnewski, der am 21.10.1961 von Holger Börner als Juso-Bundesvorsitzender abgelöst wurde (*SPD-Jahrbuch 1960/61*, S. 340), hatte für die Übernahme der nicht unbeträchtlichen Flugkosten der in Bergneustadt stattfindenden afro-asiatischen Konferenz den damaligen CDU-Ministerpräsidenten von Nordrhein-Westfalen, Franz Meyers, gewinnen können (Wischnewski, *Leidenschaft und Augenmaß*, a.a.O., S. 21).
514 Neben den bereits erwähnten Berichten Wischnewskis und Jockel Fuchs' sind an prominenter Stelle die der SPD-Bundestagsabgeordneten *Peter Blachstein*, *Hellmut Kalbitzer*, *Adolf Ludwig* und *Dr. Paul Bleiß* zu erwähnen, die im März 1959 auf Einladung der französischen Regierung im Rahmen einer Bundestagsdelegation Nordafrika bereisten: A. Ludwig, Eindrücke von einer Reise durch Algerien. In: *SPD-PD*, 9.4.1959; Nordafrikas Kampf um die Freiheit. Interview mit dem Bundestagsabgeordneten Hellmut Kalbitzer. In: *JG* 11(1959)3, S. 3; P. Blachstein, Nordafrika wendet sich gegen Europa. Der Osten faßt allmählich Fuß - Bilanz einer Reise. In: *Die Welt*, 19.5.1959; H. Kalbitzer, Der Todeskampf des französischen Kolonialismus. Ergebnisse einer Reise nach Nordwestafrika, In: *GM* 10 (1959) 7, S. 385-390. Bleiß' Reisebericht vor der SPD-Bundestagsfraktion (10.4.1959) in: *Die SPD-Fraktion im Deutschen Bundestag. Sitzungsprotokolle 1957-1961*, a.a.O., S. 272-273 (vgl. auch ebenda, S. 178). Zur Vorbereitung dieser Reise vgl. Karl Mommer an die Vorsitzenden und Geschäftsführer der SPD-Fraktion, Bonn, 22.12.1958 [mit Anlagen]. In: *AdsD*, NL Carlo Schmid, 1215. - Nachdem de Gaulle am 16. September 1959 die *Selbstbestimmung* Algeriens für spätestens vier Jahre nach Ende der Befriedung Algeriens proklamiert hatte und gegen den erbitterten (seit Januar 1960 bewaffneten) Widerstand der Algerienfranzosen offen eine Verhandlungslösung mit dem FLN anstrebte, bemühte sich die SPD-Presse zunehmend, auch der Politik des Generals gerecht zu werden und im Zweifelsfall so unverfänglich wie möglich 'proalgerisch' zu sein ohne 'antifranzösisch' zu wirken. Parallel zur 'Godesberger Wende' wichen die Angriffe auf die französische Kolonialpolitik dem Bemühen, neben der tagespolitischen Berichterstattung beim deutschen Publikum auch Verständnis für Mentalität,

Literatur und Lebenswelt der Algerier zu wecken und auf die sozialen Entwicklungsprobleme Nordafrikas, vor allem im Gewerkschafts- und Erziehungswesen aufmerksam zu machen. Besonders der Journalist *Werner Plum*, einer der besten Maghreb-Kenner der deutschen Sozialdemokratie, versorgte zahlreiche Partei- und Gewerkschaftszeitschriften mit entsprechenden Hintergrundberichten und erschloß mit der ersten deutschsprachigen Edition algerischer Lyrik (*Algerische Dichtung der Gegenwart*, Nürnberg: Glock und Lutz 1959) und dem Hörspiel "Krieg in Algerien" (= *Der Kreis: Hefte zur Heimatabendgestaltung*, Nr.3, Bonn 1959) auch bis dahin vernachlässigte Dimensionen der Algeriensolidarität.

515 Für kritische Analysen der totalitären bzw. militärbürokratischen Entwicklung des FLN während des Bürgerkriegs vgl. vor allem Harbi, *F.L.N.*, a.a.O.; Gadant, *Islam et nationalisme*, a.a.O. - Für Darstellungen der internen Auseinandersetzungen im FLN vgl. William B. Quandt, *Revolution and Political Leadership: Algeria, 1954-1968*, Cambridge, Mass.-London 1969; Mohamed Lebjaoui, *Bataille d'Alger ou bataille d'Algérie?*, Paris 1970; Horne, *Savage War of Peace*, a.a.O.; Mohamed Fathi al Dib, *Abdel Nasser et la Révolution algérienne*, Paris 1985; Khalfa Mameri, *Abane Ramdane. Héros de la guerre d'Algérie*, Paris 1988. - Zur politischen Anatomie der "gescheiterten Revolution" in Algerien vgl. Arslan Humbaraci, *Algeria: A Revolution that Failed*, a.a.O.

516 Werner Plum, Gewerkschaftsbewegung in Algerien. In: *GM* 8 (1957) 7, S. 398-403; ders., Die algerische Gewerkschaft hat ihr Selbstbewußtsein gewonnen. In: *GM* 10 (1959) 1, S. 57-59; ders., Bundesrepublik - Ostzone - Algerien. In: *KK* 7 (1959) 5, S. 6-9; Georg Scheuer, Algerische Wirtschafts- und Gewerkschaftsprobleme. In: *GM* 13 (1962) 5, S. 304-306; ders., Die Rolle der algerischen Gewerkschaften. In: *GM* 13 (1962) 9, S. 555-557.

517 Werner Plum, Die Organisation des Widerstandes. In: *FH* 12 (1957) 2, S. 117-119; ders., Tendenzen der algerischen Widerstandsbewegung. In: *GuT* 13 (1958) 3, S. 72-76; ders., Rendez-vous mit Straßenräubern. Reisenotizen aus Nordafrika. In: *KK* 6 (1958) 8, S. 11-13.

518 Jockel Fuchs, Wetterleuchten über Nordafrika. In: *SPD-PD*, 15.10.1958, S. 11f.; Peter Blachstein, Nordafrika wendet sich gegen den Westen. Der Osten faßt allmählich Fuß. In: *Die Welt*, 19.5.1959; Werner Plum, Bundesrepublik - Ostzone - Algerien. In: *KK*, 7(1959)5, S. 6-9; Hans-Jürgen Wischnewski, Ohne Verhandlungen geht es nicht. In: *SPD-PD*, 2.10.1959, S. 1-2; W. Plum, Algerien zwischen USA, UdSSR und China. In: *KK* 8 (1960) 12, S. 15-17; Krieg in Algerien beenden. Abg. Blachstein (SPD): Neues Verhältnis zu Afrika nötig. In: *PPP*, 24.2.1961; W. Plum, Bizerta und Berlin. Zur Krise des Bourguibismus. In: *GuT* 16 (1961) 9, S. 269-272.

519 J. Fuchs, Wetterleuchten, a.a.O., S. 9-11; ED, Die Situation in Algerien, In: *SPD-PD*, 30.7.1959; J. Fuchs, Nach Abschluß der Befriedigungsaktion... In: *Die Freiheit*, 18.9.1959.

520 Fuchs, Wetterleuchten, a.a.O., S. 8; H.-J. Wischnewski, Ohne Verhandlungen..., a.a.O., S. 1.

521 Werner Plum, Algerische Flüchtlinge. In: *KK* 6 (1958) 9, S. 12-13; J. Fuchs, Wetterleuchten, a.a.O., S. 5-7; Nordafrikas Kampf um die Freiheit. Interview mit dem Bundestagsabgeordneten Hellmut Kalbitzer. In: *JG* 11 (1959) 3, S. 3; H.-J. Wischnewski, Ohne Verhandlungen..., a.a.O., S. 2-3; W. Plum, Ein Algerier in der Bundesrepublik. In: *KK* 8 (1960) 3, S. 14-15; sp, Die namenlosen Opfer des Algerienkrieges. In: *SPD-PD*, 5.3.1960 (auch in: *JG* 12 (1960) 4, S. 4); W. Plum, Algerische Arbeiter in der Bundesrepublik, In: *GM* 11 (1960) 8, S. 469-70; ders., Besuch in algerierten Kinderheimen. In: *KK* 9 (1961) 11, S. 12-14.

522 Werner Plum, Der Islam und die industrielle Revolution Nordafrikas. In: *GM* 9 (1958) 1, S. 50-53; ders., Begegnungen mit Nordafrikanern. In: *KK* 6(1958)3, S. 14-15; ders., Im anderen Algerien. In: *Vorwärts*, 2.1.1959; ders., Das Dilemma der algerischen Kultur, *KK* 7 (1959) 2, S. 14-15; Malek Haddad, Aufruhr und Resignation. In: *KK* 7 (1959) 7, S. 16-18;

W. Plum, Eine Ohrfeige = eine Agrargeschichte und ihre Folgen. In: *KK* 7 (1959) 10, S. 12-14; Helmut Ludwig, Als Gast im Beduinenlager im algerischen Grenzgebiet der Sahara.In: *JG* 12 (1960) 4, S. 11; Werner Plum, Die Kasbah und ihre Kinder. In: *KK* 8 (1960) 10, S. 12-16; ders., Moderne Schul- und Bildungssysteme im Maghreb. In: *GM* 11 (1960) 12, S. 732-741; ders., Evian und die algerische Bevölkerung. In: *GuT* 16 (1961) 7, S. 203-205; ders., "Weltrevolution" und nordafrikanische Revolution. In: *GM* 12 (1961) 12, S. 733-735; Erika Donner, Unser arabisches Erbe. In: Ebenda, S. 736-738.
523 Georg Scheuer, Algerien - Weg und Ziel. In: *KK* 10 (1962) 7, S. 6-7; Werner Plum, Algerien zwischen den Zeiten. In: *KK* 10 (1962) 8, S. 6-10; ders., Algerien - Reichtum unter dem Boden. In: *KK* 10 (1962) 10, S. 19-20; G. Scheuer, Algerien zwischen Demokratie und Diktatur. In: *KK* 10 (1962) 12, S. 16-17.
524 Vgl. dazu die unter Anm. 515 angegebene Literatur.
525 Zum Spannungsverhältnis von Pazifismus und Algeriensolidarität vgl. Leggewie, *Kofferträger*, a.a.O., S. 120-123; Leggewie, Kofferträger. Das Algerienprojekt ..., a.a.O., S. 181; Balsen/Rössel, *Internationale Solidarität*, a.a.O., S. 86-91.
526 Die Erklärung hatte folgenden Wortlaut: "Nach einem siebenjährigen schrecklichen Krieg hat sich gestern das Volk in Algerien in freier Entscheidung für die Unabhängigkeit des Landes ausgesprochen. Das Präsidium der Sozialdemokratischen Partei Deutschlands begrüßt diese Entscheidung und hofft, daß das freie Algerien als demokratisches Staatswesen so schnell wie möglich seinen Platz in der Völkerfamilie einnehmen kann. Es erinnert in diesem Zusammenhang an den auf dem Kölner Parteitag gefaßten Beschluß, in dem auch die Bundesrepublik aufgefordert wird, mit deutscher Hilfe zur Linderung der Not und für den Aufbau eines freien Algeriens beizutragen. Es gibt der Hoffnung Ausdruck, daß es jetzt zu einem wirklichen Interessenausgleich zwischen Algeriern und europäischen Siedlern kommen möge und wünscht, daß dem Lande nach der Erreichung seiner Unabhängigkeit kongolesische Zustände erspart bleiben." (SPD, *Pressemitteilungen und Informationen*, Nr. 174/62, 2.7.1962.)
527 Von den 219 500 Muslimen, die - nach französischen Schätzungen - während des Krieges vom FLN getötet wurden, starben 150 000 (68,3%) erst *nach* dem Waffenstillstand vom 19.3.1962 (Le Mire, *Histoire militaire*, a.a.O., S. 381, 386)! Andere Schätzungen gehen davon aus, daß nach der Unabhängigkeit Algeriens (3.Juli 1962) 50 000-60 000 'Kollaborateure' ums Leben kamen (Hutchinson, *Revolutionary Terrorism*, a.a.O., S. 65). Obwohl die "Accords d'Evian" ferner ausdrücklich die Sicherheit der Algerienfranzosen garantierten, wurden etwa 4000 pieds noirs nach der Unabhängigkeit spurlos verschleppt (Humbaraci, *A Revolution that Failed*, a.a.O., S. 74).
528 Wischnewski, *Leidenschaft und Augenmaß*, a.a.O., S. 123. Für einen Überblick über die damaligen Auseinandersetzungen vgl. *AdG*, 3.8.1962, S.10017-9; 31.8.1962, S. 10065-8; 20.9.1962, S.10114-6; Humbaraci, *A Revolution that Failed*, a.a.O., S. 69-80.
529 Vgl. von Nostitz, *Algerisches Tagebuch*, a.a.O., S. 196-197, 199, 206, 218-219, 220, 221-227.
530 Hans-Jürgen Wischnewski an Bundesaußenminister Dr. Gerhard Schröder, 29.11.1963, Bl. 2. In: *AdsD*, Dep. Wischnewski, 8: Korrespondenz mit Ministerien.
531 Hans-Jürgen Wischnewski an Legationsrat C. Julius Hoffmann, Deutsche Botschaft Algier, 19.11.1964. In: *AdsD*, Dep. Wischnewski, 8: Korrespondenz mit deutschen Botschaften.
532 Das PV-Präsidium hatte am 16.10.1964 beschlossen, eine dreiköpfige Delegation zu den Zehnjahresfeiern nach Algier zu entsenden. Ihr sollten, neben Hans-Jürgen Wischnewski, auch der Leiter der Abteilung Internationale Beziehungen beim Parteivorstand, Hans-Eberhard Dingels, sowie der Berliner Bundestagsabgeordnete Kurt Mattick angehören. Vgl. Vorlage des Präsidiums. Sitzungen am 5., 16. und 26.10.1964, Bl. 3, Beschlüsse des Präsidiums, 16.10.1964. In: *AdsD*, PV-Protokoll, Nr. 21, 30.6.1964 - 11.12.1964.

533 "Sitzung des Parteivorstandes am 30. und 31.10.1964", Bl. 2. In: *AdsD*, PV-Protokoll, Nr. 21, 30.6.1964 - 11.12.1964. - Das Telegramm hatte folgenden Wortlaut: "Wir bedauern, zu den Feierlichkeiten aus Anlaß des 10. Jahrestages des Beginns des algerischen Befreiungskampfes keine Delegation der Sozialdemokratischen Partei Deutschlands entsenden zu können, weil eine Vertretung der Kommunistischen Partei der sowjetisch besetzten Zone Deutschlands, die mit für die Spaltung Deutschlands und die Mauer in Berlin verantwortlich ist, und die die Verwirklichung des Selbstbestimmungsrechts des deutschen Volkes verhindert, in Algier anwesend ist. Die SPD ist an einer baldigen Aussprache mit dem Politbüro des FLN interessiert. Eine Delegation der SPD hält sich für ein solches Gespräch zur Verfügung." (Zit. in: Hans-Jürgen Wischnewski an Legationsrat C. Julius Hoffmann, Deutsche Botschaft Algier, 19.11.1964. In: *AdsD*, Dep. Wischnewski, 8: Korrespondenz mit deutschen Botschaften.)

534 Hans-Jürgen Wischnewski an Legationsrat C. Julius Hoffmann, Deutsche Botschaft Algier, 19.11.1964. In: *AdsD*, Dep. Wischnewski, 8: Korrespondenz mit deutschen Botschaften.

535 Vgl. Hans-Eberhard Dingels an Erich Nitzling [Vors. der Jungsozialisten Hessen-Süd], 11.11.1964. In: *AdsD*, PV-II, Abt. Int. Bez., 2704.

536 Hans-Jürgen Wischnewski an Legationsrat C. Julius Hoffmann, Deutsche Botschaft Algier, 19.11.1964. In: *AdsD*, Dep. Wischnewski, 8: Korrespondenz mit deutschen Botschaften.

537 Willy Brandt, in: *Prot. SPD-Parteitag 1962*, S. 189-190.

Quellen und Literatur

1. Unveröffentlichte Quellen

1.1. Archivalien

Archiv der sozialen Demokratie der Friedrich-Ebert-Stiftung, Bonn [AdsD]

Abteilung I (Nachlässe und Deposita)

- Nachlaß Fritz Erler.
- Nachlaß Rolf Reventlow.
- Nachlaß Carlo Schmid.
- Depositum Werner Plum.
- Depositum Hans-Jürgen Wischnewski.

Abteilung II (Bestände der SPD-Parteiführung und des Parteivorstandes sowie zentraler sozialdemokratischer Parlamentsfraktionen)

- PV-Bestand Heine.
- PV-Bestand Ollenhauer.
- PV-Bestand Schumacher.
- SPD-Parteivorstand (Protokolle), 1954-1962.
- SPD-Parteivorstand: Abteilung Internationale Beziehungen/Auslandsreferat [PV-II, Abt. Int. Bez.], 1947-1964.

Abteilung VI (Sammlungen)

- Sammlung Personalia.

Politisches Archiv des Auswärtigen Amts, Bonn [PAAA]

- B 24/Referat 204/I A 3, 1950-1963, Bd. 10, 15, 280-281, 285, 287, 308, 311, 313, 322, 343, 346, 349-350, 384, 468.
- Abt. VII/Ref. 708 (Ref. 205/ I B 4), Bd. 1187.

1.2. Interviews

- Hans-Eberhard Dingels, 25. März 1987.
- Fritz Heine, 12. November 1985.
- Günter Markscheffel, 12.September 1986.
- Prof. Dr. Susanne Miller, 8.September 1986.
- Werner Plum, 14. August 1986.
- Heinz Putzrath, 5., 12. und 14. November 1986.
- Hans-Jürgen Wischnewski, 4. November 1985.

2. Veröffentlichte Quellen

2.1. Pressearchive

Pressearchiv im Bibliotheks- und Informationssystem (BIS) des Fachbereichs Politische Wissenschaft, Freie Universität Berlin.
Pressearchiv des Presse- und Informationamtes der Bundesregierung, Bonn.
Pressearchiv des Forschungsinstituts der Deutschen Gesellschaft für Auswärtige Politik (DGAP), Bonn.
"Telegraf"-Zeitungsausschnittsammlung im Archiv der sozialen Demokratie (AdsD) der Friedrich-Ebert-Stiftung, Bonn, Abteilung VI.

2.2. Hilfsmittel

2.2.1. Biographische Hilfsmittel

Amtliches Handbuch des Deutschen Bundestages. Hrsg. vom Deutschen Bundestag. 2.-4. Wahlperiode. Darmstadt: Neue Darmstädter Verlagsanstalt (1954-1961).
Biographisches Handbuch der deutschsprachigen Emigration nach 1933. Hrsg. vom Institut für Zeitgeschichte München und von der Research Foundation for Jewish Immigration, New York. Bd.I: *Politik, Wirtschaft, Öffentliches Leben*. München usw.: K.G. Saur, 1980.
Munzinger-Archiv/Internationales Biographisches Archiv. Ravensburg: Archiv für publizistische Arbeit/Munzinger-Archiv.
Stora, Benjamin, 1985: *Dictionnaire biographique de militants nationalistes algériens: E.N.A., P.P.A., M.T.L.D. (1926-1954)*. Paris: L'Harmattan.
Wer ist wer? Das deutsche Who's Who. Jge. 1990/91-1994/95 (Bd. 29-33). Lübeck: Schmidt-Römhild (1990-1994).

2.2.2. Chronologien

Keesing's Archiv der Gegenwart [seit 1956: *Archiv der Gegenwart*]. Jge. 1954-1962 (Bd.24-32). Essen u.a. [seit 1956: Bonn u.a.]: Siegler & Co., Verlag für Zeitarchive.
Keesing's Contemporary Archives. Jge. 1959-1962 (Bd.12-13). Bristol: Keesing's Publications Limited (of London).
Osterroth, Franz; Schuster, Dieter, ²1978: *Chronik der deutschen Sozialdemokratie. Bd. 3: Nach dem Zweiten Weltkrieg*. Berlin, Bonn: J.H.W.Dietz (= Internationale Bibliothek; 85).

2.2.3. Dokumentensammlungen

Documents on International Affairs. Issued under the auspices of the Royal Institute of International Affairs. Jge. 1954-1962. London u.a.: Oxford University Press (1957-1971).
Dokumente zur Außenpolitik der Regierung der Deutschen Demokratischen Republik. Hrsg. vom Deutschen Institut für Zeitgeschichte, Berlin. Jge. 1954-1962 (Bd.2-10). Berlin/DDR: Rütten & Loening (1955-1963).
Harbi, Mohammed (Hg.) 1981: *Les archives de la révolution algérienne*. Postface de Charles-Robert Ageron. Paris: éditions jeune afrique.
Khalil, Muhammad (Hg.), 1962: *The Arab States and the Arab League: A Documentary Record*. Beirut: Khayats. 2 Bde.

2.2.4. *Sonstige Nachschlagewerke*

Heggoy, Alf Andrew; Crout, Robert R., 1981: *Historical Dictionary of Algeria*. Metuchen, NJ, London: Scarecrow Press.
The Middle East and North Africa 1965-66. London: Europa Publications, 1965.

2.3. Jahrbücher

Die Arbeiterwohlfahrt 1953/54. Jahrbuch. Hrsg. Arbeiterwohlfahrt Hauptausschuß. Bonn o.J. [1954].
Die Arbeiterwohlfahrt. Jahrbuch 1957. Hrsg. Arbeiterwohlfahrt, Hauptausschuß. Bonn o.J. [1958].
Die Arbeiterwohlfahrt. Jahrbuch 1958. Hrsg. Arbeiterwohlfahrt, Hauptausschuß. Bonn o.J. [1959].
Die Arbeiterwohlfahrt. Jahrbuch 1959. Hrsg. Arbeiterwohlfahrt, Hauptausschuß. Bonn o.J. [1960].
Die Arbeiterwohlfahrt. Jahrbuch 1961. Hrsg. Arbeiterwohlfahrt, Hauptausschuß. Bonn o.J. [1962].
Die Arbeiterwohlfahrt. Jahrbuch 1963/64. Hrsg. Arbeiterwohlfahrt Hauptausschuß. Bonn o.J. [1964].

Jahrbuch der öffentlichen Meinung 1947-1955. Hrsg. von Elisabeth Noelle und Erich Peter Neumann. Allensbach am Bodensee: Verlag für Demoskopie, 1956.
Jahrbuch der öffentlichen Meinung 1957. Hrsg. von Elisabeth Noelle und Erich Peter Neumann. Allensbach am Bodensee: Verlag für Demoskopie, 1957.
Jahrbuch der öffentlichen Meinung 1958-1964. Hrsg. von Elisabeth Noelle und Erich Peter Neumann. Allensbach und Bonn: Verlag für Demoskopie, 1965.

Jahrbuch der Sozialdemokratischen Partei Deutschlands 1950/51. Hrsg. vom Vorstand der SPD. o.O. u.J. [Druck: Dortmund, Westfalendruck, 1952].
Jahrbuch der Sozialdemokratischen Partei Deutschlands 1952/53. Hrsg. vom Vorstand der SPD. o.O. u.J. [Druck: Bielefeld, Presse-Druck, 1954].
Jahrbuch der Sozialdemokratischen Partei Deutschlands 1954/55. Hrsg. vom Vorstand der Sozialdemokratischen Partei Deutschlands. Hannover-Bonn: Neuer Vorwärts Verlag Nau & Co., o.J. [1956].
Jahrbuch der Sozialdemokratischen Partei Deutschlands 1956/57. Hrsg. vom Vorstand der Sozialdemokratischen Partei Deutschlands. Hannover-Bonn: Neuer Vorwärts Verlag Nau & Co., o.J. [1958].
Jahrbuch der Sozialdemokratischen Partei Deutschlands 1958/59. Hrsg. vom Vorstand der Sozialdemokratischen Partei Deutschlands. Hannover-Bonn: Neuer Vorwärts Verlag Nau & Co., o.J. [1960].
Jahrbuch der Sozialdemokratischen Partei Deutschlands 1960/1961. Hannover-Bonn: Neuer Vorwärts Verlag Nau & Co., o.J. [1962].
Jahrbuch 1962/1963. Sozialdemokratische Partei Deutschlands. Hannover-Bonn: Neuer Vorwärts Verlag Nau & Co., o.J. [1964].

Yearbook of the United Nations. Jge. 1954-1962. New York: Department of Public Information [seit Jg. 1958: Office of Public Information], United Nations (1955-1963).

2.4. Protokolle

2.4.1. Parlamentsprotokolle

Verhandlungen des Deutschen Bundestages. Stenographische Berichte. Bonn. 1.-4. Wahlperiode, 1949-1965, Bd. 1-59.
Verhandlungen des Deutschen Bundestages. Anlagen zu den Stenographischen Berichten. Drucksachen. Bonn. 1.-4. Wahlperiode, 1949-1965, Bd. 1-100.
Stenographische Berichte über die Verhandlungen des Deutschen Reichstages. Berlin. 3. Legislaturperiode, 1878, [Bd. 47].
Verhandlungen der verfassunggebenden Deutschen Nationalversammlung. Stenographische Berichte. Berlin. 1919, Bd. 326.
Journal officiel de la République Française - Débats Parlementaires - Assemblée Nationale. Paris. 2ᵉ législature, 137ᵉ séance - 3ᵉ législature, 137ᵉ séance, Nr. 91/1954 - 57/1958.

2.4.2. Parteiprotokolle

SPD-Parteitagsprotokolle

Sozialdemokratischer Parteitag 1924. Protokoll mit dem Bericht der Frauenkonferenz. [Nachdruck:] Glashütten im Taunus/Berlin u.a.: Detlev Auvermann/J.H.W. Dietz, 1974.
Protokoll der Verhandlungen des Parteitages der Sozialdemokratischen Partei Deutschlands vom 24. bis 28. September 1952 in Dortmund. o.O.u.J. [Druck: Berlin-Grunewald: Graphische Gesellschaft Grunewald].
Protokoll der Verhandlungen des Parteitages der Sozialdemokratischen Partei Deutschlands vom 10. bis 14. Juli 1956 in München. o.O.u.J. [Druck: München: Süddeutscher Verlag].
Protokoll der Verhandlungen des Parteitages der Sozialdemokratischen Partei Deutschlands vom 18. bis 23. Mai 1958 in Stuttgart. Hannover-Bonn: Neuer Vorwärts-Verlag Nau & Co, o.J.
Protokoll der Verhandlungen des Außerordentlichen Parteitages der Sozialdemokratischen Partei Deutschlands vom 13. bis 15. November 1959 in Bad Godesberg. Hannover-Bonn: Neuer Vorwärts-Verlag, Nau & Co, o.J.
Protokoll der Verhandlungen und Anträge vom Parteitag der Sozialdemokratischen Partei Deutschlands in Hannover 21. bis 25. November 1960. Hannover/Bonn: Neuer Vorwärts-Verlag, Nau & Co, o.J.

Sitzungsprotokolle der SPD-Bundestagsfraktion

Die SPD-Fraktion im Deutschen Bundestag. Sitzungsprotokolle 1949-1957. Bearb. von Petra Weber. Düsseldorf: Droste, 1993 (= Quellen zur Geschichte des Parlamentarismus und der politischen Parteien. 4. Reihe: Deutschland seit 1945; Bd. 8/I, 2 Halbbde.).
Die SPD-Fraktion im Deutschen Bundestag. Sitzungsprotokolle 1957-1961. Bearb. von Wolfgang Hölscher. Düsseldorf: Droste, 1993 (= Quellen zur Geschichte des Parlamentarismus und der politischen Parteien. 4. Reihe: Deutschland seit 1945; Bd. 8/II).
Die SPD-Fraktion im Deutschen Bundestag. Sitzungsprotokolle 1961-1966. Bearb. von Heinrich Potthoff. Düsseldorf: Droste, 1993 (= Quellen zur Geschichte des Parlamentarismus und der politischen Parteien. 4. Reihe: Deutschland seit 1945; Bd. 8/III, 2 Halbbde.).

2.4.3. Sonstige Protokolle

Die II.Internationale 1918/1919. Protokolle, Memoranden, Berichte und Korrespondenzen. Herausgegeben, eingeleitet und kommentiert von Gerhard A. Ritter. Kommentierung unter Mitwirkung von Konrad von Zwehl. Berlin, Bonn: Dietz, 1980. 2 Bde.
Der zweite Kongreß der Kommunist. Internationale. Protokoll der Verhandlungen vom 19.Juli in Petrograd und vom 23.Juli bis 7.August 1920 in Moskau. Hamburg: Verlag der Kommunistischen Internationale, 1921 (= Bibliothek der Kommunistischen Internationale; 22).
Protokoll. Sechster Weltkongress der Kommunistischen Internationale, Moskau, 17.Juli-1.September 1928. Hamburg-Berlin: Carl Hoym. 4 Bde.
Dritter Kongress der Sozialistischen Arbeiter-Internationale, Brüssel, 5. bis 11.August 1928. [Nachdruck] Glashütten im Taunus: Detlev Auvermann, 1974 (= Kongreß-Protokolle der Sozialistischen Arbeiter-Internationale; Bd.3).
Protokoll 5. ordentlicher Bundeskongress Stuttgart 7. bis 12. September 1959 DGB Deutscher Gewerkschaftsbund. Hrsg. Deutscher Gewerkschaftsbund, Bundesvorstand - Hauptabteilung Organisation und Werbung, o.O.u.J. [Druck: Köln-Deutz, Druckhaus Deutz]
Protokoll des 6. ordentlichen Gewerkschaftstages der Industriegewerkschaft Metall für die Bundesrepublik Deutschland in der Kongreßhalle Berlin vom 17. bis 22. Oktober 1960. Hrsg. von der Industriegewerkschaft Metall für die Bundesrepublik Deutschland, o.O.u.J. [Druck: Frankfurt/-M., Union-Druckerei und Verlagsanstalt].

2.5. Literaturverzeichnis

Zeitungs- und Zeitschriftenbeiträge mit überwiegend tagespolitischem Quellenwert wurden in der Regel nur in den Anmerkungen annotiert und nicht in die Bibliographie aufgenommen.

Abosch, Heinz, 1958: Die SPD und der Kolonialismus. In: *Sozialistische Politik*, 5:3, S. 2-3.
- 1958: Guy Mollet. In: *Funken*, 9:5, S. 52-56.
- 1958: Der Zusammenbruch der vierten Republik. In: *Funken*, 9:7, S. 102-106.
- 1958: Frankreich und die Sozialdemokratie. In: *Funken*, 9:11, S. 168-171.
Adenauer, Konrad, 1967: *Erinnerungen 1955-1959*. Stuttgart: Deutsche Verlags-Anstalt.
- 1986: *Teegespräche 1955-1958*, bearb. v. Hanns Jürgen Küsters. Berlin: Siedler.
- 1988: *Teegespräche 1959-1961*, bearb. von Hanns Jürgen Küsters. Berlin: Siedler.
Adolph, Hans J., 1971: *Otto Wels und die Politik der deutschen Sozialdemokratie 1894-1939. Eine politische Biographie.* Mit einem Vorwort von Walter Bußmann. Berlin: Walter de Gruyter (= Veröffentlichungen der Historischen Kommission zu Berlin; 33).
Ageron, Charles-Robert, 1964/¹1980: *Histoire de l'Algérie contemporaine (1830-1979)* [1964], 7., rev. Aufl.. Paris: Presses Universitaires de France (= Que sais-je?; 400).
- 1976: L'opinion française devant la guerre d'Algérie. In: *Revue française d'Histoire d'Outre-Mer*, 63, S. 256-285.
- 1980: *"L'Algérie algérienne" de Napoléon à de Gaulle.* Paris: Sindbad (= La bibliothèque arabe).
- 1989: "L'Algérie dernière chance de la puissance française". Étude d'un mythe politique (1954-1962). In: *RI*, Nr. 57, S.113-139.
- 1990: Les français devant la guerre civile algérienne. In: J.-P. Rioux, *La guerre d'Algérie et les français.* Paris: Fayard, S.53-62, 630-633.
Albrecht, Willy (Hg.), 1985: *Kurt Schumacher. Reden - Schriften - Korrespondenzen 1945-1952.* Berlin, Bonn: J. H. W. Dietz (= Internationale Bibliothek; 107).

- (Bearb.), 1988: *Kurt Schumacher als deutscher und europäischer Sozialist.* Bonn: Friedrich-Ebert-Stiftung, Abt. Politische Bildung (= Materialien zur politischen Bildungsarbeit).
- 1994: *Der Sozialistische Deutsche Studentenbund (SDS). Vom parteikonformen Studentenverband zum Repräsentanten der Neuen Linken.* Bonn: J. H. W. Dietz (= Forschungsinstitut der Friedrich-Ebert-Stiftung, Politik und Gesellschaftsgeschichte; 35).

Alleg, Henri, 1958: *La Question.* Paris: Minuit.

- mit de Bonis, Jacques/Douzon, Henri J./Freire, Jean/Haudiquet, Pierre, 1981: *La Guerre d'Algérie.* Paris: Temps Actuels, 3 Bde.

Allemann, Fritz René, 1956: *Bonn ist nicht Weimar.* Köln-Berlin: Kiepenheuer & Witsch.

Ansprenger, Franz, 1966/1981: *Auflösung der Kolonialreiche* [1966]. München: dtv (= dtv-Weltgeschichte des 20. Jahrhunderts).

Aung, Htun, 1970: Rise and Fall of the Asian Socialist Conference. In: *SII,* 20:9-10, S. 133-135.

Ayache, Albert, 1982: *Le mouvement syndical au Maroc,* T. 1: 1919-1942. Paris: L'Harmattan.

Balsen, Werner/Rössel, Karl, 1986: *Hoch die internationale Solidarität. Zur Geschichte der Dritte Welt-Bewegung in der Bundesrepublik.* Köln: Kölner Volksblatt Verlag.

Bariéty, Jacques, 1989: La perception de la puissance française par le chancelier K. Adenauer de 1958 à 1963. In: *RI,* Nr. 58, S. 217-225.

Batatu, Hanna, 1978: *The Old Social Classes and the Revolutionary Movements of Iraq. A Study of Iraq's Old Landed and Commercial Classes and of its Communists, Ba'thists, and Free Officers.* Princeton, NJ: Princeton University Press.

Bauer, Otto, 1912/1975: Orientalische Revolutionen [1912]. In: *Otto Bauer Werkausgabe,* Bd.1. Wien: Europaverlag, S. 569-582.

Baumgarten, Helga, 1991: *Palästina: Befreiung in den Staat. Die palästinensische Nationalbewegung seit 1948.* Frankfurt/M.: Suhrkamp.

Bedjaoui, Mohammed, 1961: *La révolution algérienne et le droit.* Préf. de Pierre Cot. Brüssel: Association Internationale des Juristes Démocrates.

Bellers, Jürgen, 1979: *Reformpolitik und EWG-Strategie der SPD. Die innen- und außenpolitischen Faktoren der europapolitischen Integrationswilligkeit einer Oppositionspartei (1957-63).* München: tuduv (= tuduv-Studien, Sozialwissenschaften; 12).

Benoit, Jean-Paul, 1962/63: Chronologie de la guerre d'Algérie. In: *La Nef,* 19:12/13, S. 5-18.

Berner, Wolfgang, 1969: Arabische Länder. In: C.D. Kernig (Hg.), *Die Kommunistischen Parteien der Welt.* Freiburg u.a.: Herder [= Sowjetsystem und Demokratische Gesellschaft]), Sp. 59-74.

Bernstein, Eduard, 1896: Die deutsche Sozialdemokratie und die türkischen Wirren. In: *Die Neue Zeit,* 15/I:4, S. 108-116.

Bessis, Juliette, 1981: *La Méditerranée fasciste. L'Italie mussolinienne et la Tunisie.* Paris: Karthala (= Publications de la Sorbonne, Série internationale; 15).

Boersner, Demetrio, 1957: *The Bolsheviks and the National and Colonial Question (1917-1928).* Genf-Paris: Librairie E. Droz/Librairie Minard (= Études d'histoire économique, politique et sociale; 20).

Bossuat, Gérard, 1989: Guy Mollet: La puissance française autrement. In: *RI,* Nr. 57, S. 25-48.

Bouvier, Beatrix W., 1990: *Zwischen Godesberg und Großer Koalition. Der Weg der SPD in die Regierungsverantwortung. Außen-, sicherheits- und deutschlandpolitische Umorientierung und gesellschaftliche Öffnung der SPD 1960-1966.* Bonn: J. H. W. Dietz (= Veröffentlichungen des Instituts für Sozialgeschichte Braunschweig, Bonn).

Bozo, Fréderic/Mélandri, Pierre, 1989: La France devant l'opinion américaine: le retour de de Gaulle début 1958-printemps 1959. In: *RI,* Nr. 58, S. 195-215.

Brandt, Willy, 1978: *Begegnungen und Einsichten. Die Jahre 1960-1975.* [1976] Hamburg: Hoffmann und Campe.

Braunthal, Julius, 1961-1971/1978: Geschichte der Internationale. 3 Bde. Berlin-Bonn: J. H. W. Dietz Nachf. (= Internationale Bibliothek; 108-110).
Brügel, J.W., 1957: Der Generalrat der Sozialistischen Internationale zur Weltsituation. In: *EA*, 12:1, S. 9528-29.

Cahn, Jean Paul, 1988: Einige Bemerkungen zum Thema Kurt Schumacher und Frankreich. In: Willy Albrecht (Bearb.), *Kurt Schumacher als deutscher und europäischer Sozialist*. Bonn: FESt, S. 113-131.
Chagnollaud, Jean-Paul, 1977: *Maghreb et Palestine*. Paris: Sindbad.
Charfi, Mounir, 1989: *Les ministres de Bourguiba (1956-1987)*. Paris: L'Harmattan.
Codding, George. A., Jr./Safran, William, 1979: *Ideology and Politics: The Socialist Party of France*. Boulder, CO: Westview Press.
Cohen, David, 1990: Les nationalistes nord-africains face au sionisme (1929-1939). In: *Revue française d'histoire d'Outre-Mer*, 78, S. 5-29.
Courrière, Yves, 1968-1972: *La guerre d'Algérie*, 5 Bde. Paris: Fayard.
Crosbie, Sylvia Kowitt, 1974: *A Tacit Alliance. France and Israel from Suez to the Six Day War*. Princeton, NJ: Princeton University Press (= The Modern Middle East Series; 7).

Dennert, Jürgen, 1968: *Entwicklungshilfe geplant oder verwaltet? Entstehung und Konzeption des Bundesministeriums für wirtschaftliche Zusammenarbeit*. Bielefeld: Bertelsmann Universitätsverlag (= Freiburger Studien für Politik und Gesellschaft überseeischer Länder; 2).
Descamps, Pascal, 1987: La politique algérienne de Guy Mollet de la cohérence à l'enlisement. In: Bernard Ménager u.a. (Hg.), *Guy Mollet. Un camarade en république*. Lille: Presses Universitaires de Lille, S. 463-474.
Devin, Guillaume, 1987: Guy Mollet et l'Internationale Socialiste. In: Bernard Ménager u.a. (Hg.), *Guy Mollet. Un camarade en République*. Lille: Presses Universitaires de Lille, S. 143-167.
Dib, Mohamed Fathi Al, 1985: *Abdel Nasser et la révolution algérienne*. Paris: L'Harmattan.
Diner, Dan, 1974: Sozialdemokratie und koloniale Frage - dargestellt am Beispiel des Zionismus. In: *Die Dritte Welt*, 3:1/2, S. 58-87.
Droz, Bernard/Lever, Évelyne, 1982: *Histoire de la guerre d'Algérie: 1954-1962*. Paris: Éditions du Seuil.
Duchemin, Jacques C., 1962: *Histoire du F.L.N.* Paris: La Table Ronde ("l'ordre du jour").

Eichler, Willi [unter d. Pseud.: W or.], 1953: Deutschland und Asien "im gleichen Boot". In: *GuT*, 8:8, S. 245-246.
- 1958: Wohin treibt der Westen? Zu dem Massaker in Sakiet Sidi Jussef. In: *GuT*, 13:3, S. 65-68.
Elsenhans, Hartmut, 1974: *Frankreichs Algerienkrieg 1954-1962. Entkolonisierungsversuch einer Metropole. Zum Zusammenbruch der Kolonialreiche*. München: Hanser.
- 1983: Algerien. In: S. Mielke (Hg.), *Internationales Gewerkschaftshandbuch*. Opladen: Leske + Budrich, S.192-201.
Erler, Fritz, 1953: Die Legende von der Isolierung der SPD. In: *NV*, 10.6.1953.
- 1954: Deutschland zwischen den Weltmächten. In: *GuT*, 9:2, S. 36-41.

Fanon, Frantz, 1961/1966: *Les damnés de la terre*. Paris: Maspero, 1961 (deutsch: *Die Verdammten dieser Erde*, Übers. T. König. Frankfurt/M.: Suhrkamp, 1966 u.ö.
Fauvet, Jacques, 1960: *La IVe République*. Paris: Fayard.
Favrod, Charles-Henri, 1959: *La révolution algérienne*. Paris: Plon ("Tribune libre").
- 1962: *Le FLN et l'Algérie*. Paris: Plon.
- 1962/63: L'histoire des "négociations secrètes". In: *La Nef*, 19:12-13, S. 105-115.

- 1990: La Suisse des négociations secrètes. In: J.-P. Rioux (Hg.), *La guerre d'Algérie et les français*. Paris: Fayard, S. 397-408.
Fichter, Tilman, 1988: *SDS und SPD. Parteilichkeit jenseits der Partei*. Opladen: Westdeutscher Verlag (= Schriften des Zentralinstituts für sozialwissenschaftliche Forschung der Freien Universität Berlin; 52).
Fraleigh, Arnold, 1971: The Algerian Revolution as a Case Study in International Law. In: R. A. Falk (Hg.), *The International Law of Civil War*. Baltimore and London: John Hopkins Press, S. 179-243.
Frank, Paul, 1981: *Entschlüsselte Botschaft. Ein Diplomat macht Inventur*. Stuttgart: Deutsche Verlags-Anstalt.
[Friedrich-Ebert-Stiftung], 1961: Gewerkschaftsprobleme Afrikas. In: *Der Ostblock und die Entwicklungsländer. Vierteljahresbericht der Friedrich-Ebert-Stiftung*, Nr. 4/5, S. 7-53.
Fuchs, Jockel, 1993: *Mainzer Jahre - schöne Jahre. Erinnerungen 1945-1987*. Mainz: Verlagsgruppe Rhein Main.

Gadant, Monique, 1988: *Islam et nationalisme en Algérie d'après "El Moudjahid" organe central du FLN de 1956 à 1962*. Préface de Benjamin Stora. Paris: L'Harmattan (= Coll. Histoire et perspectives méditerranéennes).
Gallagher, Charles F., 1963: *The United States and North Africa: Morocco, Algeria, and Tunisia*. Cambridge, MA: Harvard University Press.
Gallissot, René, 1977: Le socialisme dans le domaine arabe: Syrie, Liban, Irak, Palestine, Egypte, Maghreb. In: Jacques Droz (Hg.), *Histoire générale du socialisme*, T. III: De 1919 à 1945. Paris: Presses Universitaires de France, S. 545-605.
- 1978: Références socialistes dans le monde arabe. In: Jacques Droz (Hg.), *Histoire générale du socialisme*, T.IV: De 1945 à nos jours. Paris: Presses Universitaires de France, S. 257-310.
Gasteyger, Curt, 1956: Gegenseitige Staatsbesuche als Teil des neuen Kurses in der sowjetischen Außenpolitik. In: *EA*, 11, S. 8897-914, 8949-60.
Gendzier, Irene L., 1973: *Frantz Fanon: A Critical Study*. New York: Pantheon Books.
Girault, René, 1993: La France en accusation à l'ONU, ou les pouvoirs d'une organisation internationale. In: *RI*, Nr. 76, S.411-422.
Godard, Yves, 1972: *Les Paras dans la ville*. Paris: Fayard.
Gowers, Andrew/Walker, Tony, 1990/1994: *Behind the Myth: Yasser Arafat and the Palestinian Revolution*. London: W.H. Allen (deutsch: *Arafat. Hinter dem Mythos*, Übers. W. Helfer. Hamburg: Europäische Verlagsanstalt, 1994).
Grobba, Fritz, 1967: *Männer und Mächte im Orient. 25 Jahre diplomatischer Tätigkeit im Orient*. Göttingen u.a.: Musterschmidt.
Groh, Dieter/Brandt, Peter, 1992: *"Vaterlandslose Gesellen". Sozialdemokratie und Nation 1860-1990*. München: Beck.
Grosser, Alfred, 1978/1982: *Das Bündnis. Die westeuropäischen Länder und die USA seit dem Krieg* [1978]. München: dtv.
- 1984/1988: *Frankreich und seine Außenpolitik. 1944 bis heute* [1984]. München: dtv.
- 1990: La France en Occident et en Algérie. In: Jean-Pierre Rioux (Hg.), *La guerre d'Algérie et les Français*. Paris: Fayard, S. 382-388, 657-658.
Guérin, Daniel, 1973: *Ci-gît le colonialisme: Algérie, Inde, Indochine, Madagascar, Maroc, Palestine, Polynésie, Tunisie. Témoignage militant*. La Haye-Paris: Mouton.
Guillen, Pierre, 1989: L'avenir de l'Union française dans la négociacion des traités de Rome. In: *RI*, Nr. 57, S. 103-112.

Hamon, Hervé/Rotman, Patrick, 1979: *Les porteurs de valises. La résistance française à la guerre d'Algérie*. Paris: Albin Michel.

Harbi, Mohammed, 1975: *Aux origines du Front de Libération Nationale: La scission du P.P.A.-M.T.L.D. Contribution à l'histoire du populisme révolutionnaire en Algérie.* Paris: Christian Bourgois.
- 1980: *Le F.L.N.: Mirage et réalité des origines à la prise du pouvoir (1945-1962).* Paris: éditions jeune afrique (= le sens de l'histoire).
- (Hg.) 1981: *Les archives de la révolution algérienne.* Postface de Charles-Robert Ageron. Paris: éditions jeune afrique.

Haroun, Ali, 1986: *La 7ᵉ wilaya: La guerre du FLN en France, 1954-1962.* Paris: Éditions du Seuil.

Haupt, Georges/Reberioux, Madeleine (Hg.), 1967: *La deuxième internationale et l'Orient.* Paris: Éditions Cujas.
- 1967: L'internationale et le problème colonial. In: dies. (Hg.), *La deuxième Internationale et l'Orient.* Paris: Éditions Cujas, S. 17-48.

Hauss, Charles, 1978: *The New Left in France. The Unified Socialist Party.* Westport, CT-London: Greenwood Press.

Hegel, Georg Wilhelm Friedrich, 1821/1986: *Grundlinien der Philosophie des Rechts oder Naturrecht und Staatswissenschaft im Grundrisse* [1821]. Frankfurt/M.: Suhrkamp (= G.W.F. Hegel, Werke; 7).
- 1837/1986: *Vorlesungen über die Philosophie der Geschichte* [1837; 1840]. Frankfurt/M.: Suhrkamp (= G.W.F. Hegel, Werke; 12).

Heggoy, Alf Andrew, 1972: *Insurgency amd Counterinsurgency in Algeria.* Bloomington-London: Indiana University Press.
- mit Crout, Robert R., 1981: *Historical Dictionary of Algeria.* Metuchen, NJ-London: Scarecrow Press.

Heintzen, Markus, 1988: *Auswärtige Beziehungen privater Verbände. Eine staatsrechtliche, insbesondere grundrechtskollisionsrechtliche Untersuchung.* Berlin: Duncker & Humblot (= Schriften zum Öffentlichen Recht; 542).
- 1988: *Private Außenpolitik. Eine Typologie der grenzüberschreitenden Aktivitäten gesellschaftlicher Kräfte und ihres Verhältnisses zur staatlichen Außenpolitik.* Baden-Baden: Nomos (= Völkerrecht und Außenpolitik; 40).

Helie, Jérôme, 1992: *Les Accords d'Evian: histoire secrète de la paix en Algérie.* Paris: Orban.

Henker, Fritz, 1970: Algerische Arbeiter in der Bundesrepublik. In: *ZfK*, 20:2, S. 233-36.

Hernandez, Philippe, 1962/63: Ceux qui étaient les "Pieds noirs". In: *La Nef*, 19:12/13, S. 33-46.

Hersh, Seymour M., 1991: *Atommacht Israel. Das geheime Vernichtungspotential im Nahen Osten.* München: Droemer Knaur.

Hildebrand, Klaus, 1984: *Von Erhard zur Großen Koalition 1963-1969.* Stuttgart: Deutsche Verlags-Anstalt, Wiesbaden: Brockhaus (= Geschichte der Bundesrepublik Deutschland; 4).

Hilferding, Rudolf, 1924: Realistischer Pazifismus. In: *Die Gesellschaft*, 1/2:8, S. 97-114.

Hirszowitz, Łukasz, 1966: *The Third Reich and the Arab East.* London/Toronto: Routledge & Kegan Paul/University of Toronto Press.

al-hizb al-taqaddumi al-ishtiraki (Hg.), 1974: *rub' qarn min al-nidal* [Ein Vierteljahrhundert des Kampfes], Bd.1. Beirut: mufawwadiyya al-tarbiyya wa al-ma'arif, markaz al-buhuth al-ishtirakiyya.

Höpp, Gerhard, 1984: *Algerien - Befreiungskrieg 1954-1962.* Berlin (DDR): Deutscher Verlag der Wissenschaften (= illustrierte historische hefte; 33).

Horne, Alistair, 1977: *A Savage War of Peace: Algeria 1954-1962.* London: Macmillan.

Humbaraci, Arslan, 1966: *Algeria: A Revolution that Failed. A Political History since 1954.* London: Pall Mall Press.

Hutchinson, Martha Crenshaw, 1978: *Revolutionary Terrorism. The FLN in Algeria, 1954-1962.* Stanford, CA: Hoover Institution Press (= Hoover Institution Publication; 196).

Jackson, Henry F., 1977: *The FLN in Algeria: Party Development in a Revolutionary Society.* Westport, CT: Greenwood Press.
Jungsozialisten, Zentralsekretariat der (Hg.) [1953]: *Das Arbeitsjahr 1952.* o.O. u. J. (Mainz: Neubrunnen Druckerei).
Jungsozialisten in der SPD, Zentralsekretariat der (Hg.) [1953]: *Menschenschmuggel für die Fremdenlegion (Jagd auf junge Deutsche).* o.O. u. J.
Jungsozialisten, Bundessekretariat der (Hg.), o.J.: *unsere arbeit 1962-1963.* Bonn.
Jurquet, Jacques, 1973-1979: *La révolution algérienne et le Parti communiste français.* Paris: Éditions du Centenaire. 3 Bde.

Kaddache, Mahfoud, 1980: *Histoire du nationalisme algérien. Question nationale et politique algérienne 1919-1951*, T. 1. Algier: Société Nationale d'Édition et de Diffusion.
Kalbitzer, Hellmut, 1961: *Entwicklungsländer und Weltmächte.* Frankfurt/M.: Europäische Verlagsanstalt (= Res Novae; 4).
- 1987: *Widerstehen oder Mitmachen. Eigensinnige Ansichten und sehr persönliche Erinnerungen.* Hamburg: VSA.
Kautsky, Karl, 1909/²1910: *Der Weg zur Macht. Politische Betrachtungen über das Hineinwachsen in die Revolution* [1909]. 2., durchges. Aufl. Berlin: Buchhandlung Vorwärts.
Khalil, Muhammad (Hg.), 1962: *The Arab States and the Arab League: A Documentary Record*, 2 Bde. Beirut: Khayats.
Kiersch, Gerhard, 1971: *Parlament und Parlamentarier in der Aussenpolitik der IV. Republik*, Diss. rer. pol., 3 Bde. Berlin: Freie Universität.
Klotzbach, Kurt, 1982: *Der Weg zur Staatspartei. Programmatik, praktische Politik und Organisation der deutschen Sozialdemokratie 1945 bis 1965.* Berlin-Bonn: J. H. W. Dietz Nachf.
Koerfer, Daniel, 1987: *Kampf ums Kanzleramt. Erhard und Adenauer.* Stuttgart: Deutsche Verlags-Anstalt.
Kraïem, Mustapha, 1980: *La classe ouvrière tunisienne et la lutte de libération nationale (1939-1952).* Tunis: UGTT.

Lacouture, Jean, 1962/63: La position des États arabes. In. *La Nef*, 19:12/13, S. 96-104.
Lassalle, Ferdinand, 1919-1920: *Gesammelte Reden und Schriften*, hg. u. eingel. von Eduard Bernstein, 12 Bde. Berlin: Paul Cassirer.
Lebjaoui, Mohamed, 1972: *Bataille d'Alger ou bataille d'Algérie?* Paris: Gallimard.
Leggewie, Claus, 1978: Historische Vorbedingungen, Strukturmerkmale, Funktion und Wandel der algerischen Arbeitsmigration nach Westeuropa. In: H. Elsenhans [Hg.], *Migration und Wirtschaftsentwicklung.* Frankfurt/M.-New York: Campus, S. 70-116.
- 1984: *Kofferträger. Das Algerien-Projekt der Linken im Adenauer-Deutschland.* Berlin: Rotbuch Verlag.
- 1984: Kofferträger. Das Algerien-Projekt in den 50er und 60er Jahren und die Ursprünge des "Internationalismus" in der Bundesrepublik. In: *Politische Vierteljahresschrift*, 25:2, S.169-187.
Le Mire, Henri, 1982: *Histoire militaire de la guerre d'Algérie.* Paris: Albin Michel.
Lenz, Gertrud, 1989: *Zwischen nationalem Interesse und internationaler Solidarität. Die Entwicklungspolitik der SPD 1949-1974*, phil. Magisterarbeit. Bonn: Rheinische Friedrich-Wilhelms-Universität.
Ligou, Daniel, 1962: *Histoire du socialisme en France (1871-1961).* Paris: Presses Universitaires de France.
Link, Werner, 1978: *Deutsche und amerikanische Gewerkschaften und Geschäftsleute 1945-1975. Eine Studie über transnationale Beziehungen.* Düsseldorf: Droste.

Löwenthal, Richard (Paul Sering), 1977: *Jenseits des Kapitalismus. Ein Beitrag zur sozialistischen Neuorientierung* [1947]. Mit einer ausführlichen Einführung: Nach 30 Jahren. Berlin, Bonn-Bad Godesberg: Dietz (= Internationale Bibliothek; 96).

Longerich, Peter: *Propagandisten im Krieg. Die Presseabteilung des Auswärtigen Amtes unter Ribbentrop.* München: Oldenbourg (= Studien zur Zeitgeschichte; 33).

Mahsas, Ahmed, 1979: *Le mouvement révolutionnaire en Algérie de la Ire guerre mondiale à 1954. Essai sur la formation du mouvement nationale.* Paris: L'Harmattan.

Mameri, Khalfa, 1988: *Abane Ramdane. Héros de la guerre d'Algérie.* Paris: L'Harmattan.

Maquin, Etienne, 1990: *Le Parti Socialiste et la guerre d'Algérie (1954-1958).* Paris: L'Harmattan.

Maran, Rita, 1989: *Torture: The Role of Ideology in the French-Algerian War.* New York u.a.: Praeger.

Marseille, Jacques, 1989: L'Algérie dans l'économie française (1954-1962). In: *RI, Nr. 58*, S. 169-176.

Marseille, Jacques, 1990: La guerre a-t-elle eu lieu? Mythes et realités du fardeau algérien. In: Jean-Pierre Rioux (Hg.), *La guerre d'Algérie et les Français.* Paris: Fayard, S. 281-288, 651.

Martens, George R., 1979: Industrial Relations and Trade Unionism in French-Speaking West Africa. In: Ukandi G. Damachi/H. Dieter Seibel/Lester Trachtman (Hg.), *Industrial Relations in Africa.* London and Basingstoke: Macmillan, S. 16-72.

Marx, Karl/Engels, Friedrich, 1956 ff.: *Werke.* [Hrsg. vom] Institut für Marxismus-Leninismus beim ZK der SED, 39 Bde, 2 Erg.-Bde. Berlin/DDR: Dietz. .

Massu, Jacques, 1971: *La vraie bataille d'Alger.* Paris: Plon.

Mélandri, Pierre, 1990: La France et le "jeu double" des États-Unis. In: Jean-Pierre Rioux (Hg.), *La guerre d'Algérie et les Français.* Paris: Fayard, S. 429-450, 661-663.

- mit Vaïsse, Maurice, 1990: La "boîte à chagrin". In: Jean-Pierre Rioux (Hg.), *La guerre d'Algérie et les Français.* Paris: Fayard, S. 369-381, 657.

Ménager, Bernard/Ratte, Philippe/Thiébault, Jean-Louis/Vandenbussche, Robert/Wallon-Leducq, Christian-Marie (Hg.), 1987: *Guy Mollet. Un camarade en république.* Lille: Presses Universitaires de Lille.

Mielke, Siegfried (Hg.), 1983: *Internationales Gewerkschaftshandbuch.* Opladen: Leske + Budrich.

Miquel, Pierre, 1993: *La guerre d'Algérie.* Paris: Fayard.

Möller, Alex, 1978: *Genosse Generaldirektor.* München/Zürich: Droemer Knaur.

Molnár, Miklós, 1969: Internationalismus. In: *Sowjetsystem und demokratische Gesellschaft. Eine vergleichende Enzyklopädie,* Bd.3. Freiburg u.a.: Herder, Sp. 265-292.

- mit Witzig, Carole, 1974: L'influence de la mentalité colonialiste britannique sur le concept asiatique de Marx. In: *RI,* Nr. 2, S. 37-65.

Mommsen, Hans, 1979: *Arbeiterbewegung und Nationale Frage. Ausgewählte Aufsätze.* Göttingen: Vandenhoeck & Ruprecht (= Kritische Studien zur Geschichtswissenschaft; 34).

Moneta, Jakob, 1968: *Die Kolonialpolitik der französischen KP.* Hannover: Verlag für Literatur und Zeitgeschehen (= Schriftenreihe des Forschungsinstituts der FESt).

Morison, David, 1969: Kolonialherrschaft. In: *Sowjetsystem und demokratische Gesellschaft,* Bd.3. Freiburg u.a.: Herder, Sp. 689-709.

Müller, Klaus-Jürgen, 1989: La guerre d'Algérie vue par la presse ouest-allemande. In: *RI,* 58, S.177-185.

- 1990: Die Bundesrepublik Deutschland und der Algerienkrieg. In: *VfZ,* 38:4, S.609-641.
- 1990: Le réalisme de la République fédérale d'Allemagne. In: Jean-Pierre Rioux (Hg.), *La guerre d'Algérie et les Français.* Paris: Fayard, S. 409-428, 658-660.

Münchhausen, Thankmar von, 1977: *Kolonialismus und Demokratie. Die französische Algerienpolitik von 1945-1962.* München: Weltforum Verlag (= Arnold-Bergstraesser-Institut, Materialien zu Entwicklung und Politik; 13).

Naegelen, Marcel-Edmond, 1962: *Mission en Algérie*. Paris: Flammarion.
Nagy, László J., 1989: *La naissance et le développement du mouvement de libération nationale en Algérie (1919-1947)*. Budapest: Akad. Kiadó (= Studia historica Academiae Scientiarium Hungaricae; 190).
Nania, Guy, 1966: *Un parti de la gauche: le PSU*. Préface d'Édouard Depreux. Paris: Librairie Gedalge.
Nostitz, Siegfried von, 1971: *Algerisches Tagebuch 1960-1962*. Düsseldorf-Wien: Econ.

O'Ballance, Edgar, 1961: *The Story of the French Foreign Legion*. London: Faber and Faber.
Oppermann, Thomas, 1959: *Die algerische Frage. Rechtlich-politische Studie*. Stuttgart: Kohlhammer (= Untersuchungen zur auswärtigen Politik; 1).
Osterroth, Franz/Schuster, Dieter, ²1978: *Chronik der deutschen Sozialdemokratie. Bd. 3: Nach dem Zweiten Weltkrieg*. Berlin-Bonn: J. H. W. Dietz (= Internationale Bibliothek; 85).
Oved, Georges, 1984: *La gauche française et le nationalisme marocain 1905-1955*, 2 Bde. Paris: L'Harmattan.

Paterson, William E., 1988: The British Labour Party and the SPD 1945-52. In: W. Albrecht (Bearb.), *Kurt Schumacher als deutscher und europäischer Sozialist*. Bonn: FESt, S. 95-112.
Perrault, Gilles, 1984/1991: *Un homme à part*. Paris: Bernard Barrault, 1984 (deutsch: *Curiel*, Übers. K. Balzer. Wien-Zürich: Europaverlag, 1991).
Pervillé, Guy, 1987: La SFIO, Guy Mollet et l'Algérie de 1945 à 1955. In: Bernard Ménager u.a. (Hg.), *Guy Mollet. Un camarade en république*. Lille: Presses Universitaires de Lille, S. 445-462.
- 1992: *1962, la paix en Algérie*. Paris: La documentation Française.
Petit, Irène, 1967: Allemagne: entre l'Anticolonialisme et le Social-Impérialisme. In: G. Haupt/- M.Reberioux (Hg.), *La deuxième Internationale et l'Orient*. Paris: Éditions Cujas, S. 79-94.
Pirker, Theo, 1965/1977: *Die SPD nach Hitler. Die Geschichte der Sozialdemokratischen Partei Deutschlands 1945-1964* [1965]. Berlin: Olle und Wolter.
Plum, Werner, 1957: Die Organisation des Widerstandes. In: *Frankfurter Hefte*, 12:2, Febr., S. 117-119.
- 1958: Der Islam und die industrielle Revolution Nordafrikas. In: *GM*, 9:1, S. 50-53.
- 1958: Tendenzen der algerischen Widerstandsbewegung. In: *GuT*, 13:3, S. 72-76.
- 1958: Gewerkschaft und soziale Lage in Tunesien. In: *GM*, 9:11, S. 679-683.
- 1959: Bundesrepublik - Ostzone - Algerien. In: *KK*, 7:5, S. 6-9.
- 1959: Krieg in Algerien [Hörspiel]. In: *Der Kreis: Hefte zur Heimatabendgestaltung*, Nr. 3, Bonn.
- (Hg.), 1959: *Algerische Dichtung der Gegenwart*. Nürnberg: Glock und Lutz.
- 1960: Algerische Arbeiter in der Bundesrepublik. In: *GM*, 11:8, S. 469-470.
- 1961: Bizerta und Berlin. Zur Krise des Bourguibismus. In: *GuT*, 16:9, S. 269-272.
- 1961: *Nordafrika: Der Maghreb*. Nürnberg: Glock und Lutz (= Geistige Länderkunde, Kultur der Nationen; 9).
- 1962: *Gewerkschaften im Maghreb: UGTT - UMT - UGTA*. Hannover: Verlag für Literatur und Zeitgeschehen (= Schriftenreihe der Forschungsstelle der Friedrich-Ebert-Stiftung; A. Sozialwissenschaftliche Schriften).
Potrykus, Gerhard, 1962: *Gesetz über die Kontrolle von Kriegswaffen. Ausführungsgesetz zu Artikel 26 Abs.2 des Grundgesetzes. Kommentar*. Köln u.a.: Carl Heymanns.
- 1963: Zur rechtlichen Würdigung der Tätigkeit deutscher Waffenfachleute in Ägypten. In: *Neue Juristische Wochenschrift*, 16:21, S. 941-943.
Programm der Kommunistischen Internationale. Angenommen vom VI.Weltkongress am 1.September 1928 in Moskau. Hamburg-Berlin: Carl Hoym, 1928.

Quandt, William B., 1969: *Revolution and Political Leadership: Algeria, 1954-1968*. Cambridge, MA-London: M.I.T.Press (= M.I.T.Studies in Comparative Politics).
Rachline, Marianne; Weill, Claudie, 1967: L'Internationale et les révolutions en Chine et en Iran. In: G. Haupt/M. Reberioux (Hg.), *La deuxième Internationale et l'Orient*. Paris: Éditions Cujas, S. 49-71.
Rathmann, Lothar, u.a., 1971-1983: *Geschichte der Araber*, 7 Bde. Berlin/DDR: Akademie Verlag.
Raymond, André/Poncet, Jean, 1961/³1977: *La Tunisie* [1961]. ³Paris: Presses Universitaires de France (= Que sais-je?; 318).
Repgen, Konrad, 1976: Finis Germaniae: Untergang Deutschlands durch einen SPD-Wahlsieg 1957?. In: D.Blumenwitz u.a. (Hg.), *Konrad Adenauer und seine Zeit. Politik und Persönlichkeit des ersten Bundeskanzlers*. Stuttgart: Deutsche Verlags-Anstalt, Bd. II, S. 294-315.
Reventlow, Rolf, 1952: Die Strukturwandlungen in Französisch-Nordafrika. In: *Außenpolitik*, 3:2, S. 120-127.
Rioux, Jean-Pierre (Hg.), 1990: *La guerre d'Algérie et les français. Colloque de l'Institut d'histoire du temps présent*. Paris: Fayard.
- mit Sirinelli, Jean-François (Hg.), 1991: *La guerre d'Algérie et les intellectuels français*. Bruxelles: Ed. Complexe (= Questions au XX⁰ siècle).
Ritter, Gerhard A. (Hg.), 1980: *Die II.Internationale 1918/1919. Protokolle, Memoranden, Berichte und Korrespondenzen*. Herausgegeben, eingeleitet und kommentiert von Gerhard A. Ritter. Kommentierung unter Mitwirkung von Konrad von Zwehl, 2 Bde. Berlin-Bonn: Dietz.
Rosdolsky, Roman, 1964/1979: *Zur nationalen Frage. Friedrich Engels und das Problem der "geschichtslosen" Völker* [1964]. Berlin: Olle & Wolter.
Rose, Saul, 1959/1975: *Socialism in Southern Asia* [1959]. New York: Octagon Books.
Rosenberg, Ludwig, 1959: Ägypten: Tummelplatz alter Nazis. In: *WdA*, 23.1.1959.
Roth, Reinhold, 1973: *Parteiensystem und Außenpolitik. Zur Bedeutung des Parteiensystems für den außenpolitischen Entscheidungsprozeß in der BRD*. Meisenheim am Glan: Anton Hain (Studien zum politischen System der Bundesrepublik Deutschland; 1).
Ruf, Werner [Klaus], 1964: *Habib Burgiba und die Idee der nordafrikanischen Einigung*. Freiburg i.Br.: [Arnold-Bergstraesser-Institut] (Materialien des Arnold-Bergstraesser-Instituts für kulturwissenschaftliche Forschung; 7).
- 1969: *Der Burgibismus und die Außenpolitik des unabhängigen Tunesien*. Bielefeld: Bertelsmann Universitätsverlag (Freiburger Studien zu Politik und Gesellschaft überseeischer Länder; 1).
- 1971: The Bizerta Crisis: A Bourguibist Attempt to Resolve Tunisia's Border Problems. In: *MEJ*, 25:2, S. 201-211.
- 1983: Marokko. In: Siegfried Mielke (Hg.), *Internationales Gewerkschaftshandbuch*. Opladen: Leske + Budrich, S. 774-779.
- 1983: Tunesien. In: Siegfried Mielke (Hg.), *Internationales Gewerkschaftshandbuch*. Opladen: Leske + Budrich, S. 1119-25.

Saadi, Yacef, 1962: *Souvenirs de la bataille d'Alger. Décembre 1956 - Septembre 1957*. Paris: Julliard.
- 1986: *La bataille d'Alger*, T. 1: L'embrasement. Paris: Laphomic.
Sa'd Allah, Abu al-Qasim, 1969: *Al-haraka al-wataniyya al-jaza'iriyya* [Die algerische Nationalbewegung]. Beirut: Dar al-Adab.
Sangmuah, Egya N., 1990: Eisenhower and Containment in North Africa, 1956-1960. In: *MEJ*, 44:1, S.76-91.
Scheffler, Thomas, 1993: The Power of Dependence: The Federal Republic of Germany in the Arab World. In: *Journal of Arab Affairs*, 12:2, S. 135-159.

- 1993: *Von der "Orientalischen Frage" zum "Tragischen Dreieck". Die Nahostpolitik der Sozialdemokratischen Partei Deutschlands vom Zerfall des Osmanischen Reichs bis zum deutsch-israelischen Wiedergutmachungsabkommen.* Phil. Diss., Berlin: Freie Universität.
Schifrin, Alexander (M. Werner), 1929: Die Bekenntnisse der Komintern. In: *Die Gesellschaft*, 6/1:1, S. 44-72.
Schlesinger, Rudolf, 1970: *Die Kolonialfrage in der Kommunistischen Internationale.* Frankfurt/M.: Europäische Verlagsanstalt.
Schmid, Carlo, 1956: Wir müssen zusammenarbeiten. In: *Das Parlament*, Nr. 42, S. 11.
Schmitz, Kurt Thomas, 1973: Entwicklungshilfe und Entwicklungspolitik. Überblick über die Vorstellungen und Aktivitäten der SPD in den Jahren 1956-1966. In: *Archiv für Sozialgeschichte*, 13, S. 191-206.
Schoenberner, Gerhard, 1958: Die Krankheit der Internationale. In: *GuT*, 13:9, S. 278-281.
- 1959: Der Krieg in Algerien und die Sozialdemokratie. In: *Standpunkt*, Nr. 1-2, S. 11-14.
Scholz, Arno, 1958: *Asien lebt. Mit Beiträgen von Heinrich Braune.* Berlin: Arani.
Schonauer, Karlheinz, 1980: *Geschichte und Politik der Jungsozialisten in der SPD 1946-1973. Der Wandel der SPD-Jugendorganisation von der braven Parteijugend zur innerparteilichen Opposition.* Phil.Diss. Berlin: Freie Universität.
Schröder, Bernd Philipp, 1975: *Deutschland und der Mittlere Osten im Zweiten Weltkrieg*, Göttingen u.a.: Musterschmidt (= Studien und Dokumente zur Geschichte des Zweiten Weltkrieges; 16).
Schröder, Hans-Christoph, 1968: *Sozialismus und Imperialismus. Die Auseinandersetzung der deutschen Sozialdemokratie mit dem Imperialismusproblem und der "Weltpolitik" vor 1914, Teil I.* Hannover: Verlag für Literatur und Zeitgeschehen (= Schriftenreihe des Forschungsinstituts der Friedrich-Ebert-Stiftung, B. Historisch-politische Schriften).
- 1973: *Sozialistische Imperialismusdeutung. Studien zu ihrer Geschichte.* Göttingen: Vandenhoeck & Ruprecht.
- 1979: *Gustav Noske und die Kolonialpolitik des Deutschen Kaiserreichs.* Berlin-Bonn: J. H. W. Dietz.
Schütze, Günter, 1958: Das Algerienproblem in wirtschaftlicher und sozialer Sicht. In: *EA*, 13:5/6, S. 10576-82.
Schwarz, Hans-Peter, 1983: *Die Ära Adenauer. Epochenwechsel 1957-1963.* Stuttgart: Deutsche Verlags-Anstalt, Wiesbaden: F.A.Brockhaus (= Geschichte der Bundesrepublik Deutschland; 3).
- (Hg.), 1985: *Adenauer und Frankreich. Die deutsch-französischen Beziehungen 1958 bis 1969.* Bonn: Bouvier.
- 1991: *Adenauer. Der Staatsmann: 1952-1967.* Stuttgart: Deutsche Verlags-Anstalt.
Seebacher-Brandt, Brigitte, 1984: *Biedermann und Patriot. Erich Ollenhauer - ein sozialdemokratisches Leben.* Phil. Diss.. Berlin: Freie Universität.
Servan-Schreiber, Jean-Jacques, 1957: *Lieutenant en Algérie.* Paris: Julliard.
Simon, Pierre-Henri, 1957: *Contre la torture.* Paris: Seuil.
Simonin, Anne, 1991: Les Éditions de Minuit et les Éditions du Seuil. Deux stratégies éditoriales face à la guerre d'Algérie. In: J.-P. Rioux (Hg.), *La guerre d'Algérie et les intellectuels français.* Brüssel: Ed. Complexe, S. 219-245.
Sivan, Emmanuel, 1976: *Communisme et nationalisme en Algérie 1920-1962.* Paris: Presses de la Fondation Nationale des Sciences Politiques.
Smith, Tony, 1978: *The French Stake in Algeria, 1945-1962.* Ithaca-London: Cornell University Press.
Soell, Hartmut, 1976: *Fritz Erler - Eine politische Biographie*, 2 Bde. Berlin-Bonn-Bad Godesberg: J. H. W. Dietz.
Sorum, Paul Clay, 1977: *Intellectuals and Decolonization in France.* Chapel Hill, NC: University of North Carolina Press.

Soustelle, Jacques, 1956: *Aimée et souffrante Algérie*. Paris: Plon.
Soutou, Georges-Henri, 1989: Les problèmes de sécurité dans les rapports franco-allemands de 1956 à 1963. In: *RI*, Nr. 58, S. 227-251.
S[ozialdemokratische] P[artei] D[eutschlands], Vorstand (Hg.): Aktions-Programm der Sozialdemokratischen Partei Deutschlands. Beschlossen auf dem Dortmunder Parteitag am 28. September 1952. Mit einem Vorwort von Dr. Kurt Schumacher, o.O.u.J. [Druck: Dortmund, Westfalendruck, 1952].
- (Hg.): *Erich Ollenhauer in Asien*. Von Heinrich Braune, Kurt Nemitz, Walter Poller, Arno Scholz und Fried Wesemann. Bonn o.J.
Steininger, Rolf, 1979: *Deutschland und die Sozialistische Internationale nach dem Zweiten Weltkrieg. Die deutsche Frage, die Internationale und das Problem der Wiederaufnahme der SPD auf den internationalen sozialistischen Konferenzen bis 1951, unter besonderer Berücksichtigung der Labour Party. Darstellung und Dokumentation*. Bonn: Neue Gesellschaft (= Archiv für Sozialgeschichte; Beiheft 7).
- 1979: British Labour, Deutschland und die SPD 1945/46. In: *IWK*, 15:2, S. 188-226.
Stora, Benjamin, 1985: *Dictionnaire biographique de militants nationalistes algériens: E.N.A., P.P.A., M.T.L.D. (1926-1954)*. Paris: L'Harmattan.
- 1986: *Messali Hadj. Pionnier du nationalisme algérien (1898-1974)*. Paris: L'Harmattan.
- 1987: *Nationalistes algériens et révolutionnaires français au temps du Front Populaire*. Paris: L'Harmattan (= Histoire et Perspectives Méditerranéennes).
Strauß, Franz Josef, 1989: *Die Erinnerungen*. Berlin: Siedler.

Tillion, Germaine, 1957: *L'Algérie en 1957*. Paris: Minuit (= Documents).
Triepel, Heinrich, 1939: Die auswärtige Politik der Privatpersonen. In: *Zeitschrift für ausländisches öffentliches Recht und Völkerrecht*, 9:1, S.1-30.

Vaïsse, Maurice, 1989: Post-Suez France. In: Wm. Roger Louis and Roger Owen (Hg.), *Suez 1956: The Crisis and its Consequences*. Oxford: Clarendon Press, S. 335-340.
- 1990: La guerre perdue à l'ONU?. In: Jean-Pierre Rioux (Hg.), *La guerre d'Algérie et les Français*. Paris: Fayard, S. 451-462, 663-665.

Wachenheim, Hedwig, 1967/1971: *Die deutsche Arbeiterbewegung 1844 bis 1914* [1967]. Frankfurt/M. u.a.: Büchergilde Gutenberg.
Wall, Irwin M., 1977: The French Communists and the Algerian War. In: *Journal of Contemporary History*, 12:3, S. 521-543.
Wehler, Hans-Ulrich, 1962/²1971: *Sozialdemokratie und Nationalstaat. Nationalitätenfragen in Deutschland 1840-1914* [1962], 2. Aufl.. Göttingen: Vandenhoeck & Ruprecht.
Westphal, Heinz, 1994: *Jugend braucht Demokratie. Demokratie braucht Jugend. Mein jugendpolitisches Engagement 1945-1974. Erinnerungen*. Rostock: Verlag Jugend und Geschichte.
Wischnewski, Hans-Jürgen, 1989: *Mit Leidenschaft und Augenmaß. In Mogadischu und anderswo. Politische Memoiren*. München: C. Bertelsmann.

Personen- und Sachregister

Aachen 119
Abbas, Ferhat 35, 57, 75, 102, 104
Abbassi, Azzedine El 127
Abosch, Heinz 109, 114
Abrüstung 11, 28
Accra 128
Action Socialiste 115
Addis Abeba 128
Adenauer, Konrad 11, 12, 14, 15, 33, 37, 39, 47, 58, 63, 65, 97
Afrika 65, 68, 73, 74, 123, 128
afro-asiatische Konferenzen 128
Agence France-Presse (AFP) 49
Ägypten 16, 21, 30-34, 37, 38, 42, 46, 89, 91, 94, 123, 128
Ahcène, Ait 59, 66, 120, 123
Algerien 30
  Algerien-Statut (1947) 41
  als Terrain deutsch-französischer Militärkooperation 48
  Armeeputsch (1958) 53
  Assemblée Algérienne 41, 100
  Barrikaden-Aufstand (1960) 113
  Beziehungen zur Bundesrepublik Deutschland 74
  demographische Zusammensetzung 100
  europäische Bevölkerung 10, 81, 100, 101
  frz. Atombombenversuche 108
  gescheiterte Revolution 75
  Gewerkschaftsbewegung 102
  jüdische Minderheit 94
  Kriegsopfer 1954-1962 10, 81
  Ligne Morice 115
  Literatur 130
  personnalité algérienne 99
  rechtlicher Status 40, 99
  Schlacht um Algier (Bataille d'Alger) 45
  sozialistische Generalgouverneure 41
  Unabhängigkeit (1962) 76
  Wahlfälschungen 41, 100
  Zweiklassen-Wahlrecht 41
Algier 45, 53, 105
Allensbach 84, 97, 113
American Federation of Labor/Congress of Industrial Organizations (AFL/CIO) 35
Amis du Manifeste Algérien 102

Ammar, Ferdjani Bel Hadj 127
Anarchismus 106
Antisemitismus 94
Arabische Liga 69, 97, 106
Arabische Sozialistische Partei (Syrien) 91
Arbeiterwohlfahrt (AW) 62, 67, 70, 122
Arbeitskreis der Freunde Algeriens 61
Ardennen 106
Armée de Libération Nationale (ALN) 75, 105, 118, 119
Asiatische Sozialistische Konferenz (ASK) 31, 33
  1. ASK-Kongreß (Rangun, 1953) 27, 33, 36, 89
  2. ASK-Kongreß (Bombay, 1956) 36
  Antikolonialbüro 33, 36
Association des Étudiants Musulmans d'Afrique du Nord 125
Association des Oulémas d'Algérie 43, 104
Association Générale des Travailleurs Algériens (AGTA) 68
Assuan-Staudamm 33
Asylrecht 69
Äthiopien 128
Attlee, Clement 28
Auschwitz 49
Außenpolitik, private 64
Ausschuß für heimatlose Ausländer 67
Auswärtiges Amt 64, 69-71, 73, 123, 126, 128

Baath-Partei 32
Bad Godesberg 46, 56, 65, 120
Bad Kreuznach 65
Bad Neuenahr 44
Baden-Württemberg 59, 67
Bandung 27, 29, 44, 104
Bardo-Vertrag (1881) 96
Bari 95
Barsig, Franz 73
Bary, Jules 108
Bauer, Hannsheinz 119, 120
Bauer, Otto 20, 45, 87
Beeley, Robert 15
Beinert, Heinz 65
Beirut 32
Belgien 46, 106
Belgische Sozialistische Partei 108

Belgrad 103
Bellounis, Mohammed 106
Ben Bella, Ahmed 76
Ben Khedda, Ben Youssef 76
Ben Salah, Ahmed 127
Benmiloud, Aziz 112
Benyahia, Belkassem 112
Bergneustadt 75, 129
Berlin 28, 30, 63, 72, 73, 129
Berlin-Krise (1958-63) 63, 68
Bernstein, Eduard 20
Berthelet, Jacques 106
Birrenbach, Kurt 96, 97
Biserta-Krise 73
Blachstein, Peter 50, 51, 55, 66, 74, 109, 112, 119, 121, 129
Bleiß, Paul 129
Blockfreienbewegung 26, 27, 29-31
Blum, Léon 55, 112
Blum-Viollette-Projekt (1936) 112
Bolschewiki 21
Bombay 110
Bône 60
Bonn 46, 116, 122, 123
Börner, Holger 129
Boumedienne, Houari 76
Boumendjel, Ahmed 112
Bourguiba, Habib 33-35, 57, 59, 93, 95, 113, 115, 127
Brandt, Willy 12, 30, 63, 73, 80
Brazzaville 128
Brentano, Heinrich v. 107, 121
Budapest 49
Bulganin, Nikolaj A. 29
Bundesrat 121
Bundesregierung 11, 38, 64, 66, 121
Bundesrepublik Deutschland
  Abzug frz. NATO-Kontingente nach Algerien 42, 44
  Afrikapolitik 65, 73
  algerische Flüchtlinge 56, 59, 62, 64, 66, 69, 74, 116, 123
  algerische Studenten 59, 70, 71
  als Hinterland des FLN 121
  Atompolitik 53
  Aufbringung deutscher Handelsschiffe durch Frankreich 66, 120
  Belastung der deutsch-arabischen Beziehungen 48, 123
  Berlin-Krise (1958-63) 63
  deutsch-ägyptische Beziehungen 33
  deutsch-französische Beziehungen 11, 14, 37
  französische Terroranschläge 66, 120
  Guinea-Krise (1960) 128
  Hinterland des FLN 115
  Hochschulen 70, 71, 74
  Meinungsumfragen 15, 84
  militärische Zusammenarbeit mit Frankreich 48, 52
  NATO-Beitritt (1955) 26
  öffentliche Meinung zur Fremdenlegion 38
  Ruheraum für algerische Organisationen 46
  Souveränität 38, 39, 65
  Westintegration 11, 26
  Wiedervereinigung Deutschlands 11, 26
Bundestag 37-39, 44, 53, 65, 66, 112, 119, 120, 121
Bundestagswahlen (1957) 43
Burma 27-31, 89
Büro zur sozialen Betreuung nordafrikanischer Arbeiter 67, 69
Büttner, Friedemann 126

Caritas 67
Carstens, Karl 118, 121
Carthy, Albert 84, 109
Casablanca 123
Catroux, Georges 42, 101
Ceylon 30
Chaban-Delmas, Jacques 52
Chaker, Abdel Majid 127
Challe, Maurice 118
Chataigneau, Yves 41
Chenik, Mohammed 95
Cherchalli, Hadj 112
Cherif, Mahmoud 60
China 20, 29
China, Volksrepublik
chinesisch-sowjetische Rivalität 117
Christlich-Demokratische Union (CDU) 64, 126
Chruschtschow, Nikita S. 29, 63, 68
Clark, John 108
Comité de Coordination et d'Exécution (CCE) 57, 105
Comité de Salut Public 53

Conakry 128
Conseil National de la Révolution Algérienne (CNRA) 75, 105
Corterier, Peter 129
Cotonou 123
Coventry 49
Curiel, Henri 14, 106

Dahomey 128
Dakar 124
Damaskus 32
Dänemark 27, 118
Darmstadt 119, 121
de Gaulle, Charles 10, 16, 53, 57-59, 64, 65, 69, 113, 114, 118, 124, 129
Deist, Heinrich 48, 108
Depreux, Édouard 115
Deutsche Demokratische Republik (DDR) 12, 13, 60, 64, 65, 68, 70, 71, 73, 74, 85, 126, 128
Deutsche Partei (DP) 98
Deutsche Reichspartei (DRP) 38
Deutscher Gewerkschaftsbund (DGB) 33, 36, 62, 67-70
Deutschlandvertrag 26
Diederich, Josef 124
Dien Bien Phu 40, 98
Dingels, Hans-Eberhard 131
Disengagement 57, 113
Dortmund 108, 122
Drittes Reich
  Auswärtiges Amt 94
  Beziehungen mit tunesischen Nationalisten 95
  Beziehungen zu arabischen Nationalisten im Mashreq 36
  Fremdenlegion 96
  Nordafrikapolitik im II. Weltkrieg 37, 94
Drusen 33
Dulles, John F. 27
Düsseldorf 46, 68, 107, 122

Eichler, Willi 27, 38, 49, 57, 89, 96
Eisenhower, Dwight D. 15
Elfenbeinküste 128
Engels, Friedrich 19, 85
Entwicklungshilfe 33
Entwicklungspolitik 16, 126

Erler, Fritz 27, 28, 53, 57, 62, 65, 89, 113, 114, 117
Essen 107, 116, 122
Esslingen 122
Étoile Nord Africaine 101
Europäische Atomgemeinschaft (EURATOM) 47, 48, 108, 112
Europäische Verteidigungsgemeinschaft (EVG) 26, 39
Europäische Wirtschaftsgemeinschaft (EWG) 11, 47, 48, 55, 65, 108, 112
Europarat
  Menschenrechtskonvention 40
Evangelische Studentengemeinde in Deutschland 70
Evangelisches Hilfswerk 67
Evian
  Accords d'Evian (1962) 12, 125
  Friedensverhandlungen 70, 92

Fabian Society 88
Falken, Die 49, 51, 65, 108, 110, 115, 121
Fanon, Frantz 10
Farès, Djellouli 127
Fasi, Allal al- 33, 35, 36
Fédération de France du FLN 46, 74, 112, 117
Fes, Vertrag von (1912) 96
Finnland 27
Flüchtlinge, algerische
  Arbeiterwohlfahrt (AW) 67, 122
  Hilfsfonds der IUSY 53
  in der Bundesrepublik 62, 64, 66, 67, 69, 74, 122, 123
  in Nordafrika 62, 67, 69, 122
  rechtlicher Status 69
  Weltflüchtlingsjahr der UNO (1959/60) 67
Folter 10, 46, 68, 105, 106, 124
Francis, Ahmed 75
Frank, Paul 118
Frankfurt 107
Frankfurt/Main 25, 120, 122
Frankreich
  Abzug frz. NATO-Kontingente aus der Bundesrepublik 42
  Algerien-Referendum (1961) 69, 70, 124

algerische Einwanderer 46, 107
Atompolitik 48, 52, 108
Aufbringung deutscher Handelsschiffe 120
Deutschlandpolitik 63
Einwanderung aus Nordafrika 35, 93
Ende der IV. Republik 10, 54
FLN-Agitation unter frz. Truppen in Deutschland 47
frz. Deserhaft in der Bundesrepublik 54
inneralgerischer Bürgerkrieg 46, 107
Meinungsumfragen 83
Militärpolitik in Algerien 42
Mitterrand-Plan (1955) 99
Nordafrikapolitik vor der UNO 95, 118
Reformpläne der Regierung Mollet für Algerien 45
Truppenstärken der frz. Armee in Algerien 42
Tunesienpolitik 37
Verfassungsreferendum de Gaulles (1958) 115
Verhandlungen mit dem FLN 44, 64, 103, 125, 129
Vichy-Regime 37
Wahlen zur Nationalversammlung (1958) 114
Zurückweichen Mollets vor Siedlerprotesten (1956) 42
Zweite Front des FLN 59
Freiburg 121
Freie Demokratische Partei (FDP) 98, 107
Freier Deutscher Gewerkschaftsbund (FDGB) 68, 123
Freies Algerien (Zeitschrift) 61, 62, 65, 110, 117, 118
Fremdenlegion
Anknüpfungspunkt für FLN-Agitation in Deutschland 46, 47, 111
Beitrittsmotive junger Deutscher 97
Deserteure 39, 62, 65, 97
deutsche Souveränität 38, 39, 65
deutsches Strafrecht 38, 39, 65, 96, 97
Erörterung im Deutschen Bundestag 38, 39, 65, 97, 98, 119

französische Werbungsmethoden 38, 39
Indochina 40, 96
Rekrutierung 'Minderjähriger' 39, 65
Rückführung deutscher Legionäre 75
Schweigen-Affäre (1952) 39
Tod deutscher Legionäre in Indochina 40, 96
Warnkampagnen der Jungsozialisten in der SPD 39, 40, 119
Werbung in Deutschland 38, 62, 65, 111, 119
zahlenmäßiger deutscher Anteil 65, 96
Friedrich-Ebert-Stiftung 129
Front de Libération Nationale (FLN)
Agitation in der Bundesrepublik 117
Alleinvertretungsanspruch 43, 45
als Vorbild der palästinensischen Nationalbewegung 10
Aufruf an das deutsche Volk (1958) 112
Bedeutung der algerischen Diaspora in Frankreich 106
Betreuung algerischer Flüchtlinge in der Bundesrepublik 59
Beziehungen zur DDR 60, 64, 74
Comité de Coordination et d'Exécution (CCE) 57
Delegation in die VR China (1958) 117
Differenzen mit französischen Kommunisten 92
Fédération de France 46, 74, 112, 117
Finanzierung 106
französische Sympathisanten 106
für nordafrikanische Einheit 93
Geheimverhandlungen mit Regierung Mollet 103
Gewaltpolitik 43, 55, 76, 102, 120
Gewerkschaftspolitik 36, 45, 46, 62, 68, 74
Gründung 98
Gründungsaufruf 99
Militäragitation in der Bundesrepublik 47
militärische Lage (1956-57) 42
militärische Lage (1958) 115
militärische Lage (1960) 118

Organisationsstruktur 45, 105
provisorische Exilregierung (GPRA) 58, 59, 64, 92, 102, 117, 121, 128
Rivalität mit algerischen Kommunisten 102
Rivalität mit MNA 44, 46, 101, 107
Rückführdienst für deutsche Fremdenlegionäre 47, 62, 65, 75, 119
Schlacht um Algier (1956-57) 105
Schreiben an den SPD-Parteivorstand (1958) 53
Schwarzafrika 73
Section Universitaire 107, 125
Selbstdarstellung 75
Soummam-Konferenz (1956) 45
Soummam-Plattform 94, 105
Teilnahme am 2. ASK-Kongreß (Bombay, 1956) 36
Teilnahme am Stuttgarter SPD-Parteitag (1958) 52, 54, 56
Teilnahme an der Maghreb-Konferenz von Tanger (1958) 115
Vermittlung der Juso-Delegation nach Tunis (1958) 59
Vertretung in der Bundesrepublik 46, 52, 59, 62, 64, 70, 119, 123
Waffenhandel in der Bundesrepublik 66
Werben um jüdische Minderheit in Algerien 36
Zweite Front (in Frankreich) 59, 121
Front Républicain 100
Fuchs, Jockel 51, 59, 60, 93, 98, 110, 119, 129

Gabès 127
Gabun 128
Gaillard, Félix 15, 49, 52, 53, 58, 115
Generalvertrag 39
Gesamtdeutscher Block/Bund der Heimatvertriebenen und Entrechteten (GB/BHE) 98
geschichtslose Völker 19, 85
Gewerkschaften, nordafrikanische
Kontakte zur westlichen Gewerkschaftsbewegung 35
Ghana 123, 128
Glomb, Willi 118
Glorieuse Étoile Nord Africaine 101
Gotthelf, Herta 108

Göttingen 126
Gouvernement Provisoire de la République Algérienne 59, 64, 92, 128
Grandval, Gilbert 94
Gregor, Werner 30, 48, 116
Griechenland 27, 118
Großbritannien 11, 15, 58, 63, 111
Große Koalition 64
Grundgesetz für die Bundesrepublik Deutschland (GG)
Art. 26 107, 121
Guinea 73, 123, 128

Hached, Ferhat 35
Hadid, Mustafa 32
Hagen 121
Haifa 91
Hama 91
Hamburg 50, 56, 59, 66, 70, 107, 110, 116, 122
Hamon, Hervé 14
Hannover 122
Hansing, Hermann 120
Harbi, Mohammed 74, 112
Haroun, Ali 112
Hautecloque, Jean de 95
Hegel, Georg Wilhelm Friedrich 85
Heidelberg 107, 122
Heine, Fritz 43, 49, 50, 52-54, 56, 108, 109, 111, 113
Heinemann, Gustav 125
Henker, Fritz 122
Hilferding, Rudolf 21
Hilfskomitees für algerische Flüchtlinge 67
Hitler, Adolf 95
Höfler, Heinrich 96
Hurani, Akram al- 32, 91
Husain, Ahmad 32
Husaini, Hajj Amin al- 36
Hyderabad 36

Ibn Badis, Abd al-Hamid 102
Ibrahim, Abdallah 75
Idir, Aissat 46, 68, 105, 124
Indien 21, 27-31, 89
Indochina 38, 40, 96
Indonesien 27, 29-31, 89, 94
Industriegewerkschaft Bau-Steine-Erden 69

Industriegewerkschaft Metall 68, 110
Innere Mission 67
International Student Conference 125
International Union of Socialist Youth
 (IUSY) 36, 53, 110
Internationale Arbeitsorganisation (ILO)
 105
Internationaler Arabischer Gewerkschaftsbund 32
Internationaler Bund Christlicher Gewerkschaften (IBCG) 68
Internationaler Bund Freier Gewerkschaften (IBFG)
 5. Weltkongreß (Tunis, 1957) 36, 46
 Beziehungen zur afrikanischen Gewerkschaftsbewegung 16, 68, 123
 Beziehungen zur algerischen Gewerkschaftsbewegung 36, 45, 46, 62, 69, 123, 124
 Beziehungen zur marokkanischen Gewerkschaftsbewegung 36
 Beziehungen zur tunesischen Gewerkschaftsbewegung 35
 Kampagne gegen Verhaftungen algerischer Gewerkschafter 105
Internationaler Sozialistischer Kampfbund (ISK) 51, 89
Internationales Arbeiterhilfswerk (IAH) 67
Internationalismus 12, 17-19, 52, 85
Irak 31, 32
Island 118
Israel 30, 33, 36, 89, 94
Istiqlal-Partei 33, 36, 115
Italien 37, 95, 115

Jacobs, Peter 98
Jadirji, Kamal 32
Japan 20, 27, 28, 30, 89
Jemen 89
Jeune République 115
Jeune Résistance 106, 121
Jordanien 31
Judentum 36, 94
Jugoslawien 27, 51, 89, 110, 123
Junbulat, Kamal 32, 33, 91
Jungclas, Georg 51, 110
Jungsozialisten in der SPD
 Algeriensolidarität 51
 Antikommunismus 40

Delegation nach Tunis (1958) 59-61
Delegation nach Tunis (1959) 73, 127
Deutschlandpolitik 72
Düsseldorfer Bundeskongreß (1961) 74
für Beziehungen SPD-FLN 53
für Verurteilung der SFIO durch SI 53
Gespräche mit der provisorischen algerischen Regierung 60
Haltung zur Fremdenlegion 39, 40, 66, 96, 119
Hilfsfonds für algerische Flüchtlinge 53
Rheydter Erklärung (1952) 39
Wahl Wischnewskis zum Bundesvorsitzenden (1959) 63
Warnkampagne gegen die Fremdenlegion (1953) 39, 40
Weltjugendfestspiele (Helsinki, 1962) 72
Weltjugendfestspiele (Wien, 1959) 72

Kairo 42, 59, 102-104, 128
Kairouan 127
Kalbitzer, Hellmut 51, 57, 59, 61, 70, 72, 74, 110, 119, 120, 126, 129
Kamerun 128
Karlsruhe 47, 122
Karthago 37
Kassem, Abdel Karim 32
Kassem, Mouloud 112, 119, 124, 125
Katholische Deutsche Studenten-Einigung 70
Katholizismus 51, 64, 67, 106
Kautsky, Karl 19, 20, 87
Kenia 89
Kennedy, John F. 15, 16, 127
Keramane, Hafid 70, 112, 125
Kiesinger, Kurt-Georg 113
Koblenz 122
Kofferträger (porteurs de valises) 14, 106
Köln 67, 69, 70, 107, 110, 115, 121, 122
Kommunistische Internationale 21, 87
Kommunistische Partei Deutschlands (KPD) 38, 39, 97
Kongo (Brazzaville) 128
Kongo (Zaire) 128

Konstanz 121
Kooli, Mongi 127
Koreakrieg 26, 89
Kriegswaffengesetz 107
Kriegswaffenkontrollgesetz (1961) 66
Krim, Belkassem 60

Labour Party 24, 31, 88, 108
Lacoste, Robert 41, 42
Lamm, Fritz 122
Las Palmas (Schiff) 107, 120, 121
Lassalle, Ferdinand 19
Lausanne 125
Leggewie, Claus 13, 14, 17, 85
Leichter, Otto 113
Lejeune, Max 114
Libanon 31-33, 35, 89, 91
Liberia 128
Libyen 31, 111, 128
Lidice 49
Ligne Morice 115
London 125
Löwenthal, Richard 23, 88
Ludwig, Adolf 129
Ludwigsburg 122
Luxemburg, Rosa 20
Lyon 106

Maachou, Abdelkader 124
Maamouri, Mahmoud 73, 127
Madagaskar 128
Madani, Ahmed Taufiq al- 102, 104
Maghreb
  jüdische Minderheiten 36
  Konferenz von Tanger (1958) 115
  regionale Einheitsbestrebungen 34, 35, 93, 113, 115
Malaya 89
Mali 123, 128
Manifeste du Peuple Algérien 102
Mannheim 70, 122
Mao Tse-Tung 117
Markscheffel, Günter 58
Marokko
  Algerienpolitik 128
  demographische Zusammensetzung 100
  Flüchtlingshilfe 121
  Gewerkschaftsbewegung 36, 123
  Istiqlal-Partei 36, 115
  jüdische Minderheit 94
  Mittelmeerpakt 115
  Projekt einer Mittelmeerallianz 111
  Rückkehr Mohammeds V. (1955) 101
  Stützpunkte des FLN 42, 119
  Vereinte Nationen 37
  Vermittlungsbemühungen im Algerienkrieg 58, 103
  Vertrag von Fes (1912) 96
Marseille 106
Marx, Karl 85
Massu, Jacques 105
Matern, Hermann 77
Mattick, Kurt 131
Mauretanien 128
Melun 118
Melusa 106
Mende, Erich 98
Mendelssohn Bartholdy, Albrecht 88
Mendès France, Pierre 40, 45, 94, 95, 99, 100, 104, 115
Menzel, Walter 49, 66, 120
Mers el-Kebir 118
Messali Hadj 33, 45, 101
Mestiri, Ahmed 127
Metzger, Ludwig 108
Meyers, Franz 129
Misr al-fatat 91
Mittelmeerpakt (Gaillard-Plan) 52, 58
Mitterrand, François 40, 99
Mitterrand-Plan (1955) 99
Moe, Finn 108
Mohammed V. (König von Marokko) 101, 115
Mokkadem, Sadok 127
Möller, Alex 127
Mollet, Guy 16, 41-45, 47-49, 58, 85, 92, 99, 100, 103, 108, 113, 114
  personnalité algérienne 99, 103
  Triptychon 103
Mommer, Karl 37, 49, 54, 119
Monrovia 128
Mordanschläge, frz., in der Bundesrepublik 65, 66, 120
Mostefaoui, Ahmed 112, 122, 124
Mouvement Anticolonialiste Français 106
Mouvement de Libération du Peuple (MLP) 114

Mouvement National Algérien (MNA) 43, 44-46, 55, 59, 106, 120
Mouvement pour le Triomphe des Libertés Démocratiques 101
Mozer, Alfred 109
Müller, Hermann 22, 88
Müller, Oskar 97
Müller, Winfried (Si Mustapha) 119
München 107, 110
Murphy, Robert 15

Naegelen, Marcel-Edmond 41, 100
Nasser, Gamal Abdel 30, 32-36
Nasserismus 34, 62
Nationaldemokratische Partei (Irak) 32, 92
Nationalprogressive Partei (Irak) 32
Naturfreunde 51, 67
Nebenaußenpolitik 64, 74, 75
Nehru, Jawaharlal 30
Neo-Destour-Partei 33, 36, 60, 115
Nepal 89
Nestler, Heinz 59
Neue Linke 106
New York 100
Niebergall, Otto 98
Niederlande 46, 113
Niger 128
Nigeria 128
Nordatlantikpakt (NATO)
  Abzug frz. NATO-Kontingente aus der Bundesrepublik 11, 42, 44
  Algerienklausel des NATO-Vertrags 10, 42, 53
  Beitritt der Bundesrepublik (1955) 26
  frz. Boykottdrohungen 15, 115
  Gaillard-Plan 52
Nordjemen 31
Nordkorea 117
Nordrhein-Westfalen 59, 129
Nordvietnam 117
Norwegen 118
Norwegische Arbeiterpartei 48
Nostitz, Siegfried von 129
Nouvelle Gauche 115
Nürnberg 116, 122

Ober-Volta 128
Oldenbroek, J. H. 105

Ollenhauer, Erich 16, 28-30, 43, 48, 52, 53, 54-58, 62, 63, 94, 101, 111, 112, 113, 117
Oradour 49
Organisation Spéciale (OS) 101
Osmanisches Reich 20
Österreich 27
Ouamrane, Omar 115

Pakistan 27, 30, 89
Palästinensische Nationalbewegung 10
panafrikanische Konferenzen 73, 128
Panarabismus 34
Pankow 62, 65, 128
Paris 26, 106
Parpain, Paul 103
Parti Communiste Algérien (PCA) 43, 45, 101, 104
Parti Communiste Français (PCF) 42, 92, 100-102
Parti Communiste International 106
Parti Populaire Algérien 33
Parti Populaire Algérien (PPA) 101
Parti Radical Socialiste 100
Parti Socialiste Autonome (PSA) 58, 106, 114
Parti Socialiste Unifié (PSU) 106, 115
Paul, Ernst 96, 98
Pazifismus 131
Peking 117
Persien 20, 27
Pertz, Wilhelm 119
Pflimlin, Pierre 53
Philip, André 58, 114
Phillips, Morgan 109
pieds noirs 41, 42, 76, 101, 113
Pilz, Louis 122
Plum, Werner 51, 105, 107, 110, 112, 116, 121, 122, 130, 144
Posser, Dieter 125
Prall, Karl-Heinz 108
Progressive Sozialistische Partei (Libanon) 32, 91
Puchert, Georg 66, 120
Putzrath, Heinz 62, 66, 109, 113, 129

Rabat 59
Rangun 33, 36, 89
Raptis, Michel ("Pablo") 106
Reutlingen 121

Reventlow, Rolf 36, 45, 51, 94, 95, 109, 112
Richter, Willi 68, 124
Ring Politischer Jugend 67
Rom 103
Rosenberg, Ludwig 33, 34, 92
Rosenfeld, Oreste 115
Rote Hand (Main Rouge) 66
Rotes Kreuz 60, 62, 66, 69, 121
Rotman, Patrick 14
Rückführdienst für deutsche Fremdenlegionäre 47
Ruhrgebiet 37

Saarbrücken 122
Saarland 37, 46, 47, 59, 107, 116
Sahara 48, 108, 118
Sakiet Sidi Youssef 15, 49, 50, 52, 58, 126
Sanness, John 108
Sartre, Jean-Paul 10
Saudi-Arabien 89, 100
Saudiarabien 31
Savary, Alain 115
Scherpenberg, Hilger van 118
Schiffe, von der frz. Marine aufgebrachte deutsche 47, 65, 66, 107, 120
Schlacht um Algier (Bataille d'Alger) 45, 105
Schlüter, Otto 120
Schmid, Carlo 29, 44, 103, 104
Schoenberner, Gerhard 109, 146
Schreiber, Jean-Jacques 46
Schröder, Gerhard 98
Schumacher, Kurt 24, 37, 95
Schütz, Klaus 127
Schwab, Karl 122, 124
Schweden 27
Schweigen (Pfalz) 39
Schweiz 46
Section Française de l'Internationale Ouvrière (SFIO) 13, 16, 40-42, 47, 49, 50, 52, 53, 55, 57, 58, 100 108, 109, 113-115
Seefeld, Horst 59, 73, 129
Senegal 128
Sfax 127
Si Mustapha (Pseud. für Winfried Müller) 119
Sidi-bel-Abbès 108

Simon, Pierre-Henri 46
Singen 122
Slyemi, Saïd 124
Somalia 128
Soummam-Plattform des FLN 94, 105
Soummam-Tal 105
Sousse 127
Sowjetunion
 Beziehungen zu Frankreich 34
 chinesisch-sowjetische Rivalität 117
 de facto-Anerkennung des GPRA (1960) 117
 de iure-Anerkennung des GPRA (1962) 92
 Deutschlandpolitik 63
 Nordafrikapolitik 34
 XX. Parteitag der KPdSU (1956) 29
Sozialdemokratische Partei Deutschlands (SPD)
 Aktionsprogramm (1952) 25
 Antikommunismus 37, 39, 53, 55, 62, 74, 75
 Asien-Reise Ollenhauers (1956) 30
 Beziehungen zum FLN 51
 Beziehungen zum PSA 58
 Bezichungen zur ASK 28
 Beziehungen zur SFIO 42-44, 47, 50, 52, 53, 55, 57, 58
 Beziehungen zur UGS 58
 Bundestagsfraktion 65
 Bundestagswahlen 1957 47, 52
 deutsche Kolonien 22
 Deutschlandpolitik 13, 26, 27
 Disengagement-Politik 57
 Einschätzung de Gaulles 57
 Einschätzung der SFIO 16, 58, 84
 Einschätzung des FLN 61, 62
 Einschätzung Mollets 58
 Entwicklungspolitik 12, 13, 28, 71, 72, 74, 112, 126
 Forderungen nach Abbruch der Beziehungen zur SFIO 50
 Forderungen nach Abwahl Mollets aus SI-Präsidium 48
 Forderungen nach Ausschluß der SFIO aus der SI 47
 Forderungen nach deutlicherer Kritik an der SFIO 55
 für Algerienpolitik mit niedrigem Profil 63, 65

für Allparteienregierung 64
für Entlassung 'Minderjähriger' aus Fremdenlegion 65
für europ. Investitionen in Nordafrika 44
für Flüchtlingshilfe 67, 69
für gemeinsame Außenpolitik mit der Bundesregierung 63, 72
für Unterstützung algerischer Flüchtlinge 56
gegen dt. Verstrickung in frz. Kolonialpolitik 16, 38, 42, 48, 52-55, 57, 108
gegen frz. Algerienpolitik 54
gegen frz. Deutschlandpolitik 37, 39
gegen frz. Tunesienpolitik 37
gegen indirekte dt. Finanzierung der frz. Algerienarmee 44
gegen Kolonialismus 44
gegen Verknüpfung von EWG und Kolonialpolitik 112
Große Koalition 13
Haltung zu Rivalitäten zwischen FLN und MNA 55
Haltung zur Fremdenlegion 38, 39
Haltung zur Gewaltpolitik des FLN 55, 56
Internationalismus 12, 18, 20, 21, 24, 52
Interventionen der frz. Botschaft 61, 65
Israel-Reisen Ollenhauers 30
Kritik an frz. Kolonialpolitik 37
Kritik an Suezpolitik Mollets 48
Lob der britischen Kolonialpolitik 28, 37
nationale Befreiungsbewegungen 24, 25, 28, 29
Nebenaußenpolitik 13, 64, 74, 75
Nordafrikareise sozialdemokratischer Abgeordneter (1959) 129
parl. Anfragen betr. ausländische Geheimdienste 66
parl. Anfragen betr. Fremdenlegion 39, 97, 98, 119
Parteitag 1952 (Dortmund) 25
Parteitag 1954 (Berlin) 28, 30, 50
Parteitag 1956 (München) 29, 30
Parteitag 1958 (Stuttgart) 43, 50, 52, 53, 54-56, 112, 113

Parteitag 1959 (Bad Godesberg) 56, 65
Parteitag 1960 (Hannover) 56, 69, 72, 124, 126, 127
Parteitag 1962 (Köln) 12, 56
Parteivorstand 47, 50, 51, 53-55, 57, 58, 61-63, 65, 66, 101, 108, 111, 126, 128
Reaktionen auf den frz. Angriff auf Sakiet Sidi Youssef 49
Rücksichten auf Regierung Mollet (1956) 43
SFIO-Fiasko und Reformdiskussion in der SPD 114
skeptische Einschätzung der Lage Mollets (1956) 43
Verbindung von Saarfrage und Algerienfrage 43
zu Erosionstendenzen in der SFIO 58
Zweifel an Dauer der frz. Herrschaft in Nordafrika 37
Sozialistische Arabische Partei (Syrien) 32
Sozialistische Arbeiter-Internationale (SAI)
Brüsseler Kongreß (1928) 21, 45
Sozialistische Arbeiter-Partei Deutschlands (SAPD) 51, 109
Sozialistische Einheitspartei Deutschlands (SED) 76, 77
Sozialistische Internationale (SI)
1. SI-Kongreß (Frankfurt/M., 1952) 25
2. SI-Kongreß (Mailand, 1952) 25
3. SI-Kongreß (Stockholm, 1953) 36
5. SI-Kongreß (Wien, 1957) 48, 108
7. Wirtschaftsexpertenkonferenz (Wien, 1951) 89
Algerien-Resolutionsentwurf des SI-Büros (1958) 49, 50, 54
Algerienfrage 48-50, 53
Ermittlungskommission nach Algerien (1957/58) 48, 49, 108
Forderungen nach Maßregelung der SFIO durch die SI 108
Frankfurter Prinzipienerklärung (1951) 25, 54
Generalratskonferenz in Brüssel (1958) 50, 113

Generalratskonferenz in Haifa (1960) 91
Kritik an Gewaltpolitik des FLN 49
Reaktion auf den frz. Angriff auf Sakiet Sidi Youssef 49, 50
Sozialistische Partei Ägyptens 32, 91
Sozialistische Partei der Arbeit (Ägypten) 32
Sozialistischer Deutscher Studentenbund (SDS) 51, 70, 110, 126
Spanien 37, 51, 111, 115
Spanischer Bürgerkrieg 109
Strafrecht, deutsches
2. Strafrechtsänderungsgesetz (1953) 39, 65
4. Strafrechtsänderungsgesetz (1957) 98
§ 141 StGB 39, 96
§ 141a StGB 96, 97
Strauß, Franz Josef 48
Studenten, algerische 59, 70, 71, 74, 125, 126
Stuttgart 43, 50, 52-54, 67, 68, 107, 116, 121, 122
Sudan 32, 128
Suezkrise 11, 15, 16, 35, 47
Syrien 31, 32, 89, 91

Tanger 58, 115
Tebessi, Larbi 104
Thailand 30
Theresienstadt 49
Thomas, Eugène 114
Tielemans, Frans 109
Titoismus 51
Tlili, Ahmed 127
Togo 128
Touré, Sékou 68, 123, 128
Tribune du Communisme 115
Triepel, Heinrich 64, 118
Tripoli 75
Trotzkismus 51, 106
Tschad 128
Tschechoslowakei 123
Tübingen 121
Tunesien 100, 127
Abbruch der Beziehungen zur VAR (1958) 35
Algerienpolitik 128
amerikanische Waffenlieferungen (1957) 115
Bardo-Vertrag (1881) 96
Biserta-Krise 73
Bonner Botschaft 46, 123
Delegation der Jungssozialisten (1958) 59
demographische Zusammensetzung 100
Flüchtlingshilfe 121
französische Repressionspolitik (1952-54) 37, 95
frz. Angriff auf Sakiet Sidi Youssef 49, 52
Gewerkschaftsbewegung 35, 36, 123
jüdische Minderheit 94
Mittelmeerpakt 115
Neo-Destour-Partei 36, 115
Projekt einer Mittelmeerallianz 111
regionale Einigungspolitik 34
Stützpunkte des FLN 42
Vereinte Nationen 37
Vermittlungsbemühungen im Algerienkrieg 58, 103
Tunis 30, 36, 46, 48, 59, 60, 67, 73, 123, 125, 128
Türkei 27, 118

Uganda 89
Ulm 122
Union de la Gauche Socialiste (UGS) 58
Union Démocratique du Manifeste Algérien (UDMA) 43, 45, 101, 102, 104
Union Démocratique et Socialiste de la Résistance (UDSR) 99, 100
Union des Syndicats des Travailleurs Algériens (USTA) 46
Union Générale des Étudiants Musulmans Algériens (UGEMA) 70, 71
Union Générale des Travailleurs Algériens (UGTA) 36, 45, 60, 62, 67, 68, 69, 112, 123, 124
Union Générale des Travailleurs d'Afrique Noire (UGTAN) 68, 123
Union Générale Tunisienne du Travail (UGTT) 35
Union Marocaine du Travail (UMT) 36
Unionsparteien (CDU/CSU) 64
Unité Socialiste 115

Verband Deutscher Studentenschaften (VDS) 70, 71, 126
Verdier, Robert 115
Vereinigte Arabische Republik (VAR) 32, 35, 128
Vereinigte Staaten von Amerika (USA)
  Bedeutung für nordafrikanische Nationalisten 35
  Deutschlandpolitik 63
  Einfluß auf Entwicklungspolitik der SPD 127
  Entwicklungspolitik 16, 127
  Gaillard-Plan 111
  gegen europäischen Kolonialismus 11
  Gewerkschaften 16
  Kontakte mit dem FLN 118
  Nordafrikapolitik 15, 93
  Sakiet Sidi Youssef-Krise 58
  Waffenlieferungen an Tunesien (1957) 15, 115
Vereinte Nationen (UNO)
  6. Generalversammlung (1951/52) 96
  7. Generalversammlung (1952/53) 96
  11. Generalversammlung (1956/57) 105
  Algerienfrage 10, 41, 99, 118
  Koreakrieg 89
  Marokkofrage 37, 95
  Menschenrechtskommission 105, 124
  Sicherheitsrat 89, 96
  Tunesienfrage 37, 95
  UN-Charta 40, 99
  United Nations Refugee Fund (UNREF) 122

Weltflüchtlingsjahr (1959/60) 67
Zusammensetzung 27
Versailler Friedensvertrag (1919) 38
Vichy-Regime 37
Vierte Internationale 106, 110
Vietminh 40
Viollette, Maurice 112

Völkerbund 22

Wacher, Gerhard 98
Waffenhandel 46, 47, 65, 66, 121
Watson, Sam 108
Wehner, Herbert 13, 29, 38, 48, 56, 58, 63, 72, 97, 108, 127
Weimarer Republik 38
Weitz, Heinrich 66, 121
Wels, Otto 22
Weltgewerkschaftsbund (WGB) 32, 35, 62, 68, 123
Weltjugendfestspiele 127
  Helsinki (1962) 72
  Wien (1959) 72
Weltweite Partnerschaft (WWP) 129
Wischnewski, Hans-Jürgen 51, 59-63, 65, 66, 67, 70-77, 80, 96, 110, 112, 119, 121, 126, 127, 129, 131
Woermann, Ernst 94
World University Service 70
Yazid, M'hammed 100
Zadar 110
Zentralafrikanische Republik 128
Zweite Internationale
  Berner Konferenz (1919) 22

FORSCHUNGSSCHWERPUNKT MODERNER ORIENT

ARBEITSHEFTE

Nr. 1 ANNEMARIE HAFNER/   Indien: Identität, Konflikt und soziale
JOACHIM HEIDRICH/   Bewegung
PETRA HEIDRICH:

Nr. 2 HEIKE LIEBAU: Die Quellen der Dänisch-Halleschen Mission in Tranquebar in deutschen Archiven. Ihre Bedeutung für die Indienforschung

Nr. 3 JÜRGEN HERZOG: Kolonialismus und Ökologie im Kontext der Geschichte Tansanias - Plädoyer für eine historische Umweltforschung (herausgegeben von Achim von Oppen)

Nr. 4 GERHARD HÖPP: Arabische und islamische Periodika in Berlin und Brandenburg, 1915 - 1945. Geschichtlicher Abriß und Bibliographie

Nr. 7 THOMAS SCHEFFLER: Die SPD und der Algerienkrieg (1954-1962)

In Vorbereitung:

Nr. 5 DIETRICH REETZ: Hijrat: The Flight of the Faithful. A British file on the Exodus of Muslim Peasants from North India to Afghanistan in 1920

Nr. 6 HENNER FÜRTIG: Demokratie in Saudi-Arabien? Die Āl Saʿūd und die Folgen des zweiten Golfkrieges

STUDIEN

Bd. 1 JOACHIM HEIDRICH (Hg.):   Changing Identities. The Transformation of Asian and African Societies under Colonialism

Bd 2. ACHIM VON OPPEN/   Organisationswandel in Afrika: Kollektive
RICHARD ROTTENBURG (Hg.):   Praxis und kulturelle Aneignung

Bei Fragen zur Produktsicherheit wenden Sie sich bitte an:
If you have any questions regarding product safety,
please contact:

Walter de Gruyter GmbH
Genthiner Straße 13
10785 Berlin
productsafety@degruyterbrill.com